| 博士生导师学术文库 |

A Library of Academics by
Ph.D.Supervisors

现代公共管理的理性思考
（第二辑）

蓝志勇 著

光明日报出版社

图书在版编目（CIP）数据

现代公共管理的理性思考. 第二辑 / 蓝志勇著. --

北京：光明日报出版社，2021.4

ISBN 978 - 7 - 5194 - 5866 - 9

Ⅰ. ①现… Ⅱ. ①蓝… Ⅲ. ①公共管理—文集 Ⅳ.

①D035 - 53

中国版本图书馆 CIP 数据核字（2021）第 057433 号

现代公共管理的理性思考（第二辑）

XIANDAI GONGGONG GUANLI DE LIXING SIKAO（DIERJI）

著　　者：蓝志勇

责任编辑：李壬杰　　　　　　　　　责任校对：刘欠欠

封面设计：一站出版网　　　　　　　责任印制：曹　净

出版发行：光明日报出版社

地　　址：北京市西城区永安路 106 号，100050

电　　话：010 - 63169890（咨询），63131930（邮购）

传　　真：010 - 63131930

网　　址：http：//book. gmw. cn

E - mail：lirenjie@ gmw. cn

法律顾问：北京德恒律师事务所龚柳方律师

印　　刷：三河市华东印刷有限公司

装　　订：三河市华东印刷有限公司

本书如有破损、缺页、装订错误，请与本社联系调换，电话：010 - 63131930

开　　本：170mm×240mm

字　　数：245 千字　　　　　　　　　印　　张：14.5

版　　次：2021 年 4 月第 1 版　　　　印　　次：2021 年 4 月第 1 次印刷

书　　号：ISBN 978 - 7 - 5194 - 5866 - 9

定　　价：95.00 元

序

　　真诚地感谢博导文库，让我有机会将过去陆续发表的一些学术思考的论文收集起来，做一些回顾。这也是一项极佳的对生活在信息爆炸时代、资讯信息源众多、工作繁忙、生活多姿多彩的青年学生的学术服务，让他们能便捷和快速地浏览某一作者的不同论文。也要特别感谢我的博士研究生秦强，他很努力地将我历年这些论文收集起来，编辑成集。他或许是我的学生里第一个把我写的东西都认真看一遍还保存下来的人。

　　本书收集了自 2013 年以来我在清华大学教学和科研过程中陆续写的部分论文，有些是针对同事们的困惑和争论，有些也是杂志编辑的约稿，还有一些是在全国各地的高校做讲座时回答师生们提的问题。由于篇幅所限，不可能把我想收入的论文一一收入，只好做一些取舍。这些年来，中国公共管理学科得到了长足的发展，国家治理现代化的呼唤使得受过各种不同训练的学人会集到了公共管理的大旗下，可以说是群英荟萃，人才济济。有五百多所高等学校有公共管理本科生项目，270 多所有公共管理硕士项目，近百所高校以不同的方式培养公共管理类的博士生。作为在新兴学科中的学习者和从业者，受过不同训练的学人们也依然存在不少困惑和问题。什么是公共管理？什么是公共管理理论？与传统的政治学、经济学、社会学、心理学、企业管理学有什么区别？与现代治理体系有什么相关性？能够从中国的文化中得到什么素养？公共管理、公共行政、公共经营管理和社会管理之间有什么区别？与我们过去常说的"搞行政"又有什么区别？什么是公共管理的策略和方法？笔者曾经多次与参加过清华—哈佛高级干部培训班的学员有过交流，他们在学习完后依然还在问：什么是公共管理？如何定义公共管理？应该具体研究哪些问题？做好哪方面的工作?

　　这许许多多问题的存在一方面显示了大家对这一新兴学科的浓厚兴趣;另一方面也掩饰不住不少人对这一学科的困惑和思考。本书的论文,对这些问题都有涉猎。本书分四大部分:国家治理与公共管理的理论与方法,公共管理专题研究,公共管理中的城市化管理,通过组织学习推动公共管理创新。

　　应该要提到的是,国外现代公共管理学科率先大规模发展的国家是美国,他们公共管理学科诞生的年代是19世纪末和20世纪初,他们在工业化城市化基础上推出的进步运动时代,要解决的就是城市化后现代国家管理的问题。最早的公共问题研究所是1900年成立的纽约城市研究局(N. Y. Bureau of Municipal Research),运动口号是"科学,改革,和好的生活",寻求的就是用科学的方法进行改革,以追求好的生活。与我们当前致力于解决发展不平衡、不充分和实现人民群众对美好生活的向往的奋斗目标有异曲同工之妙。

　　如何能够完成这一重大的历史使命呢?著名政治经济学家达尔和林德布洛姆写过一本书,叫《政治、经济和福利》,批评当时盛行的观点——只要有几个聪明的人帮助大家从社会主义或资本主义、计划经济或市场经济、管制经济或放任经济之间进行一个简单选择,就可以应对一切问题。到1991年,苏联解体了,社会主义的选择似乎不行了,但资本主义的方法也开始受到了批评和更大的挑战。他们指出,"虽然有人认为过去一个世纪中自由资本主义和计划经济的社会主义相比更有利于追求自由、效率、正义、平等、安全和进步,但事实上,自由资本主义中违反这些神圣价值的例子也是不胜枚举的"。他们在这本书中的最重要的观点是,看起来简单的道路,不管是社会主义还是资本主义,其实是不可能简单的。现代经济组织给我们带来的问题只能靠不辞辛劳的对技术细节的关注才能得到解决。这一段话,明确地指出了公共管理者需要认真对待的挑战,即便在大的目标性思考方面有了方向,还需要对技术细节不辞辛劳的关注,也就是我们今天说的"精细化管理"。美国著名的公共管理学人华尔多也说过,"公共管理创造人类文明,给人类文明以舞台,是人类文明的基石"。要让人类能在这巨大的公共管理的舞台上演出威武雄壮的历史活剧,需要大批有才华和具有奉献精神、兢兢业业的公共管理从业人，在正确公共价值理念指导下，孜孜不倦地对国家治理的技术细节进行不懈的努力和研究。仅以此书，献给所有对公共管理感兴趣的同人。

　　在此，再次特别感谢我的博士研究生秦强在本书收集和编写的过程中的细致和努力。

目 录
CONTENTS

第一篇 01

国家治理与公共
管理——理论与方法

现代国家治理体系：顶层设计、
实践经验与复杂性①

　　摘　要： 本文通过对现代化国家的发展经验和政治理论的回顾，探索中国建立现代化治理体系的理论范式、实践基础和实施途径。提出：现代化治理体系的建立是顶层设计与实践经验的综合体，不是循序渐进的自然演化的结果，而是一个人为设计，需要不断完善的大规模的人类协调的复杂系统；正确的思维范式导向、理论基础和良好的策略设计，是现代化治理体系建设的前提；同时，对现代治理体系的本质、形式、目标和策略几个方面进行了讨论。

　　关键词： 现代化　现代治理体系　复杂系统　协同治理　现代官僚

一、引言

　　党的十八届三中全会的《中共中央关于全面深化改革若干重大问题的决定》明确指出：中国改革已进入深水阶段和攻坚阶段，要顶层设计与摸着石头过河相结合、以强烈的使命感、啃硬骨头、突破利益藩篱、勇涉险滩、推进国家治理体系和治理能力现代化，力争在 2020 年形成系统完备、科学规范、运行有效的现代制度体系。

　　这一决议，将中国在辛亥革命时期就开始的在中国建立现代化国家的梦想，变成了具有里程碑意义的国家政策。现代化中国梦的理想，从萌发到今天，已历经一个半世纪之久。它酝酿于戊戌变法，公布于辛亥革命，立足于新中国的成立，规划于 1965 年的第三届全国人大第一次会议，奠基于 1978 年 12 月的十一届三中全会。十八届三中全会的决议，则是表示它已经深入到中国现代领导

---

　　①　载于《公共管理学报》2014 年第 1 期，作者：蓝志勇，魏明。

的集体意识之中，成为中国继续改革和发展的操作性目标。

什么是现代化？什么是现代化的治理体系？它与中国现发展阶段有什么样的关系？如何才能有效推进中国现代化治理体系的建立？这都是中国管理学人必须完整理解和身体力行地、用理论和实践的努力共同回答的重要问题。本文借助对西方先行现代化国家的理论和经验的回顾，结合中国的发展实践，提出中国现代化的战略和政策思考。抛砖引玉，希望引起学界的参与。

二、现代化

"现代化"在英语里是一个动名词——Modernization，意为"To Make Modern"，即"成为现代的"之义。Modern 这个词作为表示时间概念的形容词，原意为"现世（代）的"或"近世（代）的"。现代化问题研究专家罗荣渠指出，"现代（Modern）"一词至少有两层含义：第一层是作为时间尺度，它泛指从中世纪结束以来一直延续到今天的一个"长时程"；第二层是作为价值尺度，它指区别于中世纪的新时代精神与特征。一般来说，西方社会把历史分成三个阶段，古代（Ancient）、中世纪（Medieval）和现代（Modern）。中世纪的结束意味着现代的开始。启蒙运动是突破中世纪的先驱。十三世纪诗人兼思想家但丁（Dante Alighieri）的《神曲》以含蓄的手法批评和揭露中世纪宗教统治的腐败和愚蠢，被认为是中世纪资产阶级叩响近代社会大门的思想解放运动先锋。薄伽丘（Giovanni Boccaccio）的《十日谈》，彼得拉克（Francesco Petrarca）的《歌集》，都是那个时代脍炙人口的杰作。十五世纪开始，许多文化艺术和思想革命的先行者踊跃参与了推动"现代"的运动。达·芬奇（Davinci）、米开朗琪罗（Michelangelo）、拉斐尔（Raphael）、布鲁诺（Bruno）、哥白尼（Copernicus）、伽利略（Galileo）、培根（Bacon）、孔德（Comte）、涂尔干（Durkheim）、韦伯（Weber）、齐美尔（Simmel）、特洛尔奇（Trowelch）、舍勒（Scheele）、松巴特（Sombart）、华勒斯坦（Wallerstein）、波德莱尔（Charles Baudelaire）、贝克（Beck）、卢曼（Luhman）、马克思（Karl Heinrich Marx）、托克维尔（Tocqueville）、尼采（Nietzsche）……

他们中有艺术家、科学家、思想家，等等。他们作品和思想中的一个重要的主题，就是"人文主义精神——以人为中心而不是以神为中心，肯定人的价值和尊严。主张人生的目的是追求现实生活中的幸福，倡导个性解放，反对愚昧迷信的神学思想，认为人是现实生活的创造者和主人"。人文主义的思想，导致了科学的发展。文艺复兴时期所形成的资产阶级思想体系被称为人文主义。人文主义者主张一切以"人"为本，反对教会认为人生是苦难和罪恶的妄说，反对禁欲主义和来世思想，肯定人有追求财富和个人幸福的权利；歌颂爱情，要求解放个性，并多方面发展个人才智，提倡冒险精神；反对蒙昧主义、神秘主义，提倡理性，追求知识，探索自然，研究科学和唯物哲学；反对封建的残酷压迫，提倡仁慈、博爱；反对等级制度，歌颂友谊和个人品德，提倡平等。这在当时是进步的思想，表现了蓬勃的朝气、乐观的精神、强大的自信和巨大的创造性。这些思想为后来的工业革命、资产阶级革命和社会主义革命奠定了系统的价值基础。恩格斯（Friedrich Engels）曾高度评价"文艺复兴"在历史上的进步作用，他写道："这是一次人类从来没有经历过的最伟大的、进步的变革，是一个需要巨人而且产生了巨人——在思维能力、热情和性格方面，在多才多艺和学识渊博方面的巨人的时代。"

当然，现代（Modern）一词除作为事件尺度的概念外，还有另一含义，即"时新的（New，Up－to－Date）"与"时髦的（New Fashioned）"的意思（《现代高级英汉双解词典》）。

"现代化"作为一种理论或学说是在半个世纪前出现的。1951 年 6 月美国社会科学研究会经济增长委员会主办的学术刊物《文化变迁》首先使用"现代化"一词来描述从农业社会向工业社会的转变特征。1958 年，美国学者丹尼尔·勒纳（Daniel Lerner）在《传统社会的消失：中东的现代化》中提出现代化是传统社会向现代社会的转变过程。1966 年美国学者西里尔·E. 布莱克（Cyril Edwin Black）在《现代化的动力——一个比较史的研究中》写道："如果必须给'现代化'下一个定义，那么可以这样说，它是历史形成的各种体制对迅速变化的各种功能的适应过程，这些功能因科学革命以来人类控制环境的知识空前激增而处于迅速变化之中。"美国哈佛大学政治学教授塞缪尔·P. 亨廷顿（Samuel Huntington）曾在《导致变化的变化：现代化、发展和政治》一文中，对现代化的基本特征做了精彩的、集合式的表述："现代化是一个革命的过程、复杂的过程、系统的过程、全球化的过程、长期的过程、阶段性的过程、同质化的过程、不可逆的过程、进步的过程。"是一个具有广泛涵盖性的概念。综合国内外研究成果，有学者将现代化归纳为：现代化实质上就是人类社会从传统的农业社会向现代工业社会转变的历史过程，是自科学革命以来人类急剧变动过程的统称，不仅限于工业领域或经济领域，同时也发生在知识增长、政治发展、社会动员、心理适应等各个方面；不仅只在技术使用层次，而且也是一种心理态度、生活方式和价值观，是一个特定历史时代的"文明的形式"。现代化的发展路径，可用图1-1表示。

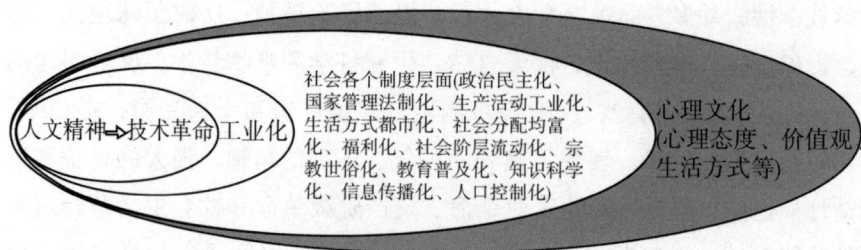

图1-1　现代化的发展路径

按照马克思主义的社会发展观，现代化的进程和特点可以大致用表1-1表现出来①。

表1-1　不同社会形态、政府目标及其社会特点

特点		社会形态			
		原始社会	封建社会	现代社会	后工业社会
政治特点	法理依据	父母民族血缘	天赋皇权	法理契约	权威表述
	政府目的	氏族家庭生存	国王领土意义	经济发展	人性的张扬
	政治价值观	氏族管理	隶属领土	民主平等稳定	民主平等和谐
经济特点	主要经济组织	家庭、氏族	地主庄园主	企业	有效虚拟
	主要产业结构	游牧农耕	农耕	一、二、三产业	第三产业
	生产力	低下	相对发达	丰富到过剩	高度
	科学技术使用	无或少	少量	大规模	自动
	交通信息交流	慢	较慢	快	无障碍
	决策模式	家长	君主	立法和组织讨论	开放讨论
	资源	存在不能开发	少量开发	大规模开发	自然资源挑战
社会价值观	礼仪	重天、人	重人际	多元化	多元淡化
	价值观念	靠天吃饭	土地是命根子	有钱能使鬼推磨	生命和对幸福的追求高于一切
社会组织特点	社会形态	流动/农村	农村	城市	乡村都市
	社会结构	父系 母系	封建科层	现代科层	网络
	政企社会关系	家庭统治	绝对君主权力	税收、规制、利益团体	网络、能动、多元、制衡

注：表为自制。

人类从原始社会走来，逐步过渡到现代社会。技术的进步不断提高生产力，冲击生产关系，带来社会变革。其中，铁器和青铜器的发明提供了农耕工具，创造了农业文明；蒸汽机的发明大大提高了人类使用机器工作和运载的能力，

————————
① 蓝志勇. 政府管理创新的瓶颈因素及其分析［J］. 学术研究，2006（7）：73-78.

带来了工业革命，创造了城市文明；而信息技术的革命则给我们提供了后工业社会发展的方向。在经济生活方面，由于技术的大规模使用，新型生产组织方式——市场和公司的出现，使现代社会的生产能力大大提高，人类自古就有的富足平等的理想不再是海市蜃楼；在政治生活方面，基于人人平等的法律基础上建立的现代政府成为可能。社会价值观也随之改变，从原始社会的迷信，到封建社会对君主的依附，到现代社会追求物质财富和后工业社会对人的价值的追求。相关的理论和思想家有亚当·斯密（Adam Smith）、庇古（Arthur Cecil Pigou）、洛克（John Locke）、霍布斯（Thomas Hobbes）、卢梭（Jean‐Jacques Rousseau）、康德（Kant）、马克思、恩格斯、凯恩斯（Keynes）、罗尔斯（Rawls）、阿马蒂亚·森（Amartya Sen）等。他们全面系统地阐述了现代社会的政治、经济和社会组织的特点，社会价值观和社会分配的原则。现代化的过程，就是人类追求自身解放的过程。现代化的特征，可以大致表述为：技术使用普遍化，人际关系平等化，政治生活法理化，生产方式工业化和市场化，生活形态都市化，分配方式均富化，社会阶层流动化，宗教世俗化，教育普及化，知识科学化，信息传播化，人口控制社会化。

三、治理的本质、类型与现代治理的特点

了解了现代化的核心要义，我们再来探讨现代治理体系的内涵。

治理（Governance）是一个古老又现代的词语。传统上，治理就是统治的意思。按照维基百科对治理的定义：治理指的就是统治与控制（Governance Broadly Refers to Rule and Control），是用统治的方法理顺社会关系，达到天下大治。它比小规模的组织中的"管理"内容要丰富，比强调交换行为的企业的经营管理（Management）更强调自上而下的统领和管制。

美国学者麦科迪（McCurdy）曾在著作中把公共管理等同为治理，是一门致力于寻找管理政府和公共事务之间最佳途径的学问。缪勒（Mueller）则把治理定义为，"关注制度的内在本质和目标，推动社会整合和认同，强调组织的适用性、延续性及服务性职能。治理包括掌控战略方向、协调社会经济和文化环境、有效利用资源、防止外部性、以服务顾客为宗旨等内容。"[1] 世界银行学院对治理的定义是，"治理包括那些决定权力的使用方式、决定公民参与能力和公众决

---

[1]　MUELLER R K. Changes in the Wind in Corporate Governance［J］. Journal of Business Strategy, 1981（1）: 8–14.

策的传统、制度和过程"。还有学者把治理看作一个评估政府管理绩效的视角，治理能力可以通过政府动员政治支持的能力（合法性）、提供公共物品能力（绩效）和处理社会纠纷（冲突解决）等能力来度量。①

事实上，治理的内涵广博而且深入。在东方，中国古代的政治家和政治哲学家们早就提出了自己的"治理"理念。西周王朝特别重视治理中礼治的重要性，他们认为礼仪有助于维持社会体制和社会秩序。孔子生于乱世，极力推崇的就是克己复礼。孟子在治理理念上更进一步，坚持民本主义，认为人民利益应当是治理的最高目标。老子建议"治大国若烹小鲜"，他的思想远远超前于西方的自由放任市场主义。秦帝国迷信暴力征服，汉帝国则把军事力量与文明教化结合起来，唐帝国告诫自己："君，舟也；人，水也；水能载舟，亦能覆舟"，很早就悟出了平衡调和的治道。著名的统治术百科全书《资治通鉴》共有294卷，记录了长达1362年的漫长的政治史，涉及政治、军事、经济、文化等诸多统治战略。对于历代王朝来讲，维护统治才是治理的首要目标。

在西方政治哲学的传统中，治理的话题也长盛不衰。柏拉图（Plato）通过强调正义、节制等美德的重要性，奠定了政治学的道义基础。亚里士多德（Aristotle）把人类看作天然的政治动物，认为政治学应当研究社会中各色人物的政治行为，最终应当为政治共同体（城邦）谋求和谐与秩序。治理之目的并不仅限于制止错误、保护公私财产，还要推动公共之善和公民美德的发展。这是最早的善治的思想。在深入研究古希腊150余个城邦之后，亚里士多德总结指出，最理想的政治共同体应当保护公共利益，而非为了统治者的一己之私。

人类是天然的社会动物，由于拥有了理性言说（Logos）②，我们变成了社会联合体。众多家庭合为一处衍生了村落，而大量聚集的村落则发展成为国家。国家最初之所以形成，主要是为了满足人们的自然需要。到后来，国家包含了许多道德性目的，被认为应当发挥作用改善人类生活。因此，国家作为一个地方联合体，并不仅仅是为了阻止恶的发生或便于交换，也不仅仅是一种保护财产和公共物品的制度安排。国家是一种真正意义上的道德性组织，其目的正是

---

① PEI M X. China's Governing Crisis［J］. Foreign Affairs, 2002, 81（5）.

② LOSCO J, WILLIAMS L. Political Theory：Classical Writings, Contemporary Views［M］. New York：St. Martin's Press, 1992：710–719.

为了人类的发展。①

人们对治理意味着什么也有自己的见解。马基雅维利（Machiavelli）的《君主论》是一部为统治者征服或改造国家而出谋划策的著作。马基雅维利也因此被公认为第一位现代政治哲学家，或现代政治科学之父。古代政治理想强调公民美德及政府提升公民美德的作用，马基雅维利驳斥了这种理想。他主张统治者为了担负起对国家的责任、为了获取荣耀和不朽声名，可以用不同的手段。治理意味着政治稳定、避免腐化堕落。② 除了马基雅维利，还有很多政治哲学家也提出了国家治理的思想。如托马斯·霍布斯强调君主专制的重要性。③ 约翰·洛克强调保护不可剥夺的生命权和可以让渡但神圣不可侵犯的财产权。启蒙时代的自由主义思想家，例如霍布斯和洛克等，都信奉个人主义和自利性假设。对他们来说，培育情操高尚的公民并不是政府的首要目标。国家并非如古典哲学家们所设想的那样本身就是一个目的，而只是实现目的的手段——通过良好的法律、有效的执行来维护秩序与和平。政府的作用就是创造环境，以使公民身心得到自由成长和繁荣。④

卢梭从另一个角度论述该问题，他愤世嫉俗地指出，启蒙时代的个人主义只不过是为自私和残酷寻找的借口罢了。保护私有财产并非什么值得崇敬的自由，说到底不过是富人欺压贫贱者的通行证。此种情形下的民主无疑等同于富有者掌权。⑤ 卢梭认为，启蒙思想所带来的个人主义和自私自利等堕落道德观，激发了竞争、等级、嫉妒及其他邪恶冲动，全体人民都将因此堕入悲惨的深渊。卢梭希望通过达成社会契约的方式来实现善治。德国政治哲学家卡尔·马克思沿着卢梭的道路走得更远，他指出阶级斗争和无产阶级专政是取得善治的唯一途径⑥。功利主义哲学家约翰·穆勒（John Stuart Mill）相信，理性终究会超越

---

① ARISTOTLE. The Politics ［M］. Carnes Lorde. Chicago：University of Chicago Press, Chicago, 1984.

② MACHIAVELLI N. The Prince and Other Writings ［M］. SanDiego：Canterbury Classics, Baker & Taylor Publishing Group, 1995.

③ HOBBES T, GASKIN J C A. Leviathan ［M］. Oxford and New York：Oxford University Press, 1998.

④ LOCKE J. Two Treatises of the Government ［M］. Oxford：Oxford University Press, 2007.

⑤ ROUSSEAU J－J. "The Social Contract" and Other Later Political Writings ［M］. Cambridge：Cambridge University Press, 1987.

⑥ MARX K, ENGELS F, HOBSBAWM E. The Communist Manifesto ［M］. London and New York：Verso, 1998.

偏见，只要官僚制坚持理性和宽容，采取民主决策机制，那么自由还是能够实现的。①

美国宪法制定者们与卢梭不同，他们深受启蒙思想影响。他们强调个人主义和公民权利，坚持公域必须是为了更好地推动公民私域的发展等理念。他们至少认真讨论过两类治理模式。一类是杰斐逊（Thomas Jefferson）倡导的民主治理模式，主张通过民主参与和约束政府规模来保护自由、自主和天赋权利。麦迪逊（Madison）支持杰斐逊的观点，他认为在民主共和国中某些狭隘党派利益是不可避免的，压制党派利益的唯一办法，就是尽量扩大共和国的疆土和社会规模，以容纳各色各样的党派，防止单个党派独霸支配权。另一类就是汉密尔顿（Hamilton）倡导的政府类型，主张政府实行集权控制，深入管理社会生活的各个重要领域②。

通过上面这番追本溯源式的探讨，我们发现，如何治理是所有统治者都面临的棘手问题，古今中外很多政治哲学家都为此绞尽脑汁。有些学者认为，治理不过就是指如何巩固政治秩序、政体延续性和精英的统治地位。治理意味着荡平任何敢于挑战现有权力秩序的势力。制度结构、策略、文化、礼仪、宗教信仰等都可以作为统治手段，在统治者的容忍限度内用来达到治理的目的，即便这意味着反对力量的大规模抵抗（秦汉两代都是明证）。统治者为了确立道德准则、规范臣民的行为，也往往诉诸强有力的说服性力量（例如儒家学说）。统治者还试图利用宗教信仰的力量，通过内在的敬畏来压制臣民的欲望。对于另一些学者而言，秩序和稳定只能通过民主参与、社会契约、法治、包含制衡内容的制度约束等方式来获得。还有一些学者则认为，要想确立良好的治理秩序，保证个人拥有最大限度的自由，贤明而又自律的君主制、契约君主、官僚制度等都是必不可少的。

对治理的最新讨论始于20世纪90年代的世界银行。当时，世界银行资助的许多发展中国家腐败、低能、低效、专制，滥用通过世行项目借来的款项。但作为国际民间组织，世界银行又不能直接干预别国政治。因而提出用公民和民间组织的力量，参与协作治理，对政府行为进行监督、问责。许多学者参与推动了近些年对治理的研究，他们把治理界定为公平而有效的惯例和组织制度，国家权威

---

① MILL J S. On Liberty [M]. Alexandria VA: Pious Pagan Publishing, 2002.

② HAMILTON A, MADISON J, JAY J. The Federalist Papers [M]. Oxford: Oxford University Press, 2008.

要强调效率、效益、参与民主、法制、开放、透明、回应、问责、公众舆论支持、公平公正、有战略目标。这就是近年来大力提倡的善治，追求民主、效率和高尚的道德标准。治理需要"能够有效地服务于公共福祉。是指一个平稳选举、管理和更换政府的过程，一项有效管理自身、合理执行政策的政府能力，一种公民和国家相互尊重、职能机构有效地管理经济和社会活动的状态。"①

世界银行推动治理的努力与西方国家过去三十多年来的小政府分权改革正好契合。在分权、改革大政府、私有化的口号下，西方政府大力裁减政府人员，削减公共支出，降低国家税收，使很多原有的政府功能转到民间。公共财政乏力和政府能力的降低，使得多方合作不仅仅是一个口号和设想，也成为一种管理的必须。在这样的背景下，合作政府、协同政府、民主治理的理念就得到了更有力的推崇。综上所述，我们能够归纳出六种已知的治理类型。

（1）前现代权威型治理，例如封建领主制和奴隶制；

（2）前现代民主治理理想，其目的是维护公共利益，教育公民，实现更高的道德目标；

（3）现代早期的马基雅维利型治理，关注君臣关系，主张不论是铁血手段还是绥靖手段，目标都是维护统治秩序；

（4）现代启蒙治理哲学（自由利益群体治理），强调所有个体和社会力量之间长期互动和相互影响，保障个人利益和财产权利。不过，这种治理哲学遭到卢梭和马克思的猛烈抨击，他们认为这只不过是为富人统治穷人装饰门面；

（5）现代官僚型治理，遵循法律和道德激励的方式来设计制度、推崇信任，一些启蒙思想家和理性社会精英持此观点；

（6）民主善治——民主社会主义的治理。

通过上面的分析可以看出，治理是一门关于统治的学问，因时代诉求而被赋予不同的内涵。前现代权威型治理以满足统治者的私欲为要旨，罔顾普通百姓的死活。前现代民主治理理想虽然富有吸引力，但比较理想化，也没有相应的技术和有力的治理方法来实现这样的理想，不切实际。马基雅维利式治理是早期现代的一种治理思想，介于传统与现代之间。在这一体系下，虽然君主不是君权神授，但作为社会监护人，普通百姓也容易沦为仰君主的鼻息过活的众生。启蒙思想家设想的民主治理体系的实践者为美国等国家，这一体制有赖于

---

① KAUFMANN D，KRAAY A，MASTRUZZI M. Governance Matters［G/OL］. The World Bank，2013 - 12 - 20.

被治者的积极参与，而被治者是否拥有平等参与权却常常是个问题。并且，参与者的素质也决定治理方式是否可行。现代官僚型治理，是现代治理体系的普遍形式。按照一定的法理原则，建立起一套韦伯意义上的官僚的科层结构，通过统一意志、科层结构、机构分工、制度化管理、数据和文牍、对资源的掌控、全职的官僚从业人员等方式协调社会，将国家中的精英意志转化为国家治理的现实。但大型的官僚体制，也有自己的天敌，在缺乏有效监督的情况下，官僚会异化，不再是执行国家意志的工具，而是成为对社会和国家巧取豪夺的摄利者或摄利集团。现代民主治理是自由主义高度发达后的一个可能的方向。马克思、达尔等优秀的思想家早就对此有所讨论。但实现民主治理的条件是有高度民主意识和自觉素养的公民，这也是为什么柏拉图提出国家的目标是要教育公民，孙中山提出宪政之前训政的必要性。

每种治理类型都有自身的问题和缺陷，但是，它们都有一个最基本的共同目标：有效地解决冲突，保持稳定。一旦社会冲突能比较容易地化解，善治的目的也就达到了。低水平的治理会破坏政治系统的正常运转，逐渐降低其存活能力，而高水平的治理能够提高社会运行效率，妥善处理社会矛盾、满足社会的多样需求，达到国富民强、人民幸福。

岁月流逝，一度盛行的杰斐逊式政府（启蒙民主型治理）早就让位给了汉密尔顿式政府（官僚型治理）；自由主义利益集团政治因其违背公民利益并让政府变得虚弱不堪，也遭到猛烈攻击①。美国政府常常因为财政预算问题而关门，大金融危机的冲击是富人对穷人的掠夺；市场动力型方式正在沦为垄断集团和特殊利益集团的傀儡，利弊权衡中"弊"大于利。著名的美国学者罗义（Theodore J. Lowi）和金斯伯格（Benjamin Ginsberg）说过，一个分权的国家，一个过去留下来的政治古董，是不足以应对新治理时代的挑战的。②

历史的回顾，使我们了解到，治理的本质是统治，它有不同的类型，反映的是不同的时代诉求，我们要寻找的现代治理模式应该是源于过去，但高于过去的模式，即有现代的人文精神（人本主义）、现代的民主精神（公民参与）、现代的管理工具（现代行政官僚和信息技术）、现代的道德准则和现代的高度运

① LOWI T J. The End of Liberalism: The Second Republic of the United States [M]. New York: W W Norton & Company Incorporated, 1979.

② LOWI T J, GINSBERG B. Embattled Democracy: Politics and Policy in the Clinton Era [M]. New York: W W Norton & Company Incorporated, 1995: 85.

行效率。

四、中国现代化治理体系的方向和策略

中国实现现代化的努力，从孙中山先生提出"天下为公"建立中华民国开始，到十八大决议提出的建立现代化治理体系，经历了一百多年的时间。它一直是中国知识精英的一个心结和追求。自十一届三中全会以来，中国进行了多方位的改革。自二十世纪九十年代以来，大量立法，向社会分权，明确了"建立社会主义法治国家"的目标；1998 年国务院机构改革方案，确立公共服务为政府基本职能，从管制政府走向服务型政府；2005 年政府工作报告，确立"建设服务型政府"。与此同时，民间组织大量涌现。2010 年，民营企业数已占全国企业总数的 90%，民营企业对全国 GDP 的贡献已经达到 65% 以上，占出口的 68%，民营企业缴纳的税收占全国税收总额近 50%，民营企业为全国创造了 80% 的就业岗位，局部已超过 90% 以上。最新一轮的事业单位改革，将中国公共服务机构社会化的发展方向提到了议事日程。

十八大提出从治理体系上实现现代化，是中国现代化前期准备就绪、系统推进制度性现代化的战斗号角。这一努力需要面对的不单单是传统文化中保守落后的思维意识，也要面对改革开放后在传统制度结构和西方自由主义思潮影响下形成的新的利益藩篱。以农耕文明立国的中国，缺乏现代的体验，科学民主的精神也还有待更进一步的深入人心。但中国全面现代化的任务，在全球化和高科技竞争的时代，显得尤为迫切。十八大提出的顶层设计的思想，是基于中国领导人对现代制度体系的一个深刻了解。我们知道，现代人文价值中的人人平等原则，社会公平公正原则等都是抽象理想的产物，不可能是生物世界和人类社会历史自然演化的结果。有人生于富贵之家，含着金元宝来到人间；有人生来体弱，说不定还要靠特护生存。平等的理念，并不在我们的生活经验之中。但历代思想家们，在深入了解人类发展历史的经验性研究中，体会到如果我们只是靠生物本能，行丛林之法，弱肉强食，那么每隔一段时间，必有动荡、反叛、暴力、嗜杀，朗朗乾坤，就会永无宁日。要想有人文的关怀，要想实现人类文明的可持续发展，必须要有一套有别于传统封建君主体制的现代管理体制的诞生。

西方中世纪的黑暗，引发了文艺复兴对古代理想的憧憬，进而催生了现代的人文价值观，与自古就有但遥不可及的人类理想遥相呼应。中国是一个文明古国，民生民本的理想也是早已有之，但苦于没有实现的途径。基于现代管理

技术基础上的现代治理思想的出现，给中国继续发展和前行带来了福音。西方早于东方的工业化、城市化和现代化的过程，也给中国全面现代化提供了经验。但是，如何全面建立现代化的治理体系，中国面对两大挑战：一是思维范式的挑战；二是管理技术的挑战。

思维范式方面，中国面对的几大思潮。

（1）阴谋论，片面以全世界为敌，认为西方国家的目的就是要围堵和危害中国。这种思维范式影响中国开放性地与世界交往，不利于分清真正的敌友，不利于学习西方的先进思想和技术，也是不自信的表现。《红楼梦》里探春有一句话，一语道破与外部关系的要点，"可知这样大族人家，若从外头杀来，一时是杀不死的，这是古人曾说的'百足之虫，死而不僵'，必须先从家里自杀自灭起来，方能一败涂地！"所以说，克服阴谋论的途径，是关注自身力量的建设和有强大的民族自信力。

（2）假马克思主义或形而上学的马克思思潮。中国在现代化道路的寻梦途中，确定了马克思主义理论作为中国的政治哲学和立国之本。马克思自己就认为自己是一个科学家，一个具有批判现实主义精神，为人类解放事业奋斗的理想主义者。而我们早期将马克思主义中国化的过程中违背了马克思的科学批判和革命精神，将马克思主义宗教化和形式化，断章取义，没能完整理解马克思主义唯物辩证、科学批判和与时俱进的核心精神，甚至不再将执政维权作为一个过渡性工具，而是作为一个终极目标，忘记了立党为公、执政为民的建党初衷，忘记了马克思提出的无产阶级必须在消灭资产阶级的过程中，最终消灭自己。1852年，马克思在致约·魏德迈（Weydemeyer Joseph）的信里特别指出："……至于讲到我，无论是发现现代社会中有阶级存在或发现各阶级间的斗争，都不是我的功劳。在我以前很久，资产阶级历史编纂学家就已经叙述过阶级斗争的历史发展，资产阶级的经济学家也已经对各个阶级做过经济上的分析。我所加上的新内容就是证明了下列几点：第一，阶级的存在仅仅同生产发展的一定历史阶段相联系；第二，阶级斗争必然导致无产阶级专政；第三，这个专政不过是达到消灭一切阶级和进入无阶级社会的过渡……。"① 在革命阶级掌握了国家政权之后，政权就有了更宏大的目标。忘记了这个目标，就是套着马克思主义的外壳，忘记了马克思主义精神的一种思维形式。

---

① 〔德〕卡尔·马克思，弗里德里希·恩格斯. 马克思恩格斯选集［M］. 中共中央马克思恩格斯列宁斯大林著作编译局，译. 北京：人民出版社，1995：547.

（3）全盘西化论，认为作为一个传统国家，中国文化是病入膏肓，不彻底剔除不得以重生。这中间有崇洋的思考，也有恨铁不成钢的无奈。用这样的思维范式指导制度建设，也会引发错误的选择。

（4）只想往回看，不想往前看。这种思潮努力要开发传统，到没有现代文化基因的古纸堆里找寻未来发展办法和方向，是南辕北辙的努力。俗话说，半部论语治天下，指的是论语思想的丰富。但如果真的细读论语，体会其精髓，让其深入自己意识形态，那还就真的治不了天下了。论语是帮助封建统治者统治的工具，其君君臣臣父父子子夫夫妇妇的核心思想与现代的平等思想是水火不相容的理念。读通了论语，就成为一个完全的封建秀才，失去了治国平天下的真正能力。中国文化博大精深，很多被历代统治者过滤和掩埋了，没有得到好的成长和发育。要真正弘扬中国文化，必然要走将之与世界文明的精华和发展联系起来的道路。或许，这样的努力会最终告诉我们，原没有必要做东方和西方之分，优秀的思想东西方都有过，不同之处在于发展阶段和发展环境条件的区别。一旦进行了有效沟通，它们之间相通的地方或许会大大出乎我们的意料。

（5）开始追求西方的后现代思想，提倡争夺世界话语权。在这个过程中，往往忽略的是话语权的基础是"实力"。如果西方首先提出"子弹头式高速列车"，那是他们已经有了这类列车。他们的特点、规律、运行等都有一套体系，我们在学习的基础上再加发展，就是一个新的知识体系，前有基础，后有方向。如果另起炉灶，自成一体，只能妨碍沟通和学习，创造学习和交流壁垒，也往往闹出笑话。

所以说，中国现代化治理体系的创立，首先要克服狭隘的民族主义、盲目历史主义、片面马克思主义、无原则的西化主义和违反科学原理的片面感性主义。需要正确使用马克思主义的唯物辩证法，客观、科学、平和、谦虚、认真地学习发达国家的经验，审视自己的文化遗产，以向前看的精神，建设中国的现代治理体系。

建设现代治理体系的第二个挑战是管理技术的挑战。现代治理体系是一个巨大的复杂系统工程，需要现代管理知识和技术为依托。复杂系统是具有相当数目的单元、能够基于局部信息做出行动的智能性、自适应性主体的系统。它不是简单系统，也不是随机系统，更不是简单线性系统，而是一个复合的有许多子系统的复杂系统相互作用、依赖、学习和共同进化。简单系统之间的相互作用比较弱，复杂系统之间的相互作用比较强。复杂系统中的个体一般来讲具有一定的智能性，例如组织中的细胞、股市中的股民、城市交通系统中的司机，这些个体都可以根据自身所处的部分环境通过自己的规则进行智能的判断或决策。复杂系统常常具有突现性、不稳性、非线性、不确定性、不可预测性等特征，但它却有潜在的秩序。现代政府的治理系统，只要有清楚的核心价值观作为基石，有优秀的政府雇员维护这种价值体系的神圣，许多枝节问题就会不攻自解。

由于一个现代政府组织不是一个线性的简单系统，不少人对顶层设计存有疑虑。认为世界是不可知的，设计是无用的，制度不如变化快。但如果从复杂系统的视角来看现代政府，很多疑虑可以迎刃而解。复杂系统的设计是必须有系统，而系统是有目标、有体系的；系统内部机构单元是智能和动态的。系统也不是一成不变的，它有极强的自我调节能力和吞吐能力。

如果说现代化治理体系是一个巨大的官僚系统的话，现代官僚系统应不再是我们传统认识的那个僵化、文牍、全国一个板块、几十年规定和管理原则不变的传统官僚。它有结构，有网络，有协调，有分权和集权，有内部的统一和竞争，有强大的信息资源和数据库，鼓励公民参与决策，有优秀的员工，有强大的协调和协作能力。系统也不是万能的，它必须要留有机动和不可测的空间。现在有一些学界的讨论认为治理是非政府行为，是以社会非营利机构和社会力量为主的。这是对治理的误解。在任何社会中，政府有不可替代的社会功能，即便在网络化治理体系成熟完善的制度条件下，政府依然是网络系统的中枢，是发动、引导、激励和监管各种社会组织合作的重要力量。没有骨骼、心脏、神经和大脑，肌肉和皮毛焉附？

应该指出，中国在从传统走向现代的过程中，面临的不仅仅是市场不足，价值理念不到位的挑战。它的现代政府体系——或用学界的话来说——现代官僚体系，也是严重不足。现代官僚体系是建立在现代价值观念、现代法理基础、现代科学技术和管理原则之上的一套机构和制度体系，对内分工和运行有方，对外职责和规制清楚。只有健全的官僚制度，才能容纳规模性的市场。中国和国外的许多政府官僚体系，经历的就是一部持续的变革历史。主要问题是，如何变？是头疼医头脚疼医脚，还是有一套基于特定价值理念的设计好的制度结构、流程、规制、文化和社会预期？在这个制度环境中，有统一，有分工，有法制，有问责，每一个地方政府和独特的部门，都有一定的法规体系、自由度和灵活应对的空间，在面对复杂问题时可以自动调节。政企关系的改革，中央地方政府关系的改革，公共决策的改革，行政审批制度的改革，城乡分治的改革，公务员体系和职责的改革，事业单位的改革，都属于建设这一现代治理体系的努力。

现代治理体系，可用图1-2大致表现，其中，大椭圆为国家社会，三角为行政管理体系，也称为现代官僚体系，圆形图案代表市场，六边形为非营利组织，折叠型为民间联系国际社会的纽带，角圆形为城市政府。地方政府按公司化或现代财团法人的方式运行，灵活高效，易于监督，也在为民服务方面富有创新能力。

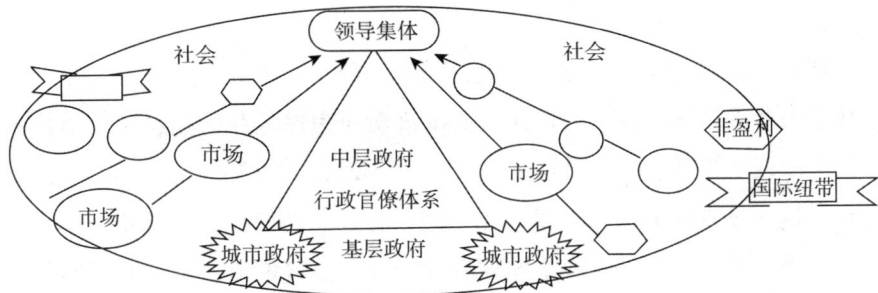

图1-2　现代治理体系

特别要提到的是，现代治理体系并不是后现代治理体系，它的核心还是以科层结构为主干的建立在现代价值观和法理基础之上的行政官僚体系，是国家社会的主心骨，由优秀的社会成员（训练有素，有现代价值观和工作技能、服务精神的公务员）作为其运行的支撑。在民俗文化中，一般都有对官僚体系的抨击。但如果想想为什么军队使用行政的方法进行管理，为什么企业做大做强后要兼并其他企业，形成规模企业，或是教会这样的宗教组织，也使用等级制来进行管理，我们就会知道，行政科层的方法是一个不可或缺的核心管理方法①。它与市场、意识形态方法一起，为人类组织管理的三大方法，各有利弊，需要用互补的方式克服各自的天敌（如政府失灵、市场失灵和意识形态失灵）。在现代社会中，现代政府是法律环境和规制的打造者，文化的捍卫者和创新的支撑者，是社会信任的基石。只有良好高效的政府，才能维护良好的社会风气和法理环境。

现代政府本质上还是精英政府，有人说，什么样的人民决定什么样的政府；也有人说，有什么样的领袖，就有什么样的人民。在与环境、自然和历史传承

---

① 蓝志勇. 行政官僚与现代社会［M］. 广州：中山大学出版社，2003.

互动和博弈的过程中，人类已经有了许多成功和失败的教训。有抱负有理想的中国知识精英以及支持他们事业目标的广大人民，是中国的脊梁，是中华民族千年不倒的立志腾飞的主心骨。他们以强烈的使命感，啃硬骨头、突破利益藩篱、勇涉险滩、不怕狭隘民粹主义者和强大利益集团的指责，以国家民族百年大计为重，努力推进国家治理体系和治理能力现代化，建设系统完备、科学规范、运行有效的现代制度体系，引领中国人民走向世界，走向辉煌。

五、结论

写到此，我们对现代治理体系就开始有一个大致的认识。在本质上，现代治理体系的基础是以民为本的现代人文价值观和为捍卫和弘扬这一价值体系而设计建立的制度体系。它的形式是法理化、制度化、规范化、专业化、透明化。它的运行目标是张弛有度、灵活有序、协调合理、高效、公平和正义。它还是一个不完美的复杂系统，需要不断调整和变化，与时俱进。认识到它的复杂性和不完美性，才能在设计和管理过程中留存足够的空间和自反应机制，保障它的自我调节和人为调节的功能。行政改革是一个永恒主题的提法，就是基于这样的考虑之上的。

建立这一制度体系的策略应该遵循现代价值原则指导下的政府体系和管理目标设计、规制建设、市民教育、民间力量培养、地方治理，循序渐进，务实调节。制度设计的底线不是循序渐进的可能，而是建立在抽象价值观念基础上的原则。虽然一时一地做不到，但每一步的努力，都是向这个原则靠近。毕竟，"现代"与"政府"一样，是一个人类的创造，一个文明的果实，必须也应该按理想的目标进行设计，才不会在历史的发展过程中走弯路。中国已经属于后发的国家，在许多国家已经在享受现代化成果的时代，中国还在从传统向现代蹒跚前行。有了十八届三中全会全面建立现代治理体系的决策，中国全面现代化的进程必然会得到大踏步的发展。

参考文献

［1］罗荣渠. 现代化新论［M］. 上海：华东师范大学出版社，2013：4-5.

［2］陈柳钦. 城市现代化及其指标体系新框架［J］. 中国市场，2010（37）：71-81.

［3］蓝志勇. 政府管理创新的瓶颈因素及其分析［J］. 学术研究，2006

（7）：73 - 78.

［4］MUELLER R K. Changes in the Wind in Corporate Governance ［J］. Journal of Business Strategy, 1981（1）：8 - 14.

［5］PEI M X. China's Governing Crisis ［J］. Foreign Affairs, 2002, 81（5）.

［6］LOSCO J, WILLIAMS L. Political Theory：Classical Writings, Contemporary Views ［M］. New York：St. Martin's Press, 1992：710 - 719.

［7］ARISTOTLE. The Politics ［M］. Carnes Lorde. Chicago：University of Chicago Press, 1984.

［8］MACHIAVELLI N. The Prince and Other Writings ［M］. SanDiego：Canterbury Classics, Baker & Taylor Publishing Group, 1995.

［9］HOBBES T, GASKIN J C A. Leviathan ［M］. Oxford and New York：Oxford University Press, 1998.

［10］LOCKE J. Two Treatises of the Government ［M］. WHITMARE, FENN, BROWN C. Oxford：Oxford University Press, 2007.

［11］ROUSSEAU J - J. "The Social Contract" and Other Later Political Writings ［M］. Cambridge：Cambridge University Press, 1987.

［12］MARX K, ENGELS F, HOBSBAWM E. The Communist Manifesto ［M］. London and New York：Verso, 1998.

［13］MILL J S. On Liberty ［M］. Alexandria VA：Pious Pagan Publishing, 2002.

［14］HAMILTON A, MADISON J, JAY J. The Federalist Papers ［M］. Oxford：Oxford University Press, 2008.

［15］KAUFMANN D, KRAAY A, MASTRUZZI M. Governance Matters ［G/OL］. The World Bank, 2013 - 12 - 20.

［16］LOWI T J. The End of Liberalism：The Second Republic of the United States ［M］. New York：W W Norton & Company Incorporated, 1979.

［17］LOWI T J, GINSBERG B. Embattled Democracy：Politics and Policy in the Clinton Era ［M］. New York：W W Norton & Company Incorporated, 1995：85.

［18］〔德〕卡尔·马克思, 弗里德里希·恩格斯. 马克思恩格斯选集 ［M］. 中共中央马克思恩格斯列宁斯大林著作编译局, 译. 北京：人民出版社, 1995：547.

［19］蓝志勇. 行政官僚与现代社会 ［M］. 广州：中山大学出版社, 2003.

从"不破不立"到"以立促破"

——行政审批制度改革的创新视角①

摘　要： 如何突破制度瓶颈，继续深化改革，是中国行政改革者依然面对的严峻问题。文章回顾了从 21 世纪初就开始的行政审批改革历程，研究和总结了行政改革的经验；指出我国行政审批制度改革事实上已经开始进入新的阶段，应该突破传统上"不破不立，先破后立"的惯性思维，在行政改革领域开始"先立后破""以立促破"的思考和策略，加快以新除旧的现代治理体系和能力建设的步伐。

关键词： 行政审批　不破不立　先立后破　以立促破

一、引言

深化行政审批制度改革、加快政府职能转变是党的十八大和十八届二中、三中全会部署、十二届全国人大一次会议审议批准的《国务院机构改革和职能转变方案》确定的重要任务。行政审批制度改革的目的在于：促进政府职能转变；约束和规范行政行为；推动公开、公正、公平的社会主义市场经济的发展；履行我国加入世贸组织后所做的承诺，进一步扩大对外开放；从源头上预防和治理腐败，消除滋生腐败的土壤和条件。②

新一届国务院组成以来，以行政审批制度改革为抓手，根据中央的部署和

---

① 　本文载于《理论与改革》2017 年第 1 期，作者：蓝志勇，张腾，李廷.
② 　徐晓林. 试论中国行政审批制度改革［J］. 中国行政管理，2002（6）；鲍静. 适应完善社会主义市场经济体制的要求进一步推行政审批制度改革——国务院行政审批制度改革工作领导小组办公室主任李玉赋接受本刊专访［J］. 中国行政管理，2004（1）；邢颖，胡仙芝，张霁星. 中国加入 WTO 与行政审批制度改革研讨会综述［J］. 中国行政管理，2002（8）.

行政许可法要求，整体谋划、分步推进，大刀阔斧取消、下放行政审批事项，简政放权，放管结合，加强事中事后监管，创新管理方法，取得了重要的阶段性成果，为市场松了绑，为企业添了力，社会投资和创业热情迸发，就业岗位持续增加，社会和人民群众给予较高评价。① 但是，与经济社会发展的需要相比，差距依然存在。政府职能越位、缺位、不到位问题依然突出，不该管的管得过多，该管的没有管好，管理服务能力较弱，行政效能不够高的现象依然存在。有调研显示，还有不少地方该放的权力没有放，或是放虚不放实，放轻不放重，放责不放权，放小不放大，明放暗不放，放一不放二，上面放下面不放，或上面放，下面没有人接盘，责任更加不明了，部门、责任人之间的衔接、配套、统筹不够，依据不明，集中反映在"事情还是办不成"。在办事方法方面，审批标准、条件、评估方法、工作流程、时限、环节复杂、裁量权、中介责任、透明度、随意性、效率性依然存在普遍性问题，中梗阻现象严重。②

这些问题，有传统体制的遗留问题，政府与市场和社会关系制度老化的问题③；有工作人员的观念问题，也有工作惰性、惯性驱动、不放心、怕承担责任和不适应新市场思维的问题④；还有能力方法不足，法治知识跟不上，重前置审批、轻后续监管问题⑤；还有高高在上甚至权力寻租的问题⑥。这些都是非常传统的官僚行为，在改革大潮中，依然有顽疾难去。

如何突破制度瓶颈，继续深化改革，是中国行政改革者依然面对的严峻问题。本文回顾了从 21 世纪初就开始的行政审批改革历程，研究和总结行政改革的经验，提炼改革过程中涌现的思路，提出我国行政审批制度改革事实上已经开始进入新的阶段，应该突破传统上"不破不立，先破后立"的惯性思维，在行政改革领域开始"先立后破""以立促破"的思考和策略，加快以新除旧的

---

① 杨晶. 国务院关于深化行政审批制度改革加快政府职能转变工作情况的报告［EB/OL］. 中国人大网，2014－08－28.
② 彭波，毛磊，杨晶. 部门审批随意性和自由裁量权大，监管没跟上［EB/OL］. 中国网，2014－08－28.
③ 肖铭心. 广东省行政审批改革研究［J］. 法制与社会，2013（8）.
④ 傅思明. 行政审批制度改革与法制化［M］. 北京：中共中央党校出版社，2003；薛澜. 行政审批改革的最大难点［J］. 人民论坛，2013（25）.
⑤ 国务院行政审批制度改革工作领导小组办公室. 行政审批制度改革［M］. 北京：中国方正出版社，2004.
⑥ 欧桂英，等. 行政审批制度改革若干问题解说［M］. 北京：中共中央党校出版社，2003.

现代治理体系和能力建设的步伐。

二、行政审批制度改革的历程与经验

行政审批的官方定义为"行政审批机关（包括有行政审批权的其他组织）根据自然人、法人或者其他组织依法提出的申请，经依法审查，准予其从事特定活动、认可其资格资质、确认特定民事关系或者特定民事权利能力和行为"①。这个界定较为狭窄，根据审批权实际操作及其遵循的惯例，行政审批事实上分为两类：第一，行政许可，即"行政机关根据公民、法人或者其他组织的申请，经依法审查，准予其从事特定活动的行为"②，例如驾驶证照发放、烟草特许经营许可等③；第二，非行政许可审批，主要是政府的内部管理事项④，是行政机关对其他机关或对其直接管理的事业单位的人事、财务、外事等事项的审批，例如政府出资的投资项目审批、非营利性科研机构认定等。中国的行政审批制度改革意在减少上述两方面审批过程中低效的行政程序，提高行政效率，减少政府对市场不必要的干预。⑤

按照中编办文献，以 2001 年 9 月国务院成立行政审批改革工作领导小组为标志性事件，中国的行政审批制度改革工作全面启动。2002—2012 年国务院已经分六批取消了 2456 项行政审批事项；2012 年后，行政审批制度改革进一步深化，在不到四年的时间里进行了十余批事项取消和下放。截至 2016 年 8 月，历经 15 年的发展，累计有 3087 项行政审批被取消、调整或下放，占原有审批数量的 85.6%。图 1-3 更加形象直观地展示了这一过程。

---

① 参见《关于印发〈关于贯彻行政审批制度改革的五项原则需要把握的几个问题〉的通知》（国审改发〔2001〕1 号）。
② 参见《中华人民共和国行政许可法》第二条。
③ 姜明安. 行政法与行政诉讼法（第四版）[M]. 北京：北京大学出版社，2011.
④ 参见国务院办公厅《关于保留非行政许可审批项目的通知》（国办发〔2004〕62 号）。
⑤ 朱旭峰，张友浪. 新时期中国行政审批制度改革：回顾、评析与建议 [J]. 公共管理与政策评论，2014（1）.

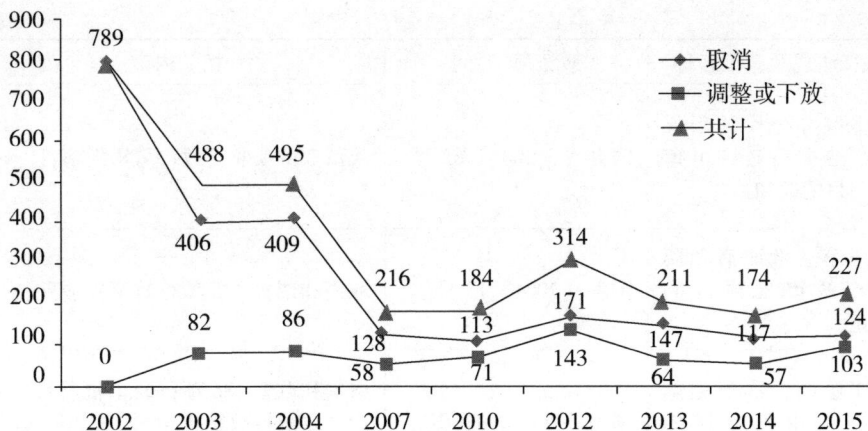

图1-3　2002—2015年国务院取消和调整行政审批事项的情况

这些改革的具体内容可以从更为详细的表1-2中看出。

表1-2　2001年至2016年8月我国行政审批制度改革相关政策文件与法律法规

法律法规及政策名称	政策号/时间	相关内容
关于行政审批制度改革工作的实施意见	国发〔2001〕33号	提出了行政审批制度改革的指导思想、总体要求以及原则和实施步骤
关于取消第一批行政审批项目的决定	国发〔2002〕24号	决定取消行政审批项目789项
中共十六大报告	2002年	减少和规范行政审批
关于取消第二批行政审批项目和改变一批行政审批项目管理方式的决定	国发〔2003〕5号	决定取消406项行政审批项目，另将82项行政审批项目移交行业组织或社会中介机构管理
对确需保留的行政审批项目设定行政许可的决定	国务院第412号令（2004）	对法律、行政法规以外的规范性文件设定，但确需保留且行政许可法的行政审批项目，依照法律规定予以保留并设定行政许可
中华人民共和国行政许可法	2004年	对行政许可的设立标准、实施原则、实施程序、费用收取与使用、监督检查机制和相关法律责任进行了明确规定

续表

法律法规及政策名称	政策号/时间	相关内容
国务院办公厅关于保留部分非行政许可审批项目的通知	国办发〔2004〕62号	保留211项非行政许可审批项目
关于第三批取消和调整行政审批项目的决定	国发〔2004〕16号	取消和调整495项行政审批项目
关于第四批取消和调整行政审批项目的决定	国发〔2007〕33号	取消和调整186项行政审批项目。其中，取消行政审批项目128项，调整行政审批项目58项
中共十七大报告	2007年	加快行政管理体制改革，减少和规范行政审批，建设服务型政府
关于深入推进行政审批制度改革意见的通知	国办发〔2008〕115号	部署了两项重点工作：一是妥善调整国务院机构改革中涉及的行政审批事项；二是编制并公布保留的行政审批事项目录
关于第五批取消和下放管理层级行政审批项目的决定	国发〔2010〕21号	取消和下放管理层级行政审批项目184项。其中，取消行政审批项目113项，下放管理层级的行政审批项目71项
国务院深入推进行政审批制度改革工作电视电话会议	2011年	继续清理行政审批事项，转变政府职能，依法行政审批，创新行政审批服务方式，强化对权力的监督制约
关于第六批取消和调整行政审批项目的决定	国发〔2012〕52号	取消和调整314项行政审批项目，其中取消171项，调整143项
中共十八大报告	2012年	深化行政审批制度改革，继续简政放权，转变政府职能

续表

法律法规及政策名称	政策号/时间	相关内容
国务院机构改革和职能转变方案	2013 年	减少和下放投资审批事项、生产经营活动审批事项，减少资质资格许可和认定，减少专项转移支付和收费，减少部门职责交叉和分散，改革工商登记制度，改革社会组织管理制度
关于 2013 年深化经济体制改革重点工作意见的通知	国发〔2013〕20 号	简政放权，分批取消和下放投资项目审批、生产经营活动和资质资格许可等事项，简化审批程序，严格控制新增审批项目
关于实施《国务院机构改革和职能转变方案》任务分工的通知	国办发〔2013〕22 号	严控新设审批，取消、减少和下放一批投资、生产经营和产品物品、机构及其活动、资质资格等许可及非许可审批事项，放宽工商登记条件，实行认缴登记制，清理工商登记前置审批项目，规范非许可审批项目的设定和实施，对行业协会商会类等四类社会组织实行民政部门直接登记制度
关于取消和下放一批行政审批项目等事项的决定	国发〔2013〕19 号	取消和下放 117 项行政审批项目等事项
关于取消和下放 50 项行政审批项目等事项的决定	国发〔2013〕27 号	取消和下放 50 项行政审批项目等事项
关于严格控制新设行政许可的通知	国发〔2013〕39 号	严格行政许可设定标准，规范行政许可设定审查程序，加强对设定行政许可的监督
关于取消和下放一批行政审批项目的决定	国发〔2013〕44 号	取消和下放 68 项行政审批项目，加快配套改革和相关制度建设，切实做到放、管结合
中共中央关于全面深化改革若干重大问题的决定	2013 年	全面正确履行政府职能。进一步简政放权，深化行政审批制度改革，制定负面清单，实行统一的市场准入制度

续表

法律法规及政策名称	政策号/时间	相关内容
2014 年政府工作报告	2014 年	深入推进行政体制改革。进一步简政放权，取消和下放 200 项以上行政审批事项，深化投资审批制度改革，取消或简化前置性审批，充分落实企业投资自主权，推进投资创业便利化。确需设置的行政审批事项，要建立权力清单制度。公开清单之外的事项一律不得实施审批。全面清理非行政审批事项
关于取消和下放一批行政审批项目的决定	国发〔2014〕5 号	取消和下放 64 项行政审批项目和 18 个子项
关于清理国务院部门非行政许可审批事项的通知	国发〔2014〕16 号	将面向公民、法人或其他组织的非行政许可审批事项取消或依法调整为行政许可，将面向地方政府等方面的非行政许可审批事项取消或调整为政府内部审批事项，不再保留"非行政许可审批"这一审批类别
关于取消和调整一批行政审批项目等事项的决定	国发〔2014〕27 号	取消和下放 53 项行政审批项目，取消 11 项职业资格许可和认定事项，将 31 项工商登记前置审批事项改为后置审批
关于公开国务院各部门行政审批事项等相关工作的通知	国办发〔2014〕5 号	各部门不得在公开的清单外再设审批或变相审批，改革管理方式，向"负面清单"管理方向迈进
关于取消和调整一批行政审批项目等事项的决定	国发〔2014〕50 号	取消和下放 58 项行政审批项目，取消 86 项职业资格许可、评比达标表彰，将 82 项工商登记前置审批事项调整为后置审批
关于精简审批事项规范中介服务实行企业投资项目网上并联核准制度工作方案的通知	国办发〔2014〕59 号	精简审批事项，规范中介服务，实行企业投资项目网上并联核准制度

法律法规及政策名称	政策号/时间	相关内容
中共中央关于全面推进依法治国若干重大问题的决定	2014 年	深入推进依法行政，全面履行政府职能，深入推进机构、职能、权限、程序、责任法定化，推行政府权力清单制度，坚持法定职责必须为、法无授权不可为
2015 年政府工作报告	2015 年	加大简政放权、放管结合改革力度。全部取消非行政许可审批，建立规范行政审批的管理制度。深化商事制度改革，进一步简化注册资本登记，逐步实现"三证合一"，清理规范中介服务。制定市场准入负面清单，公布省级政府权力清单、责任清单，切实做到法无授权不可为、法定职责必须为
关于推行地方各级政府工作部门权力清单制度的指导意见	2015 年	地方各级政府工作部门、承担行政职能的事业单位、垂直管理部门设在地方的具有行政职权的机构等作为实施主体，全面梳理现有行政职权，大力清理调整行政职权，依法律法规审核确认，优化权力运行流程，公布权力清单，建立健全权力清单动态管理机制，积极推进责任清单工作，强化权力监督和问责。省级政府在 2015 年年底前完成，市县两级政府在 2016 年年底前完成
关于规范国务院部门行政审批行为改进行政审批有关工作的通知	国发〔2015〕6 号	全面实行"一个窗口"受理，推行受理单制度，实行办理时限承诺制，编制服务指南，制定审查工作细则，探索改进跨部门审批等工作
关于取消和调整一批行政审批项目等事项的决定	国发〔2015〕11 号	取消和下放 90 项行政审批项目，取消 67 项职业资格许可和认定事项，取消 10 项评比达标表彰项目，将 21 项工商登记前置审批事项改为后置审批，保留 34 项工商登记前置审批事项

法律法规及政策名称	政策号/时间	相关内容
关于在广东省对香港、澳门服务提供者暂时调整有关行政审批和准入特别管理措施的决定	国发〔2015〕12号	改革香港、澳门服务提供者在广东省投资服务贸易领域的管理模式，扩大服务业开放，暂时调整有关行政审批以及有关资质要求、股比限制、经营范围限制等准入特别管理措施
关于取消非行政许可审批事项的决定	国发〔2015〕27号	取消49项非行政许可审批事项，将84项非行政许可审批事项调整为政府内部审批事项。不再保留"非行政许可审批"
关于印发2015年推进简政放权放管结合转变政府职能工作方案的通知	国发〔2015〕29号	深入推进行政审批改革，深入推进投资审批改革，深入推进职业资格改革，深入推进收费清理改革，深入推进商事制度改革，深入推进教科文卫体领域相关改革，深入推进监管方式创新，着力优化政府服务，进一步强化改革保障机制
关于成立国务院推进职能转变协调小组的通知	国办发〔2015〕29号	成立包括行政审批改革组在内的国务院推进职能转变协调小组
关于清理规范国务院部门行政审批中介服务的通知	国办发〔2015〕31号	清理中介服务事项，破除中介服务垄断，切断中介服务利益关联，规范中介服务收费，实行中介服务清单管理，加强中介服务监管
关于批转发展改革委等部门法人和其他组织统一社会信用代码制度建设总体方案的通知	国发〔2015〕33号	建立覆盖全面、稳定且唯一的以组织机构代码为基础的法人和其他组织统一社会信用代码（以下简称统一代码）制度
关于取消一批职业资格许可和认定事项的决定	国发〔2015〕41号	取消62项职业资格许可和认定事项

续表

法律法规及政策名称	政策号/时间	相关内容
关于加快推进"三证合一"登记制度改革的意见	国办发〔2015〕50 号	通过"一窗受理、互联互通、信息共享",将由工商行政管理、质量技术监督、税务三个部门分别核发不同证照,改为由工商行政管理部门核发一个加载法人和其他组织统一社会信用代码的营业执照,即"一照一码"登记模式
关于实行市场准入负面清单制度的意见	国发〔2015〕55 号	做好市场准入负面清单与行政审批事项清单的衔接,完善与市场准入负面清单制度相适应的审批体制,精简前置审批,实现审批流程优化、程序规范、公开透明、权责清晰
关于第一批取消 62 项中央指定地方实施行政审批事项的决定	国发〔2015〕57 号	取消 62 项中央指定地方实施行政审批事项
关于第一批清理规范 89 项国务院部门行政审批中介服务事项的决定	国发〔2015〕58 号	清理规范 89 项国务院部门行政审批中介服务事项,同时,制定完善中介服务的规范和标准,指导监督本行业中介服务机构建立相关制度,规范中介服务机构及从业人员执业行为,加强事中事后监管,保障行政审批质量和效率
关于"先照后证"改革后加强事中事后监管的意见	国发〔2015〕62 号	严格行政审批事项管理,厘清市场监管职责,完善协同监管机制,构建社会共治格局
中央全面深改领导小组《关于实行市场准入负面清单制度的意见》	2015 年	对实行市场准入负面清单制度做出了顶层设计,清单外事项以及清单内禁止事项无须审批,清单内限制事项需依法行政审批或设立相应的准入条件或准入方式

法律法规及政策名称	政策号/时间	相关内容
关于简化优化公共服务流程方便基层群众办事创业的通知	国办发〔2015〕86 号	全面梳理和公开公共服务事项目录，坚决砍掉各类无谓的证明和繁琐的手续，大力推进办事流程简化优化和服务方式创新，加快推进部门间信息共享和业务协同，扎实推进网上办理和网上咨询，加强服务能力建设和作风建设
中央经济工作会议	2015 年	降低制度性交易成本，转变政府职能、简政放权，进一步清理规范中介服务
关于印发国务院部门权力和责任清单编制试点方案的通知	国办发〔2015〕92 号	全面梳理部门现有权责事项；清理规范权责事项；审核权责清单；优化权力运行流程
关于第二批取消 152 项中央指定地方实施行政审批事项的决定	国发〔2016〕9 号	取消 152 项中央指定地方实施的行政审批事项
关于取消 13 项国务院部门行政许可事项的决定	国发〔2016〕10 号	取消 13 项行政许可事项
关于第二批清理规范 192 项国务院部门行政审批中介服务事项的决定	国发〔2016〕11 号	清理规范 192 项国务院部门行政审批中介服务事项，不再作为行政审批的受理条件
"十三五"规划纲要	2016 年	深化行政管理体制改革，加快政府职能转变，持续推进简政放权、放管结合、优化服务，提高行政效能，激发市场活力和社会创造力；深化行政审批制度改革，最大限度减少政府对企业经营的干预，最大限度缩减政府审批范围；加快推进行政审批标准化建设，优化直接面向企业和群众服务项目的办事流程和服务标准

续表

法律法规及政策名称	政策号/时间	相关内容
2016年政府工作报告	2016年	继续削减审批事项，注重解决放权不同步、不协调、不到位问题；对下放的审批事项，要让地方能接得住、管得好；深化商事制度改革，开展证照分离试点；全面公布地方政府权力和责任清单，在部分地区试行市场准入负面清单制度，行政事业性收费等实行目录清单管理。创新事中事后监管方式，全面推行"双随机、一公开"监管；大力推行"互联网＋政务服务"，实现部门间数据共享
关于印发清理规范投资项目报建审批事项实施方案的通知	国发〔2016〕29号	将65项投资项目报建审批事项调整为42项
关于印发2016年推进简政放权放管结合优化服务改革工作要点的通知	国发〔2016〕30号	深化行政审批改革，取消50项以上各类事项，并确保放权的协同关联性；在人才、技术等方面予以保障，确保基层接得住、管得好；简化审批手续，规范审批流程，保证审批事项零超时；继续相对集中行政许可权改革试点，推广地方综合审批经验
关于在内地对香港、澳门服务提供者暂时调整有关行政审批和准入特别管理措施的决定	国发〔2016〕32号	为密切内地与港澳经贸关系，对香港、澳门服务提供者部分审批事项改为备案管理，调整部分准入特别管理措施，各地各部门建立相应的管理制度
关于取消一批职业资格许可和认定事项的决定	国发〔2016〕35号	取消47项职业资格许可和认定事项
关于加快推进"五证合一、一照一码"登记制度改革的通知	国办发〔2016〕53号	2016年10月1日起正式实施"五证合一、一照一码"，完善一站式服务工作机制，推进部门间信息共享互认，做好登记模式转换衔接工作，推动"五证合一、一照一码"营业执照广泛应用，加强办事窗口能力建设

注：表为自制。

　　改革以后，国务院各部门共保留各类行政许可 764 项（表 1－3），这是历年改革和调整的结果，与过去相比，可以说有天壤之别。表 1－2 和表 1－3 也同时告诉我们，行政审批制度改革，是改革艰难百战多，内容繁杂，工作量巨大，成就不小，问题还有。其中有削减，有下放，有调整，有立法，还有新规定。总体来看，不同的时期行政审批制度改革关注的理念与核心内容、具体认知和实践是有所变化的。以代表性政策文件或法律法规的出台为时间节点，我国行政审批制度改革可以大体分为三个阶段。

　　1. 第一阶段（2001—2004 年）：外力推动下减少市场干预的改革

　　为了扩大市场化改革成果，走向国际，适应 WTO 规则，国务院于 2001 年成立了行政审批制度改革工作领导小组，在监察部设立"国务院审改办"负责日常工作，并于同年出台《关于行政审批治理制度改革的实施意见》，作为全国行政审批制度改革的指导文件。2002 年党的十六大首次将"减少和规范行政审批"写入报告中，改革在党和国家的合力推动下正式全面展开。这一阶段的改革以减少行政桎梏，解放市场、释放市场活力作用为核心理念，设立了改革的组织领导机构，并对其中失效和"含金量"低的行政审批事项进行取消和调整，共计 1277 项。

表 1－3　国务院各部门行政许可事项清单

国务院部门	行政许可事项数量	国务院部门	行政许可事项数量
民航局	50	铁路局	8
新闻出版广电总局	48	银监会	8
交通运输部	41	邮政局	8
证监会	40	税务总局	7
农业部	38	人社部	7
林业局	34	财政部	7
工业和信息化部	31	体育总局	6
环境保护部	28	司法部	6
食品药品监管总局	26	民政部	5
公安部	24	安全监管总局	5
质检总局	24	档案局	4
水利部	23	文化部	4

国务院部门	行政许可事项数量	国务院部门	行政许可事项数量
海洋局	19	人防办	3
商务部	19	知识产权局	3
保监会	18	工商总局	3
文物局	16	粮食局	3
外汇局	16	新闻办	3
国防科工局	16	地震局	3
卫生计生委	14	保密局	3
人民银行	13	科技部	2
海关总署	12	国管局	2
密码局	12	旅游局	2
烟草局	12	统计局	2
国土资源部	11	外专局	1
教育部	11	安全部	1
住房城乡建设部	11	侨办	1
气象局	11	港澳办	1
发展改革委	10	国家民委	0
宗教局	10	国资委	0
测绘地信局	10	台办	0
能源局	8	——	
总计	764		

注：数据来源于国务院审改办。

2. 第二阶段（2004—2012 年）：转变政府职能、规范政府行为改革

2004 年 7 月 1 日起实施的《行政许可法》，标志着行政审批制度改革步入法制化轨道，进入一个新阶段。此次行政审批制度改革以贯彻实施《行政许可法》为契机，进一步规范了行政审批权。《行政许可法》对行政许可的设立标准、实施原则、实施程序、费用收取与使用、监督检查机制和相关法律责任进行了明确规定。同时，国务院将一些不属于行政许可但仍发挥作用的行政审批项目作为非行政许可审批进行保留。服务型政府理念在行政审批制度改革中得到显著体现，创新行政审批服务方式成为各级政府工作的重要内容。这一阶段，行政

审批事项得到进一步削减，取消821项，调整358项，共计1179项。《行政许可法》的制定，对行政许可的设置提出明确规定，防止部门通过滥设许可进行寻租导致腐败的行为。并且，新的《行政许可法》否定传统重许可、轻监管甚至只许可、不监管的方法，提出建设服务型政府的新要求，为市场创造良好的政府环境。

3. 第三阶段（2012年至今）：深化转变政府职能改革，加大放权让利力度，设立负面权力清单

本阶段改革乘十八大发挥市场在资源配置中决定性作用理念的东风，加重放权给市场和社会，减少中央的微观管理，明确提出要严控新设审批；同时，全面清除非行政许可审批，将其依法取消或根据客体不同调整为行政许可或政府内部审批事项；另外，行政审批改革的牵头单位由监察部变为中央编办；改革还对国务院各部门行政审批事项进行了公开，并以此为抓手，改革政府管理方式，向清单化管理方向迈进。

随着改革进程的不断深入，"简政放权、放管结合、优化服务"已成为我国行政审批制度改革的主要原则。《"十三五"规划纲要》明确指出了相应的改革方向：在简政放权方面，逐渐建立健全权力清单、责任清单、负面清单管理模式，划定政府与市场、社会的权责边界，最大限度减少政府对企业经营的干预，最大限度缩减政府审批范围；增强简政放权的针对性、协同性；深化商事制度改革，提供便捷便利服务。在提高政府监管效能方面，转变监管理念，加强事中事后监管；创新监管机制和监管方式，推进综合监管、协同监管，全面实行"双随机、一公开"监管。在优化政府服务方面，创新政府服务方式，加快推进行政审批标准化建设，优化直接面向企业和群众服务项目的办事流程和服务标准，加强部门间业务协同，推广"互联网＋政务服务"。

这几个阶段的改革，力图进一步开放市场，转变政府职能，提高社会运行效率。改革的理念和方法由浅入深，逐步推进。从简单的简化，到职能转变和权力下放，再到寻求新突破；从这个过程和发生的许多案例以及依然存在的问题来看，行政审批制度改革已经进入了一个新的阶段，不再是简单削减行政审批事项，而是要考虑系统性、协调性和创新性。不再是严控新设审批，而是要考虑在更系统的层次上树立简单、明确、易行、高效、合理和反映新理念的审批制度和监管方法，用新理念基础上的"立"，替代原有的盘根错节、剪不断、理还乱的旧规章体系，使原有制度和思维不破而除，不灭而去。

三、明确行政审批制度改革的新战略——"先立后破"和"以立促破"

传统智慧中有"不破不立"的概念，告诉我们，旧的制度不被破坏，不被砸碎，新的制度就不容易建立。历史上的农民革命、新民主主义革命以及国外的文艺复兴、资产阶级革命等，都闪烁着破旧才能立新的智慧的光芒。但是，由于破除旧制度的猛烈性和激奋人心性，人民往往忽略了在革命过程中"立新"的巨大努力。在新民主主义革命全面胜利、夺得政权以前，苏维埃政权，特别是延安的人民政府就已经成立，开始有了自己核心的治国理念和基本的治国方法；英国革命反复多次，最后是因为有大宪章的基础和自由主义的国家理念和原则而建立新的政权；美国革命最终能够成功，除了华盛顿带领革命军浴血奋战和艰苦支持外，关键在于费城宪法的制定和新国家原则的建立。所以说，"破"和"立"从来都是事物的两个方面，并且，"立"是决定"破"最后是否成功的关键。中国传统上有许许多多次的农民革命，而成功的是有能力顺利建立新政权的革命。同时，只有新的方法能够"立"住的改革，才能够产生新的时代。从辩证的角度来看，这就叫不"立"不破。不能"立"住，就不能真正达到"破"的目标；就算是"破"了，如果没有新的"立"，最后也会回归旧有的制度。从这个意义上来说，"立"与"破"是辩证思考的两个方面，互为定义。破了就要"立"，不能"立"，破了也不算"破"，还会带来更多的困扰。

在长期的国家建设和发展过程中，一种制度逐渐发展、成熟和趋于完善，它们中间所有的存在，都有长期磨合后的道理，包括部门关系、管理原则、管理方法、官员利益及其腐败寻租行为。这些道理，有的是可以放在台面上根据制度原则讨论的，有的是隐性的，有的是互为制约的双刃剑。要对这些制度进行改革，需要的是有替代能力的新的理念、新的方法和新的制度。改革开放以来一个十分典型的例子就是工业园区的兴起。工业园区的建设不注重派领导人对原有企业或工业进行改造，而是另立新的环境，用新的制度（或园区方法屏蔽旧制度的经常性干扰）、新的人才、新的员工、新的资金方法和技术、新的工作流程进行发展，成功后，就在产业、技术、税收和市场上对原有产业全面替代，原有体系不攻自破。在我们庆祝新的园区的成功的时候，就是旧的产业被彻底替代和破除的时候。

同样的原理，在进行行政审批制度改革过程中，原有的一套在计划经济时代留下的体系是原有制度运行的基础，加上长期运行过程中官僚行为附加的条件，形成了一个缺一不可的程序。在大规模削减行政审批事项的时候，只要中间有几个关键环节没有新的方法来替代，这个办事的过程就难以完成。过去审批环节，环环相扣，努力通过了，审批就完成了，虽然辛苦，但知道问题在哪里，可以逐个解决。如果做减法，削减了八个或九个，还有一个没有明确说明怎么办，谁负责，那这个审批的过程依然难以完成。从这个意义上来说，确定简单高效地把事情办成的方法比削减行政审批事项更能有改革效果。

我国行政审批制度改革是先从理念上有所认识才开始的。市场改革让人们看到了市场的力量和好处，遂有简政放权的政策；现代政府的服务理念的普及，遂有改变政府职能的努力；改革阻力重重，问题众多，改革者才意识到要继续深化改革，全面协调，进行顶层的系统设计。但是，具体要怎么做，各个政府的层级在认识上并不深，方法上也不熟。加上传统观念和传统力量的抵制，造成实施方面的困难。如果对旧的规章一条一条清理，工作量巨大。每个都似乎有存在的道理，除去一个牵涉全面，做起来步履艰难。如果根据新的理念，先确定用什么简单的方式可以做成一件事，可以用新方法完成审批，那么旧的方法会在使用中逐渐被替代。事实上，在后来的审批制度改革过程中，还是出现了不少以"立"促破的努力，凸显了对过去改革成功经验的借鉴和失败教训的吸取。

比如说，2004年7月1日，《中华人民共和国行政许可法》正式施行，就是一个以"立"促破的努力。在简政放权和削减行政审批事项后，不少地方和部门变相另外增加审批项目，或对改革取轻避重，只有以明文规定可为和不可为，才能保证改革成果。同时，有法可依，才能避免在运动式或人治基础上的改革。新设审批项目，必须于法有据，并严格按照法定程序进行合法性、必要性、合理性审查论证。没有法律法规依据，任何部门不得以规章、文件等形式设定或变相设定行政审批项目。

再比如，在消减了行政审批事项，出现了一些监管漏洞后，行政审批改革的提法从"消减审批事项"到"放管结合"，强调在减少和去除前期审批的基础上，加强后续监管和评估，以防患社会失控的风险。

还有，在按照应减必减、该放就放的原则，进一步取消和调整行政审批项目的同时，改革开始提倡推进行政审批的标准化建设。从流程、方法、责任、时限等许多方面提出正面要求，并以权力清单改革的方式，进一步规范政府权力。

除了政府规制和政策的变化，审批制度改革也开始关注被规制和服务的对象。大量的简政放权会留下社会服务和管理的真空，在这样的条件下，如果放了没有承接者，改革还是没有成功。因而，在新的改革中，开始有提法要加快推进事业单位改革和社会组织管理改革，培育社会组织，推动行业组织规范、公开、高效、廉洁办事，把适合事业单位和社会组织承担的事务性工作和管理服务事项，通过委托、招标、合同外包等方式交给事业单位或社会组织承担。

行政审批制度改革还开始关注把行政审批制度改革与投资体制、财税金融体制、社会体制和行政管理体制改革结合起来，也就是注意到行政审批改革不是单兵作战，而是系统公共政策；不是部门立法，而是多部门协调攻关的共同努力。

同时，在呼吁加强一站式服务和服务支持的条件下，继续推进政务中心建设，建设各级联动的政务服务体系，应用现代信息技术，推行网上审批、并联审批和服务质量公开承诺等方法，提高行政审批服务水平和效率。

四、结论：创新行政审批制度改革思维，先立后破，以立促破

行政审批制度改革是我国深化改革、转变政府职能、放活市场和社会活力的重要抓手。回顾我国行政审批制度改革的艰苦历程和成千上万关于行政审批制度改革的文献，所有人都会感到这个改革的不易。从本质上来说，行政审批制度改革是一场政府与市场和政府与社会的关系的革命，是中央与地方关系的革命，也是中央从部门立法到综合立法的一场革命。十多年来的改革和显示的方向，包括许多前卫的地方政府确定权力清单的努力，已经显示改革开始从破进入了立的阶段。但是，改革的决策者和研究者还没有对这个过程有理论和策略上的共识。举例来说，最新的《国务院关于第二批清理规范192项国务院部门行政审批中介服务事项的决定（国发〔2016〕11号）》，提出不再要求提供一些文件、证明和资质作为行政审批的受理条件，如表1-4示例。事实上，如果从立的角度来看，就应该具体提出要求什么证件作为审批的依据，没有要求的，一律不再需要。这样，规定清楚说明什么是可以的，只要把必要的可以用的证件收齐，不得加上单位附加条件，文件的效率就会大大加强，扯皮的事情也可以大大减少。如果从"不再要求"什么手续出发，留下的问题还是"要求什么""还要哪些吗？"改革过程中许多地方政府制定工作人员接待条例及工作人员守则，《限时办结制》《一次性告知制》《服务承诺制》《ab角工作制》《首问负责制》《超时默认制》等工作制度，严格规定审批项目办结的工作日，并通过政务大厅办理流程上墙、触摸屏查询、发放便民服务手册、发改委网站等有效

途径公开审批流程、办事指南，并用信息技术详细备案，是行政审批制度改革的有力措施，应该进行流程提炼和制度化推广①。

表1-4　国务院第二批清理规范192项行政审批中介服务事项（部分）

中介服务事项名称	涉及的审批事项项目名称	审批部门	中介服务设定依据	中介服务实施机构	处理决定
提交民用爆炸物品生产许可所需的项目环境影响评价报告	民用爆炸物品生产许可	工业部和信息化部	《民用爆炸物品生产许可实施办法》（国防科工委令第16号）	具有环境监管部门授予环境影响评价资质的中介机构	不再要求申请人提供项目环境影响评价报告；环境影响评价审批依法由环保部门开展
基金会法定代表人离任审计	基金会变更登记	民政部	《基金会管理条例》（国务院令第400号）	会计师事务所	不再要求申请人提供法定代表人离任审计报告，改由审批部门委托有关机构开展基金会法定代表人离任审计

注：表为自制。

基层公务员的服务意识、技术能力和人文情怀，是需要通过培训来建立的。一线的审批和监管官员代表政府进行许许多多的现场决策和人性化的服务，是提高政府形象，加强执法接受度的重要考量②。

行政审批改革中的"先立后破"策略，使用新的解决问题的路径，一方面体现了法治理念和法治思维，"立法先行、于法有据"，引领改革开展、防范改革风险、巩固改革成果，倒逼政府部门继续简政放权、增强监管意识、创新服务方式；另一方面，"先立后破"可以保证改革的延续性和有效性。不先打破旧的流程，但鼓励用新的简单合理的流程办成审批事项，这样，地方政府没有可能在政策真空的情况下运行，但新方法一旦成功，旧的自动被替代。指向明确

---

① 参见安徽休宁县司法局《关于印发〈首问负责制、限时办结制、服务承诺制、责任追究制等四项制度〉的通知》。

② LIPSKY M. Street - Level Bureaucracy, 30th Ann. Ed：Dilemmas of the Individual in Public Service ［M］. New York：Russell Sage Foundation, 2010.

的顶层设计可以减少"运动式治理"、政策变通执行等对改革的阻滞。当前的改革成效更多地是以"破"的形式展示和宣传，固有振奋人心、方便评估的作用，但不利于微观成效的提高。而从"立"的角度出发，激励各级政府各部门不断创新理念、方式、流程、方法，扩散成功经验，"破"的问题迎刃而解，改革更容易落在实处。

参考文献

［1］徐晓林．试论中国行政审批制度改革［J］．中国行政管理，2002（6）．

［2］鲍静．适应完善社会主义市场经济体制的要求进一步推进行政审批制度改革——国务院行政审批制度改革工作领导小组办公室主任李玉赋接受本刊专访［J］．中国行政管理，2004（1）．

［3］邢颖，胡仙芝，张霁星．中国加入WTO与行政审批制度改革研讨会综述［J］．中国行政管理，2002（8）．

［4］杨晶．国务院关于深化行政审批制度改革加快政府职能转变工作情况的报告［EB/OL］．中国人大网，2014 – 08 – 28.

［5］彭波，毛磊，杨晶．部门审批随意性和自由裁量权大，监管没跟上［EB/OL］．中国网，2014 – 08 – 28.

［6］肖铭心．广东省行政审批改革研究［J］．法制与社会，2013（8）．

［7］傅思明．行政审批制度改革与法制化［M］．北京：中共中央党校出版社，2003.

［8］薛澜．行政审批改革的最大难点［J］．人民论坛，2013（25）．

［9］国务院行政审批制度改革工作领导小组办公室．行政审批制度改革［M］．北京：中国方正出版社，2004.

［10］欧桂英，等．行政审批制度改革若干问题解说［M］．北京：中共中央党校出版社，2003.

［11］姜明安．行政法与行政诉讼法（第四版）［M］．北京：北京大学出版社，2011.

［12］朱旭峰，张友浪．新时期中国行政审批制度改革：回顾、评析与建议［J］．公共管理与政策评论，2014（1）．

［13］LIPSKY M. Street – Level Bureaucracy，30th Ann. Ed：Dilemmas of the Individual in Public Service［M］．New York：Russell Sage Foundation，2010.

论社会治理体系创新的战略路径①

　　摘　要： 社会治理是中国全面现代化过程中的一项艰巨而宏大的历史任务，不能认为是部门工作或某一学科的核心任务。现代社会治理需要有跨学科的理念、跨部门的综合协调、有社会基础的顶层设计和理论基础的专业化政策制定。在中国现发展阶段，社会治理体系改革需要有危机意识、底线思维，追求与实施先立后破、制度性执法与职业化管理的新路径。

　　关键词： 社会治理　社会系统改造　社会治理体系创新

一、引言

　　党的十八届五中全会提出了"十三五"时期国家发展的指导思想：继续深化改革，统筹推进经济建设、政治建设、文化建设、社会建设、生态文明建设和党的建设，破解发展难题，贯彻创新、协调、绿色、开放、共享的发展理念。② 转变了过去只重 GDP 的发展目标，从社会综合发展的角度提出了中国新常态条件下的发展目标，促使我们更严肃认真地思考新时期社会治理体系构建的创新路径，对新的发展方式的诉求，在近几年已经显得十分迫切。中国面对的，不再仅仅是经济增长，而是全面的社会治理创新和社会系统改造。1978 年以来的改革，使中国人民解决了温饱问题，开始在工业化、城市化和全面现代化的道路上迅跑。但历史上遗留下来的贫困、落后、陈旧的观念和在改革开放过程中扩大了的贫富悬殊和社会不公现象也开始彰显。社会矛盾增大、社会冲突频繁，"加强社会管理，或社会治理"，开始成为当前的民间诉求和公共政策

---

① 　文章载于《国家行政学院学报》2016 年第 1 期。

② 　中国共产党第十八届中央委员会．中国共产党第十八届中央委员会第五次全体会议公报　[EB/OL]．新华网，2015 - 10 - 29．

诉求的时代强音。

但是，在"什么是社会治理和如何推进社会治理"的讨论中，实践界、学界、民间社会，众说纷纭，并没有有效的沟通，与国际经验相差甚远。观念的差异阻碍着人们对社会治理的认识以及从社会治理理论和国际经验中获得有益的借鉴。为此，本文追根溯源，回顾我国社会治理讨论的渊源，梳理社会治理的概念、目标和渊源，力图纠正这一概念的片面认识，并借鉴发达国家社会治理的经验，提出我国社会治理体系的体制机制创新战略。

二、社会治理的概念、目标和制度体系

早在20世纪初，国内学者就注意到苏联社会科学院社会学学者写的一本名为《社会管理》的书①。这本书以抽象的系统论、控制论的语言，在社会主义计划经济的大背景下讨论社会管理②，与中国市场化改革的大方向并不十分融洽。

2002—2003年暴发的"非典"，给中国社会极大的震撼③，人们认识到发展不仅是政治路线选择和经济管理问题，还有民生问题。2004年9月，十六届四中全会提出了"加强社会建设与管理，推进社会管理体制创新"。已故社会学家郑杭生当时就对"加强社会建设与管理"的提法，做出了回应。他论述了广义和狭义的"社会建设与管理"，广义界定是指"整个社会的建设和管理，即包括政治子系统、经济子系统、思想文化子系统和社会生活子系统在内的整个社会大系统的建设和管理"；狭义界定则着重指"与政治、经济、思想文化各子系统并列的社会子系统的建设和管理"④。

2007年党的十七大文献中，将社会建设和社会管理分成两个概念，"社会建设"与"经济建设""政治建设""文化建设"一起，并列为"四大建设"。对"社会管理"的新提法则为"完善社会管理，维护社会安定团结"⑤。

---

① 奥马罗夫. 社会管理［M］. 王思斌，宣兆凯，潘信芝，译. 杭州：浙江人民出版社，1987：27.
② 丁元竹. 从社会管理到社会治理［EB/OL］. 宣讲家网，2014 – 03 – 01.
③ 唐钧. 社会治理与政社分开［J］. 党政研究，2015（1）：97 – 101.
④ 唐钧. 社会治理与政社分开［J］. 党政研究，2015（1）：97 – 101；郑杭生. 社会学视野中的社会建设与社会管理［J］. 中国人民大学学报，2006.
⑤ 胡锦涛. 高举中国特色社会主义伟大旗帜为夺取全面建设小康社会新胜利而奋斗——在中国共产党第十七次全国代表大会上的报告［EB/OL］. 新浪网，2007 – 10 – 24.

时任中共中央总书记胡锦涛在党的十七大报告中将中心工作任务分为：经济体系（经济增长），政治体制（民主法治建设），文化体制（社会主义核心价值体系），社会建设与管理（教育，社保，公共卫生体系和基本医疗，社会稳定），国防和军队建设，港澳和对台、外交工作，和党的建设①，社会建设与管理工作被定为一个特定的工作领域。

真正使社会管理的概念成为全社会关心的主题是当时胡锦涛总书记在中央党校省部级领导干部社会管理及其创新专题研讨班上的讲话②，以及后来的一系列维稳举措。这些举措将"社会管理"聚焦在社会治安、信访和公共安全工作方面，内容比学者界定的狭义社会管理还要狭义。《中共中央 国务院关于加强社会创新管理的意见》，还部署了"党委领导，政府负责，社会协同和公众参与"的工作方法。

虽然在实践领域，社会管理是以"维稳"为切入点进入公众视域，但在经过研究和思考后，学界开始努力突破社会管理是"维稳"的理解。何增科认为："社会管理是政府和民间组织运用多种资源和手段，对社会生活、社会事务、社会组织进行规范、协调、服务的过程，其目的是为了满足社会成员生存和发展的基本需求，解决社会问题，提高社会生活质量。"③ 李培林则提出："社会管理通常是指以政府为主导的包括其他社会组织和公众在内的社会管理主体在法律、法规、政策的框架内，通过各种方式对社会领域的各个环节进行组织、协调、服务、监督和控制的过程。"④

当治理的概念开始流行后，社会管理这一概念就扩展成"社会治理"，被界定为利用社会多主体的力量，共同治理社会，达到社会稳定和谐、可持续发展的目标的手段⑤。

这些讨论中包含两个重要的经典概念。一个是传统上的"社会管理"，指的是政府对内管理政府机构，使之高效运行；对外管理社会，达到国泰民安、繁

---

①　胡锦涛. 高举中国特色社会主义伟大旗帜为夺取全面建设小康社会新胜利而奋斗——在中国共产党第十七次全国代表大会上的报告［EB/OL］. 新浪网，2007 – 10 – 24.

②　胡锦涛. 扎扎实实提高社会管理科学化水平——在省部级主要领导干部社会管理及其创新专题研讨班开班式上讲话［J］. 理论参考，2011（4）.

③　何增科. 论改革完善我国社会管理体制的必要性和意义——中国社会管理体制改革与社会工作发展研究之一［J］. 毛泽东邓小平理论研究，2007（8）.

④　李培林. 创新社会管理是我国改革的新任务［J］. 决策与信息，2011（6）.

⑤　蓝志勇，魏明. 现代国家治理体系：顶层设计，实践经验与复杂性［J］. 公共管理学报，2014，1（7）.

荣和谐的目标。不论是广义还是狭义，社会管理是国家管理的学问，关注和管理整个社会的和谐运行。在社会管理的概念下，管理政府和管理社会的主体都是政府。在中国特定的政治体制中，党是政府的领导力量。

另一个新概念是"社会治理"。社会治理借鉴了20世纪80年代出现、近年来流行的"治理"理论，认为国家管理需要激励多元主体的参与，应该不仅仅是政府行为，也要鼓励企业、社会组织和个人积极参与，共治共赢共享。应用到社会管理领域，自然是政府、企业和社会组织共同参与社会治理、解决社会问题。

理论界对"治理"也有两种不同的基本认识。一种认为多元治理和合作离不开政府的领导，应该以政府组织为主干，政策法规为规范，文化传承为环境，领导和激励社会多主体的参与合作。因为从历史上来说，治理就是统治，是一个国家内部制度和传统权威的使用①。另一种则传承西方经典自由主义的思想，认为社会治理应该以民间力量和社会组织为主体，政府只要做出规范，让社会自己管理自己的事情。

这个争论，事实上已经在20世纪末以来的一系列重大政府改革的结果中得到了回答。全球性金融危机和各国纷纷救市的重大历史事件，重新说明了政府和公共政策在国家治理中的重要作用。

这一回顾使我们看到，"社会管理"是中国现发展阶段从国家管理实践中"悟"出来的一种现实需求，融入当下国际学界流行的"治理"概念，成为"社会治理"。社会治理在当前中国的目标可以用社会主义核心价值观来表述："富强、民主、文明、和谐，自由、平等、公正、法治，爱国、敬业、诚信、友善"。也可进一步简化为："国家富强、人民幸福、司法公正、社会和谐。"其抽象的内核，就是每一个社会的个体有生命、自由和追求幸福的权利，社会治理的目的就是使其社会成员有享受这些权利的制度和文化环境，而不仅仅是维稳，或简单地通过社会组织提供公共服务。

值得提及的是，"社会管理"和"社会治理"这两个词，在英文里没有对应的表述。著名社会学学者丁元竹和唐钧一致同意，"社会管理"一词，看起来

---

① KAUFMANND, KRAAYA, ZOIDOP. Governance Matters II: Updated Indicators for 2000 01 [J]. World Bank Policy Research Working Paper, 2002 (2772).

很"社会学"，但搜遍西方社会学经典，此概念却芳影难觅①。所谓"Social Management"或"Social Governance"是生造出来对应中文的英语翻译。英文中对应社会管理的核心概念应该是"公共管理"（Public Management 或 Public Affairs），这是一个美国工业化和进步运动时代发展起来的培养公务员、管理公共事务的管理学科。19 世纪末的美国工业化和城市化带来很多社会问题，要统筹解决，应开始大力发展公共管理学科，培养公共事务的管理和政策人才。与之相关的学科有社会学（Sociology），研究和描述社会问题、社会理论、社会心理、社会现象、社会群体和组织，却不是特别注重对社会问题的管理；社会工作（Social Work），是政府工作的延伸，注重管理和实施政府的社会福利和救助政策，并逐渐扩展到对社会政策的研究和讨论。中国的社会管理，源于自身社会的发展需求，但在寻求解决方案时，却没有对应好已有的国际经验。就是说，虽然西方发达国家没有社会管理或社会治理这两个词，但却有社会管理的问题，也有过许多关于社会管理和治理的政策、管理和社会协同治理的举措，但由于学科对接不准的问题，这些经验没有系统进入中国学界有关社会管理的讨论。

　　既然社会治理追求的是国家治理的目标，社会制度体系自然就需要包括国家治理的理念、国家机构、法律、政策、社会文化和社会组织。这些内容，在传统国家和现代国家是不同的，在发展中国家和在发达国家是不同的，处于不同发展阶段的国家是不同的，奉行自由资本主义的国家和奉行社会主义的国家也是不同的②。社会治理的制度体系，在国家的宪法、最高权力机构、专业权力机构、核心社会政策、社会组织、公民需求和参与等方面都有各自的存在和特定的表达。例如，在现代国家治理体系中，宪法界定公民和社会组织的权利，社会政策表述具体资源配置理念和方案，公安、城管、民政、社保、教育、医疗、住房、财政、工青妇等社会团体、地方政府、社区和街道、公共卫生、其他民间非营利组织共同参与理念和政策的实施、监管和推动。这一概念可以用图 1 - 4 做一个简单的勾画。

　　当然，虽然政府是社会治理的第一责任主体，政府也需要大规模培育、维护、支持和依靠社会组织来协助政府管理社会，弥补政府工作和服务的不足。

────────────

① 丁元竹. 从社会管理到社会治理［EB/OL］. 宣讲家网，2014 - 03 - 01；唐钧. 社会治理与政社分开［J］. 党政研究，2015（1）：97 - 101.

② 蓝志勇，魏明. 现代国家治理体系：顶层设计，实践经验与复杂性［J］. 公共管理学报，2014，1（7）.

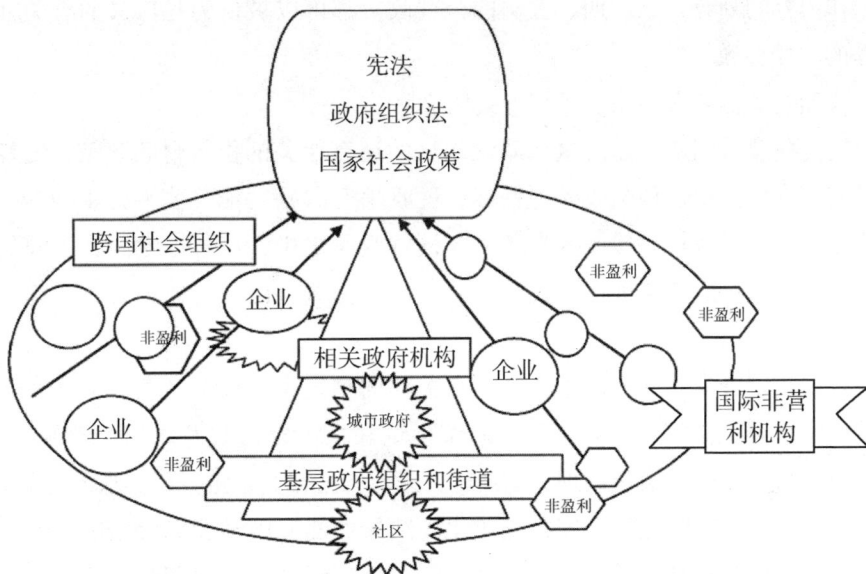

图 1 - 4　社会治理体系

社会组织在第二次世界大战后大规模兴起，大多数以非营利的方式，为社会提供服务，在社会管理中起到了引人瞩目的作用。关于社会组织兴起的原因，有政府失灵论，有慈善理论，还有自利理论等。社会组织服务的区域，包括医疗、文化、教育、社会保障等，管理方法包括营利、非营利、社会企业、民营或准政府等。由于篇幅原因，将另外行文讨论，在此暂不赘述。

三、社会治理体系的基础是社会政策

社会治理体系的基础是基于宪法精神的社会政策。国家通过政府机构和公共政策治理社会问题。政府机构是公共政策的载体，而公共政策也创立了政府机构。总体来说，国家的政策一般可以分为五大类。一类是政治法规，关于国家制度和构建的宪法，是政治制度的规范和表达；二类是关于国家经济活动的经济政策，如银行法、金融政策、产业政策、农业保护政策、贸易政策、投资政策，反垄断政策、破产保护等；三类是关于自然资源开发和保护，如环境政策、资源管理政策（江河湖海森林和矿产）、能源政策；四类是有关教育、科技、文化、体育、公共卫生、食品安全保护等社会保护、发展和社团管理政策；五类是有关于社会财富再分配和社保、福利和社会救助的民生政策，如社保、社会救助、医疗补助，等等。在西方，社会政策属于第五类。在我国，根据政

府工作内容的划分，三、四、五类的公共政策都可以被认为是广义的有关社会治理的"社会政策"。

当然，其他还有国防、外交等其他政策。

与这些政策同步又横跨这些政策领域的还有相关的税收财政政策，统筹兼顾政府的支出需求、税赋收入弹性度、税收生产激励功能、公平公正功能、税收成本等。财税政策一般嵌入在各种不同的政策之中，也可以专门为不同的政策制定，但每一财政年度都要进行预算和决算协调，保证对政策有效实施的资源支持。

按照政策分类，社会治理应该重点关注的是国家的社会政策。某一发展阶段的国家资源能力、社会的需求、政策理论和社会价值观及之间互动的结果。我们可以从西方的社会福利理论的演变，来看西方社会政策目标诉求的变化。

德国是早期工业化的国家，工业化的结果迫使德国学者思考国家对经济活动干预以外的各项社会政策。李斯特（F. List）等提出了"福利国家"的思想，指出国家除了安定社会秩序和发展军事实力外，也要干预和控制经济生活，实行经济和社会改革，如工厂法、劳动保护、工厂监督、孤寡老人救济等，并实行河流、森林、矿产、铁路和银行等生产经营的国有化，限制土地私有制，改善公共卫生，改革财政赋税制度等，以缓和社会矛盾，促进经济发展。① 到了1873 年，他们甚至成立了旨在推行改良主义政策的"社会政策学会"，他们改良主义的主张被俾斯麦政府所接受，取得了社会成功。

英国是最早步入工业化的国家，最早遇到社会贫困问题，也是最早较大规模由政府制定福利政策的国家。早期经济学家亚当·斯密认为人们是利己，国家财富可以在人们追求个人利益的过程中得到增强。政府对市场的干预越少越好，社会政策只要管没有劳动能力的老弱病残就行，不必对市场上失败的个人提供福利救济和社会保障②。马尔萨斯（T. Malthus）也认为贫困是私人问题而不是社会问题，贫困是人口过度增长的结果，要消除贫困就要抑制人口的增长。而济贫会使过剩的贫困人口继续存在和繁殖，给他们工作就会造成在业人员失

---

① LIST F, COLWELL S. National system of political economy ［M］. Philadelphia：J. B. Lippincott Company，1856.

② SMITH A. Wealth of nations ［M］. Chcago：University of Chicago Bookstore，2005.

业，也给贫困人口造成依赖心理①。这一时期持类似看法的经济学家还有李嘉图（D. Ricardo）②，法国经济学家萨伊（Say）③ 等。由于这些看法，虽然 1601 年英国颁布了《济贫法》（Poor Law），以法律的形式将救济贫困由私人义务（宗教机构、同业行会）转变为社会公共责任，并规定了救济贫民的福利措施。但因为经济学家的讨论，1843 年英国通过的新"济贫法"采用了严厉的法则，规定依靠救济的人必须接受苛刻严厉的受援助的条件。

后来的帕累托（Pareto），庇古和凯恩斯，则超越了亚当·斯密认为政府福利政策只需管老弱病残和丧失劳动能力的人的思想，认为政府干预要加大。庇古认为，政府不但要管丧失劳动能力的人，还要管身体健康、有劳动能力但由于产业结构和技术变化，不能有效劳动的人。要给他们培训和再就业的机会。而到了凯恩斯时代，生产和市场社会化，经济周期影响极大，政府必须用宏观调控、利息、国债、金融等手段来创造就业机会保证就业，否则，即便有能力、受过教育、有技术水平的人也会找不到工作。④

二十世纪以后，发达国家的讨论很多集中在社会的公平正义与和谐方面，焦点问题是享受社会福利是人的基本权还是特定条件和制度环境赋予的特权⑤。政府对社会和市场的干预和管理，跳出了以经济效率为目标的限制。比较典型的有社会主义理论的发展⑥、自由民主社会主义的目标追求⑦，和社会学家波兰尼（Polanyi）的双向运动理论⑧。波兰尼认为资本有一种不断扩张的倾向，而

---

① MALTHUS T R. An Essay on the Principle of Population ［M］. North Chelmsford：Courier Corporation，2007；GRAMPP W D. Malthus on Money Wages and Welfare ［J］. The American Economic Review，1956，46（5）：924－936.

② RICARDO D. An Essay on the Influence of a Low Price of Corn on the Profits of Stock，with Remarks on Mr. Malthus Two Last Publications ［M］. London：John Murray，1815.

③ SAY J B，BIDDLE C C. A Treatise on Political Economy ［M］. New York：Augustus M. Kelley Publishers，1971.

④ PIGOU A C. Wealth and Welfare ［M］. New York：Macmillan Company，1912.

⑤ RAWLS J. A Theory of Justice ［M］. Cambridge：the Belknap Press of Harvard University Press，1971.

⑥ MARX K，ENGELS F. The Communist Manifesto ［M］. New Haven：Yale University Press. 2012.

⑦ DAHL R A，LINDBLOM C E. Politics，Economics，and Welfare：Planning and Politico－Economic Systems Resolved into Basic Social Processes ［M］. New York：Harper & Row publishers，1953.

⑧ POLANYI K. The Great Transformation：The Political and Economic Origins of Our Time ［M］. Boston：Beacon Press，1944.

社会文化传承和民间诉求会对其制约。一个长治久安的社会，既要兼顾经济的发展，又不可能忽略社会的需求。社会政策，反映的正是社会的各项需求，是保护社会稳定和可持续发展，国家长治久安的稳定器。① 到了21世纪，学者们开始认为，国家发展的目标不仅仅是经济增长，而是人寻求自由的能力的开发和建设。②

这些回顾告诉我们，社会治理在不同的社会发展阶段，其诉求是不同的。因而，社会政策的内容和范围，在不同的经济发展阶段，也应该是不同的，而正是这些社会政策，才是社会治理的制度基础。

四、社会治理体系的创新路径

社会治理是国家对社会和激励社会共同参与的、对整个社会管理的活动，牵涉国家治理理念，社会发展的阶段性需求和发展目标和社会自我管理能力的水平，不是某一个学科或部门的专项工作。成功的社会管理，需要有力的政治经济的支持和国家层面的社会政策的指引和规范；需要价值理念、制度结构、政策目标、执行方式和人员资金支持；需要有以立为本，不立不破的思考；需要有社会政策制定的危机意识，顶层设计的系统性和规模性立法，有底线思维的专业化政策原则，制度性执法和监管，集中与分权问责的方式。

第一，要有以立新而破旧的创新思维，所谓先立后破，不立不破。旧有的存在有环境和历史传承的合理性，但它们对排山倒海而来的新问题的理解和解决新问题的能力不够。先破后立，会造成政策真空和社会混乱，立起来的替代制度也可能有问题，是不稳定的原因。行政审批制度改革碰到的挫折，就是先破后立的结果。而中国改革过程中的一个重要的成功经验就是双轨制的实行，以工业园、高新区的全新基础和运行方式，成功替代了旧有工业，完成了产业升级和经济增长的任务，以"新"的成功，替代了"旧"的存在，形成了新的产业能力，替代了旧的产业，是以立新而破旧的典范。但是，这个"新"还存在于"旧"的顶层制度结构下，运行时是利用园区特别服务系统屏蔽了"旧"政策体系的困扰，在产业和经济增长方面获得了成功。如果要在更宽广的社会层面改革，就要牵涉顶层的政策创新。就是说，创新立法的范围要更加系统宽

① SEN A. Development as Freedom ［M］. Oxford：Oxford University Press，2001.
② ROOSEVELT T. Letters and Speeches （Vol. 154 ）［M］. New York：Library of America，2004.

广和高层。

第二，规模性、系统性立法，是解决规模性和系统性社会问题的必须，而规模性立法需要危机意识的促成。当前"新常态"的本质问题就是：以 GDP 为导向的单一经济增长的政策目标和高增长的"旧常态"不再有可持续性。从产能过剩、贫富悬殊、社会矛盾凸显和环境急剧恶化等维度看，是事实上的"发展危机"，必须以应对危机的意识和关注，推行改革和政策创新。当前美国的几次重大的社会政策创新，都是通过大规模和系统性立法以针尖对麦芒的方法解决社会问题的。比如说，在美国工业化发展到一定阶段，社会矛盾高度尖锐的时代，西奥多·罗斯福（Theodore Roosevelt）发动进步运动，以科学、改革和良好生活为口号，改变了美国政府与企业关系的传统，重建社会和谐。他说，"我们正面临着财产对人类福利的新看法……有人错误地认为，一切人权同利润相比都是次要的。现在，这样的人必须给那些维护人类福利的人民让步了。每个人拥有的财产都要服从社会的整体权利，按公共福利的要求来规定使用到什么程度"，他用对社会民生的关怀，挑战传统资本主义和大利益集团，反垄断，建立资源保护政策（森林、矿物、石油等资源）；公平交易法案，推动劳工与资本家和解，解决了第一轮社会危机。他的侄子，富兰克林·德拉诺·罗斯福（Franklin Delano Roosevelt），在 1929 年经济危机、大萧条席卷美国的时候，发动新政和百日立法；在 1933 年，提出各种咨文，督促和指导国会的立法工作。国会则以惊人的速度先后通过《紧急银行法》《联邦紧急救济法》《农业调整法》《国家工业复兴法》《田纳西河流域管理法》等，维持银行信用，实行美元贬值，刺激对外贸易，限制农业生产以维持农产品价格，避免农场主破产；规定协定价格以减少企业之间的竞争，制止企业倒闭。1935—1939 年的新政则着重"救济"和"改革"，运用行政干预，实行缓慢的通货膨胀，广泛开展公共工程建设和紧急救济，实施社会保险，扩大就业机会和提高社会购买力；进行税制改革。这些政策不仅仅追求经济效率，而且全面考虑社会的重大需求，以经济复苏，社会和谐，信心重建和民生发展为主线，促使美国工业、农业逐渐全面恢复。当时建立的社会安全保障法（Social Security Act of 1935），开美国全民社会保障的先河，是美国社会长期稳定的基石。20 世纪 60 年代，林登·贝恩斯·约翰逊（Lyndon Baines Johnson）的"伟大社会运动，"也特别值得关注。约翰逊 1964 年当选为总统，提出"伟大的社会"计划：规划、建设和美化城市，解决污染和人口增长的问题；向贫困开战，增加就业机会；进行社会保险和救济，帮助"收入低、不能满足基本需要的家庭"；支持教育，开拓通向"伟大的社会"的道路；建设和美化农村，开发萧条地区和修筑高速公路，采用廉价方法淡化海水，帮助农业发展。还推动通过了老年保健医疗制度、医疗补助制度、民权法和选举权法。他在职的头两年，提请国会通过的立法"比本世纪内任何一个总统在任何一届国会所提出的都要多"。他连任后增加对"伟大社会"计划的拨款，比如卫生、教育、萧条地区发展经费三项合计从 1965 财政年度的 81 亿美元增加到 1966 年度的 114 亿美元，较多的穷人得到了社会救济，失业率也有所下降。

除了这几个大规模的推动社会政策变革的运动外，后来的克林顿（Clinton）和奥巴马（Obama）总统，都在贫民就业、社会保障改革、全民医疗保险制度方面推进了社会政策的制定和实施。

这些历史事实反映出的一个线索就是，许多作为美国社会管理基石的重大社会政策，都是在总统的直接推动下，有时甚至是克服了许多重大社会利益集团形成的阻力的条件下形成的，而不是简单的部门分工的努力。

中国当务之急，是需要有大规模的产业政策立法：新能源立法，环保立法，社会保障立法，医疗保障立法，住房立法，民权民生立法和社会组织管理立法，并设定必要的专业化法庭和审理程序，政府工作人员的工作也会大量地转换成法律援助。这些立法和新制度的建立需要在党中央、国务院的直接领导下，集中国内最优秀的专家团队和一线管理人员顶层设计，广泛征求意见，迅速推行。

第三，有底线思维的系统性和专业化政策制定，是应急决策的一个重要原则。系统性强调决策机构不是某一部门，而是最高政策制定机构——比如说国会、中央政策委员会、立法院或国务院为唯一立法机构。专业化指的是，每个重大政策应该彻底解决一项问题，但力求不与其他现行政策相冲突，如果有冲突，可以说以此政策为准。并不求全、求细、求无所不包。比如说，美国制定社会安全法（老年退休社会保障法）时，国家并不富裕（1935 年）。政策重点是所有达到国家退休年龄的老人都可以享受退休保证金，金额根据工作时交的退休保障税（社安税）的多少而有所不同，但上有封顶，下有保底，征收现有工作人员的社安税给过去没有交的人使用，不足的由国家补贴。由于有一定的计算支持，国家退休保障遵守了黄金律——保基本生活底线（中位数收入三分之一左右），资金来源不缺，国家负担不重，社会安全意识强。这一政策，先解决老年退休生活，并不管医疗病痛。到 1965 年，国家力量强了，有国会的政治力量支持的时候，将老年医疗保障（Medicare 和 Medicaid）增补进社安法。社安法和其中的老年医疗保障法都是保底线的国家政策，人人享有，不与其他个人增加项目冲突，也尽可能与地方或单位执行的在职或失业人员的医疗、救助和失业保险相衔接。

系统性的底线思维还可以从非营利组织的管理看出。如果有营利行为和非公益相关活动，都有明文规范和管理。所有法律的制定，最后都要通过国会的专门委员会审议，提交大会讨论和通过。各种法律之间的冲突在讨论和碰撞中协调解决。

第四，制度性执法和监管。一项政策一旦制定，就有指定的权威机构执行。此机构的人员、经费、执法和监管能力，都有相应配套。比如社安法就建立了国家社安基金管理局，管理和发放由国税局代收的个人退休社安税和退休医疗保险税。管理单位专业分工、职责明确。

第五，中央与地方分权和集权界限清晰，纵向管理与横向管理不冲突，只合作。国家的事国家解决，地方的事地方解决，在国家保底，允许差异的情况下，形成良性地方竞争。中央政策为上位政策，有必须作为和不得作为条例，对地方行为做出规范。比如环保、食品安全、员工最低工资和基本权利保护原则，地方法规不得突破。各地方必须配合外地政府对犯罪、违法行为进行惩处，同意接受外地政府按程序颁发的合理证件（如驾驶证、营业证等，医疗、教育往往各州有自己的认证），不得推诿。

社会管理中的许多社会政策，是国家政治经济能力发展到一定阶段的产物。在经济能力低下，资源缺乏的情况下，提供公共服务和社保的能力是有限的，只能量体裁衣。而在国家政治经济能力达到相当水平的时候，国家对社会和社会对社会的公共服务会提高，需要有相应的理念、政策、基础设施管理和实施的方法。中国是一个庞大的发展中国家，政策制定要面对巨大的区域差异，行政管理要面对工作任务分解、责权和能力配套的挑战。将宏观社会政策的制定与地方的社会治理能力和政策能力有机结合，是社会治理体制机制创新的必然之路。社会管理的重要功能，民权保护，社会保障，社会救助，非营利机构管理，民用住房管理，义务教育，职业教育，高等教育，医疗保障，食品药物监管等重要的民生机构，或许都需要设立高度专业化的独立运行机构，与日常行政事务分离，直接与最基层的管理单元甚至个人对接。与此相关的行政管理原理，另文讨论。但社会服务的政策化、专业化和具体化管理，是现代公共服务的重要特点。事实上，在非营利机构如基金会、养老院、医疗体系、教育管理、住房补贴、福利政策、非营利公共服务组织、社区治理、地方安全等方面，西方先行工业化的国家有许多有益的经验，值得我们认真借鉴。

参考文献

[1] 中国共产党第十八届中央委员会. 中国共产党第十八届中央委员会第五次全体会议公报 [EB/OL]. 新华网，2015 - 10 - 29.

[2] 奥马罗夫. 社会管理 [M]. 王思斌，宣兆凯，潘信芝，译. 杭州：浙江人民出版社，1987：27.

[3] 丁元竹. 从社会管理到社会治理 [EB/OL]. 宣讲家网，2014 - 03 - 01.

[4] 唐钧. 社会治理与政社分开 [J]. 党政研究，2015 (1)：97 - 101.

[5] 郑杭生. 社会学视野中的社会建设与社会管理 [J]. 中国人民大学学报，2006 (2)：1 - 10.

[6] 胡锦涛. 高举中国特色社会主义伟大旗帜为夺取全面建设小康社会新胜利而奋斗——在中国共产党第十七次全国代表大会上的报告 [EB/OL]. 新浪网，2007 - 10 - 24.

[7] 胡锦涛. 扎扎实实提高社会管理科学化水平——在省部级主要领导干部社会管理及其创新专题研讨班开班式上讲话 [J]. 理论参考，2011 (4).

[8] 何增科. 论改革完善我国社会管理体制的必要性和意义——中国社会管理体制改革与社会工作发展研究之一 [J]. 毛泽东邓小平理论研究，2007 (8)：52 - 60.

[9] 李培林. 创新社会管理是我国改革的新任务 [J]. 决策与信息，2011 (6)：24 - 26.

[10] 蓝志勇，魏明. 现代国家治理体系：顶层设计，实践经验与复杂性 [J]. 公共管理学报，2014，1 (7).

[11] KAUFMANN D, KRAAY A, ZOIDO P. Governance Matters II：Updated Indicators for 2000 01 [J]. World Bank policy research working paper，2002 (2772).

[12] LIST F, COLWELL S. National System of Political Economy [M]. Philadelphia：J. B. Lippincott Company，1856.

[13] SMITH A. Wealth of Nations [M]. Chicago：University of Chicago Book-

store, 2005.

[14] MALTHUS T R. An Essay on the Principle of Population [M]. North Chelmsford: Courier Corporation, 2007.

[15] GRAMPP W D. Malthus on Money Wages and Welfare [J]. The American Economic Review, 1956, 46 (5): 924－936.

[16] RICARDO D. An Essay on the Influence of a Low Price of Corn on the Profits of Stock, with Remarks on Mr. Malthus Two Last Publications [M]. London: John Murray, 1815.

[17] SAY J B, BIDDLE C C. A Treatise on Political Economy [M]. New York: Augustus M. Kelley Publishers, 1971.

[18] PIGOU A C. Wealth and Welfare. [M]. New York: Macmillan Company, 1912.

[19] RAWLS J. A Theory of justice [M]. Cambridge: the Belknap Press of Harvard University Press, 1971.

[20] MARX K, ENGELS F. The Communist Manifesto [M]. New Haven: Yale University Press, 2012.

[21] DAHL R A, LINDBLOM C E. Politics, Economics, and Welfare: Planning and Politico－Economic Systems Resolved into Basic Social Processes [M]. New York: Harper & Row publishers, 1953.

[22] POLANYI K. The Great Transformation: The Political and Economic Origins of Our Time [M]. Boston: Beacon Press, 1944.

[23] SEN A. Development as Freedom [M]. Oxford: Oxford University Press, 2001.

[24] ROOSEVELT T. Letters and Speeches (Vol. 154) [M]. New York: Library of America, 2004.

谈中国公共管理学科话语体系的构建①

摘 要：本文关注话语体系构建的讨论，从哲学层面和跨文化视角，探讨了话语体系构建的本质和诉求。提出中国公共管理学科在自身的发展过程中，要注重构建既符合中国文化的特点和传承，又能够与世界文明有效沟通和交流的包容性话语体系，增强我们的对外学习能力和自我创新能力，拓展和增强自己的影响力。

一、引言

近年来，随着经济改革的成功和社会发展的进步，中国的国际交往越来越频繁，中国在国际舞台上的地位也越来越引人瞩目。如何有效与世界各民族沟通，特别是如何在与率先工业化并已经在国际政治、经济和社会生活中取得引领地位的西方发达国家沟通？拓展和增强自己的影响力？开始成为中国的政治、经济领袖和知识群体关注的命题。讨论的焦点之一就是如何构建中国自己的话语体系，用中国自己的声音和思维逻辑，"解读中国实践、中国道路、中国经验……"增强中国化了的"马克思主义的创造力、说服力、感召力，对内统一思想、凝聚力量，对外讲好讲活讲深'中国故事'，提高国际话语权、影响力，增强文化软实力"②。

与此同时，中国的公共管理学科经过 20 世纪 80 年代以来与行政改革和管

---

① 载于《国际行政学院学报》2014 年第 5 期。
② 杜飞进. 积极构建中国特色话语体系［N］. 光明日报，2012 - 10 - 30；杜飞进. 积极构建中国特色话语体系［N］. 光明日报，2012 - 10 - 30；程红波. 文化背景下的英汉词语比较及翻译策略［J］. 考试周刊，2011（91）.

理制度建设同步发展的过程，从无到有，经历了重建、引进和大发展的阶段①，在200多个高校建立了公共管理系、所或学院。在全国至少五百家高等学校中建立了公共管理类的本科。如何将中国的公共管理学科建设与中国的公共管理实践相结合，互相促进、相得益彰，是中国公共管理学学人面临的重要挑战。这些挑战中的一项重要任务，就是如何建立中国自己的公共管理学科的话语体系。

二、话语体系的深层次含义

众所周知，近年来的话语体系的讨论源于西方社会后现代思潮的流行。话语体系指的是一整套表述一种思维系统的语言系统。后现代思潮提倡在现代社会高度发展的基础上，打破或解构现代社会已有的禁锢思想和行为的固有思维体系和制度构建，重构思想语言的基本单元，解放和重构个人与个人、个人与群体、群体与群体之间的关系，达到更高层次的自由。后现代思潮的关键词语包括"现代"（modernity）、"后现代"（post‐modern）、"解构"（deconstruct）、"重构"（reconstruct）、"话语体系"（narrative）、"权威表达"（authentic discourse）、"权利要求"（claim‐making）、"多中心"（multiple centers）等。它的核心目标是追求更深和更广泛的民意民主决策和民生的权利，是思想家寻求对现代模式突破的一种理论路径②。

这一思潮，其实与人类自古就有的自我意识和对自我实现的憧憬有相通之处。在哲理上，后现代思想与中国古代的禅教思想（Zenism）同构。宋代禅宗大师青原行思提出了参禅的三重境界：参禅之初，看山是山，看水是水；禅有悟时，看山不是山，看水不是水；禅中彻悟，看山仍是山，看水仍是水。就是说，禅把人对自然的认识分为三个层次。第一层的"看山是山，看水是水"说的是人们在初次认知世界的过程中，学会了什么是山的形态，什么是水的形态，看到它们各自的表达形式，有了山和水的概念，并以这个概念为标准和原则，来衡量看到的山水。第二层的"看山不是山，看水不是水"是观察者以先期学习来的固有的思维模式来观察新的现实。如果发现山的形态不是第一次看到的

---

① 刘鹏. 中国公共行政学：反思背景下的本土化路径研究 [J]. 中国人民大学学报，2013
（3）.

② FOX，CHARLES，MILLER，HUGE. Post Modern Public Administration [M]. Thousand Oaks：Sage Publication，1994.

名山大川，水不像第一次看到的大江湖海，就认为这不是山，不是水。现实生活中有许多的不定因素，一切如雾里看花，似真似幻，似真似假，就像红楼梦中说的假作真时真亦假，山不再是原来意义的山，水也不再是原来意义的水。随之而来的有一份迷惑、彷徨、痛苦、挣扎和思考。第三层次是禅教的最高境界。"看山仍是山，看水仍是水"这是认识的高境界，认知者对山水有了更高境界的理解，不以高矮大小形态认定山和水的特性，而是以更抽象和本质的特点来判断山、水的存在和表现形式，不追求形似，更看重神似。因而看到不同形态的山水，都能认识。到了抽象和随心所欲的境界，"人本是人，不必刻意去做人；世本是世，无须精心去处世"，这才是真正的做人与处世①。

"现代"的思维处于禅的第一个境界，赋予了现实世界一个特定的形态和意义，说明现代有别于古代和中世纪，有自己的政治，经济，文化，组织特点和价值观，有自己独特的社会结构和形态②。比如说，现代社会追求人人平等，使用法理契约作为政治权力的来源，使用韦伯式的现代官僚体系管理组织，用市场和公司形式运行企业等。"后现代"的思维则处于禅的第二个境界。第一个境界的标准不适宜了，很多现实不能被现代的结构和思维模式所包含，因而有了逆反的情绪，要"解构"原有的思维体系和核心构建，重构社会的思维体系和语言体系，用不同的思维方式和语言形式，重新表达。这就是"话语体系"之说的一种哲学层面的解释。"后现代"思潮认为，世间之事无所谓真假、无所谓对错，或者说，原有的真和假的定义是不对的，至少是不准确的，取决于表达的方式、表达的权威性和对应有权利的认可。因而要争夺话语的权力，占据表述的权威位置，或者说，要创建多中心，争取不同中心的核心地位，掌握表述的方法。在这个过程中，对"话语体系"的控制，能够带来竞争的比较优势。

什么是话语体系本质？语言是思维的表达形式，话语体系的深层，自然是"思维体系"。语言也是文化的载体，不同的语言反映不同民族文化，有着不同的民族传承、历史和文化特征，蕴含着不同民族对人生的看法，对生活的方式和思维方式的不同表达，有不同的内涵（lexical meaning or denotation）、外延（connotation or cultural/psychological meaning）、对比参照系（frame of reference），

---

① 方立天. 禅宗精神——禅宗思想的核心、本质及特点 [J]. 哲学研究，1995（3）：66 - 70.

② 蓝志勇，魏明. 现代国家治理体系：顶层设计、实践经验与复杂性 [J]. 公共管理学报，2014，11（1）：1 - 9.

并能引起不同联想（associative meaning）。文化大师林语堂曾幽默地描述中西方文化的差异，说："英美人谈论服装是审美问题，而中国人谈论服装则是伦理道德问题。"说的是虽然都在谈服装，但各自联想到的问题是不同的。在一个特定的话语体系中，有特定的词，特定的意义，特定的场景和对词语的特定理解。要准确了解这一切，就需要对这一话语体系的完整了解，或者更准确地说，了解这一话语体系所反应的思维体系。而跨文化的学习和沟通的难点，正在于此①。

但是，跨文化沟通之所以可能，关键点不在差异，而在雷同。世界上没有两种语言是完全类似的，有差异和不同是正常现象。"但由于在自然环境和人心理上的许多相似之处，不同社会间还是存在着相当程度的文化重叠（cultural o-verlap），或曰，文化共性"②。比如说，中文的谚语"一箭双雕"与英文谚语"One Stone for Two Birds"（一石二鸟）有异曲同工之妙。如果要强调它们的不同，那么它们的表达形式、工具、目的还是有区别的，箭和石头自然不是一回事。但如果目的是寻求它们语义中深层结构意义的共同点——事半功倍，那它们就是相同的。有一些语句的意思不在字面，而在寓意。如，Dear John's Letter（不是"写给亲爱的约翰的信"而是断交信），Hoe one's own potatoes 不是"挖自己的土豆"而是"各人自扫门前雪，莫管他人瓦上霜"的意思。还有一些类比，由于不同文化对动物的不同偏好，在运用过程中容易产生误解。比如，在中国文化中，狗虽然很忠诚，有"狗不嫌家贫"的褒义。但更经常是被贬义使用，如"走狗""叭儿狗""落水狗""丧家犬""狗养的"等。而英文中，狗（dog）更多地被认为是祥和的动物和人类的朋友，没有贬义的成分。

所以说，一种话语体系，对应自己的文化和思维系统，有自己独特的表述方式。在跨文化和跨语言系统交流的过程中，如何剔除误解，保留深层意义的准确沟通是翻译工作的重中之重。

退一步说，即便在同一文化体系中，用不同的表述工具，也会有不同的效果。比如说事物之间的关系可以用语言来表述，用图形来表述，用数学公式来表述，或用全息仿真模拟来表述。在这些表述的过程中，有的关系的描述失去

---

① 刘鹏. 中国公共行政学：反思背景下的本土化路径研究［J］. 中国人民大学学报，2013（3）；陈庆元. 数学可能是每个文明的共同"语言"［N］. 光明日报，2014－07－10.

② 张小曼，胡作友. 英汉思维差异与翻译策略运用［J］. 合肥工业大学学报（社会科学版），2005（2）.

和被省略了，有的更加精准，也有的被抽象和提炼了。所以，对话语体系的深刻了解，意味着对话语体系背后的文化、思想、技术方法的了解，也意味着这一话语体系在被使用的过程中能够达到它作为沟通交流工具的实在的效果。如果需要更多人了解这一话语体系，必要的工作或许就是让更多的人学会这种语言，这种表达方式，以及这个语言体系或表达方式系统背后的思维体系。在西方的殖民时代，殖民者不遗余力地推广自己的语言和文化，目的或许正在于此。强势的文化，会有系统哲学思想和话语体系，在跨文化的交流过程中会展现出强大的生命力和影响力，主导跨文化交流的过程，使大家不知不觉中都用这一话语体系来讲故事。

说到此，应该特别提及的是"话语体系"与"话语权"是两个不同的概念。比如说，不了解话语体系的人是无法参与对话沟通并对别人产生影响力的；而了解话语体系的人并不一定会被赋予发言的权利；或是即使被赋予发言的权利，也得不到听众的共鸣和支持，产生不了影响力。话语权来自强大的政治、经济和文化实力，话语权效果的最终实现要靠话语体系背后的强大的思想体系的支持，而狭隘的话语体系本身，正是跨文化沟通中需要突破或超越的语言现象和表述方式。也正是这个原因，文化和语言中出现了许多相互学习和包容的现象。比如说，汉语中本没有"雷达"（Radar）、"迪斯科"（Disco）、"咖啡"（Coffee）、"色拉"（Salad）、"脸书"（Facebook），但英文中有，表达的是独特的意思，汉语就借鉴过来，直接了解这些特有名词背后的意义。英语中本没有Kowtow（磕头）、Toufu（豆腐）、Kongfu（功夫）等词，但汉语中有，所以也音译过去直接使用。不同文化都追求和平，创造了和平鸽的形象（dove of peace），大家都喜爱，所以共同使用。所以说，构建话语体系的努力一方面在于提炼话语体系背后的思维体系；另一方面旨在努力突破传统话语体系的狭隘和不足，寻求开放有效的沟通方式，提高沟通效率。这才可能是达到第三认知层次，看山仍是山，看水仍是水，不重形态，只重本质，但意义明了。

三、构建现代中国公共管理的话语体系的挑战

中国的公共管理是一个相对新兴的学科，源于行政管理学科。其关注的是人类社会如何在理念的指导下，用制度、组织、程序和方法来处理好人与人之间、人与群体之间、人与自然之间的矛盾，使之共同存在、共同发展的大问题。小到基层社团组织，大到国家和国际组织，都是公共管理理念、制度、程序和

方法的应用所在。只要有文明的地方，就有公共管理。

中国历史上有关于行政管理的讨论。在古代，行政管理就是"行使政治权力"的意思，关注的是国家的管理和国家权力的使用。古代的帝王术《资治通鉴》记录下来的许许多多的行政经验，还有儒家文化的道统思想和教导，共同构成了一个庞大的有中国文化特色的国家管理的思维和话语体系。

现代的行政管理法则是通过辛亥革命和五四运动，逐步传入中国，并得到发展和延伸的。有两个分支，一是西洋版的资产阶级自由民主政治条件下的现代官僚的思想。通过中国民主革命的先驱孙中山和他的追随者引入中国，是主导晚清民主革命者推翻帝制的革命思想之一，影响了民国时代的行政方式和语言体系。二是十月革命后通过俄国革命传入中国的马克思主义思想和苏俄版的现代国家管理体系，影响了早期进行中国社会主义革命的共产党人。在后来长期的中国革命的斗争实践中，包括党指挥枪、农村包围城市和社会主义建设的实践，中国的社会主义理论家们发展出了一套自己独特的话语体系，演进成为马列主义，毛泽东思想和邓小平理论。20世纪80年代改革开放伊始，中国公共管理学科开始恢复与发展，大规模引入了现代西方公共管理的思想、理论、方法、词语和话语体系，形成对过去行政管理为政务后勤的理解的冲击。"三个代表"、科学发展观和现代治理体系的提法，正是在这样的背景下，将中国过去的经验、话语体系和社会主义建设的实践与最新引进的西方发达国家的现代公共管理改革的思想相结合的产物。被主流理论界概括为马列主义，毛泽东思想，邓小平理论，"三个代表"，科学发展观和现代治理体系，其反映的是中国近代革命以来理论指导思想的不断发展和调整、与时俱进的客观现实。除去少量学术界以纯西方公共管理理论为核心的话语体系和少量非主流自成一体的理论话语体系，展现在我们面前的就有至少如下三套较大的、不同的话语体系。一是以中国传统的封建道统思想为主线的帝王治国的话语体系，儒家思想或许是其中比较突出的代表。从"君君臣臣父父子子""仁义礼智信"的当官为民做主的视角出发，讨论国家管理。也掺杂着中国文化中的其他思想派别的渊源，主要表现形式是历史古籍和民俗文化。二是以现代西方自由资本主义民主政治条件下产生的官僚行政体系统为基础的话语体系。通过学习西方的过程活跃在学术界，其中包括误译和非系统性的本土化改造。三是以马列思想体系为原本，进行了中国化改造的中国新民主主义革命理论的思想系统和话语体系，这一体系中其实包含着不同的子系统，还需要进一步整理。复旦大学朱春奎教授通俗地将这三套话语体系简称为民间话语体系、西方话语体系和官方话语体系①。
这三大体系如何有效对接，形成可以互相对话和有效沟通的思维和话语体系，
其实是中国现代公共管理的学者和实践者，或许还包括政治、社会和哲学等领
域的同人们面临的最重要的挑战。需要理顺的问题是：社会主义核心价值观与
现代民主政治中的民主、民生、民权、正义、公平等价值理念之间的关系是什
么？现代治理体系与西方现代行政官僚版治理和世界银行版的民主善治理论之间
的关系是什么？服务型的社会主义民主国家与马列的国家是暴力和专政工具之
间的关系是什么？如何处理社会主义市场经济和现代资本主义市场经济之间的关
系？如何将学术讨论的语言与政府公文语言体系之间进行有效转换？如何将政府
的公文语言与通俗的群众口语语言进行转换？它们之间的共同点在什么地方？他
们中间用什么样的方式才能进行有效沟通？这些关系，有的已有正规的解释，但
尚未深入人心（如革命的专政政府和建设中的服务型政府的提法），有的基本还
没有理顺（比如什么是社会主义市场经济且与资本主义市场经济的区别、如何
进行政府公文语言与学术研究语言之间的有效沟通）。这些问题，直接影响到中
国公共管理学界与实践界和国内与国际思想界的沟通和对话的效率。

　　举例来说，"干部作风建设"是党的领导人历来十分重视的议题②。但从学
术研究的角度来说，"领导作风"并不是一个有普遍意义的规范学术术语。对应
的英文词为领导风格（Leadership Style），其内涵是行为和决策的方式方法，并
不牵涉道德层面的内容。在中国的特定语境下，无论是官方的言论和文件，还
是学者的理论研究，"领导作风"有更广泛的意思。领导干部作风，是领导干部
在生活、工作、学习等过程中形成并表现出来的，相对稳定的状态和行为，包
括工作作风、学习作风、思想作风、生活作风等，有道德和伦理层面的考量。
所以说，在领导作风问题的研究上，东西方话语体系不尽相同。但是，话语体
系的不同却不代表它们没有相通之处。在国际文献中，与领导作风相关的讨论
一般出现在领导科学、行政伦理和组织文化几类不同的文献中。领导科学强调
个人素质，领导风格；行政伦理探讨价值取向；组织文化注重组织的惯性思维、
程式化的价值选择和对人际关系和行为方式的期望，是组织的个性特点。领导
作风最终影响的是组织文化、组织气氛和组织行为。从这个角度看，领导作风
与国际文献中的领导素质和行政伦理之间有密切的相关性。使这两种话语体系

---

① 朱春奎. 新型舆论生态下的官话困境［J］. 人民论坛，2013（12）.
② 朱春奎. 新型舆论生态下的官话困境［J］. 人民论坛，2013（12）.

对接和沟通，互相学习和借鉴，以理论丰富实践，以实践丰富理论。

　　但我们有的经验总结，往往不是往这个方向努力，不但没有，还在建立沟通壁垒，影响沟通效率。有青年学者曾撰文提到，三十多年来中国行政学本土化经历了一个趋强的发展过程，也积累了一些具有中国特色的行政学概念，如压力型体制、锦标赛模式与行政逐级发包制、行政吸纳社会、分级制政策实验、公推公选与准行政竞争等①。事实上，压力型体制就是"科层官僚导向的自上而下"的体制，锦标赛模式就是"竞争模式"，行政逐级发包制就是"逐级承包制"，行政吸纳社会就是"全能政府"的概念，分级制政策实验就是"先期典型试点"，公推公选就是"民主选举"的一种形式。还有一些可以提及的流行概念，比如"社会倒逼改革"，就是"民意推动改革"的意思。这些对比告诉我们，一些提炼出来的特点，其实并不特别，或是可以找到国际借鉴和经验。有不完全对应的地方，可以寻找共同点，对于已经广泛使用和约定俗成的用法，就探讨和甄别它们与学术语言的共性和差异，寻求最有效的表达，使之既能符合中国的行政现实，又能有效与国际先期的研究和智慧的经验接轨。这就要求学术界既对中国第一线的实践经验和语言有深入的了解，又对国际的先进经验和概念有深入的认识，起到国际与国内，理论与实践之间的桥梁作用。

　　还有一个例子，也很有意思。英文中的 Legitimacy 被习惯性翻译成"合法性"。而事实上，这个词的核心意思是"大众认可和支持的程度"。合法性在中文中的意思是是否符合法律条文的要求。学者讨论"共产党的执政合法性"问题时，国内的学者和领导就会觉得荒唐和不可接受。党的领导地位是经过多年的浴血奋战和艰苦奋斗，在长期中国革命的实践中形成的，并写入了宪法。怎么还要讨论和质疑？这中间就是翻译和沟通的误解。如果提法是研究共产党在现执政阶段的"群众认可和支持度"，就会是一个很好的研究执政效率的问题。类似这样的问题还不在少数。

四、构建现代中国的公共管理话语体系基本原则

　　通过以上讨论，我们能够认识到，要阐述清楚什么是现代中国公共管理的话语体系并不是一件容易的事，要构建一个新的话语体系更是难上加难。但不争的事实是，我们应该清楚认识到中国公共管理的话语体系事实上已经是一种

---

　　① 胡威，蓝志勇."领导干部作风建设"理论与实践的东西方对比分析［J］. 中国行政管理，2012（10）.

存在。其实就是自新民主主义革命以来，党的领袖和党内知识分子在传统文化的背景下、在现代五四新文化运动的影响下、在中国革命长期的实践过程中形成的官方文献中使用的话语体系。问题是，这一话语体系，随着政府部门行政官僚的增长、行文的规范和制度化开始变异，逐渐适应了文牍、空话、虚化、程序化、意识形态化的行政现实，变成了官腔，与群众和民间渐行渐远，也逐渐与国际上常用的沟通方式拉开了距离。

有识之士开始感到与国际沟通对话的困难，努力寻求既具有民族和国家特点，又具有共性意义的话语方式。国际流行的新词新概念的运用，新闻发言人制度的建立，中国本土文化的宣传，都是这一努力的表现。而中国公共管理现代话语体系的构建，就是改造、更新和提升现有的官方话语体系。

在这个改造和提升的过程中，有几个原则是值得关注的。

1. 尊重现有官方语言存在的现实，尊重前人的表达习惯，规范地使用字典上有清楚定义或长期以来约定俗成的语言概念，尽可能不生造词汇或用看不懂、猜不透的新词来表达已有词汇的意思。语言的意义是在一定社会实践基础上约定俗成、逐渐形成、有实际内涵并且能够引起相关的联想。在沟通和表达中，使用大家约定俗成能够迅速理解的寓意，而不是随口而说，随时给自己的表达另定词义。语言的混乱必然导致思维的混乱，不尊重语言原有的意义必然导致沟通困难。

2. 注意语言的内在逻辑。语言的内在逻辑并不是现有官方语言的弱项。长期的革命和管理实践，其实养成了官方文献注重语言规范，不乱使用概念和语汇的传统，比较需要注意的是要防止僵化和形式主义。但是，在我们这个迅速变化的时代，主流指导思想也在变化和与时俱进，如何将传统上的马列主义的社会主义核心价值观与现代中国的社会主义和谐社会的建设实践相结合，其实是思想界的最大挑战。如何使话语体系得到普遍的接受和认可，需要将这一体系建立在良好的逻辑关联的基础之上。比如说，有知名学者在描述中国公共决策过程中就使用了"屈群策，集众思，广纳言，合意决"的生动描述，说的是在做"二五"规划时，如何广开言路，收集群众意见，由专家集成，再听取各界的意见，最后形成决策的过程，准确而有创意。但语言使用上不够严谨。这个行程决策的过程，从语言表达的秩序上是看不出来的。策、思、言之间是什么关系？谁是每一个行为的主体？谁的策？谁在思？谁在言？根据作者的解释，比较合乎语言规范的提法可以是：广纳言，集众思，细论证，合意决。先听，再集思，再求证，再决策。隐含的主体不变，都是领导层作为组织者来集思广益做决策。

3. 与时俱进，开放包容地吸收国际和国内生活语言中的新名词、新定义、新意义，作为丰富话语体系和行政实践的新鲜素材。新词的出现也往往是因为新技术、有重大社会影响力的新现象的出现而产生的。不要拒绝，而是要有意吸收新话语、新思维，丰富现有的语言体系，达到话语创新与思想创新同步的境界。

4. 包容国际世界和中华本土的民间话语体系，学说洋话、民语，使官方的语言现代、简练、直接、通俗易懂。新媒体时代的到来使得民间话语体系的影响力越来越大。在新媒体时代，官方话语体系、西方话语体系、民间话语体系，加上它们之间互动衍生的新公知话语体系，共同形成当前的"公共话语体系"。这一公共话语体系来自不同的源流，表现出"主体多元化、诉求多样化、渠道复杂化以及秩序无序化的特点"①。作为国家主流意识形态和公共管理的系统话语体系，要兼容并蓄，博采众长，得各处之精华，显自身之独特的优势。

中国正处于从传统走向现代，从本土走向国际，让国际了解本土的时代。打造一个规范统一、包容创新，利于有效沟通和相互学习的现代公共管理学的话语体系，注重它与国际概念的准确对接，有利于推动学科的发展，促进管理实践的提升，吸引国际注意力，形成国际影响力。而这个任务，重重地落在了这一代公共管理学人的肩膀上。

五、结语

本文探讨了话语体系的本质及其与话语权之间的关系，提出构建话语体系的努力一方面在于提炼话语体系背后的思维体系；另一方面旨在努力突破传统话语体系的狭隘和不足，寻求开放、直观、准确、易懂和联想丰富的语言方式，提高沟通效率，追求高哲学层次的认识境界，不重形态，只重本质。作为一个迅速发展和崛起的大国，中国需要不断学习国际上的优秀经验，充实和完善自己，也需要将自己的故事，以生动有效的方式讲述给世界。作为引领中国改革的公共管理学科，需要有更新、更广博和更包容的话语体系，打造学科，发展理论，培养未来的国家和国际事务的领导人，促进管理实践和国家发展，形成

---

① 胡威，蓝志勇."领导干部作风建设"理论与实践的东西方对比分析［J］. 中国行政管理，2012（10）.

跨文化影响力，为人类文明做贡献。中国的公共管理学学人，任重而道远。

参考文献

［1］杜飞进．积极构建中国特色话语体系［N］．光明日报，2012 - 10 - 30．

［2］戴焰军．构建中国特色话语体系的几个原则［J］．人民论坛，2012（12）：44 - 45．

［3］程红波．文化背景下的英汉词语比较及翻译策略［J］．考试周刊，2011（91）：29 - 31．

［4］刘鹏．中国公共行政学：反思背景下的本土化路径研究［J］．中国人民大学学报，2013，27（3）：98 - 107．

［5］FOX C，MILLER H. Post Modern Public Administration［M］. Thousand Oaks：Sage Publications，1994．

［6］少林寺．禅宗精神——禅宗思想的核心、本质及特点［EB/OL］．少林寺网，2013 - 01 - 05．

［7］蓝志勇，魏明．现代国家治理体系：顶层设计、实践经验与复杂性［J］．公共管理学报，2014，11（1）：1 - 9．

［9］陈庆元．数学可能是每个文明的共同"语言"［N］．光明日报，2014 - 07 - 10．

［10］张小曼，胡作友．英汉思维差异与翻译策略运用［J］．合肥工业大学学报（社会科学版），2005（2）：108 - 112．

［11］朱春奎．新型舆论生态下的官话困境［J］．人民论坛，2013（12）：57 - 58．

［12］胡威，蓝志勇．"领导干部作风建设"理论与实践的东西方对比分析［J］．中国行政管理，2012（10）：30 - 33．

公共管理学科的理论基础与基础理论①

　　摘　要：本文讨论了理论的定义、特点、类别，努力甄别与公共管理相关的外部理论和公共管理学科本身的核心理论两个核心概念，并对它们的相关性进行讨论。作者指出，公共管理学科面对的是现代治理的挑战，需要有广博的知识基础和各个学科理论的支持。但本学科也必须要用更多的努力来关注自己的核心理论——关于如何甄别、捍卫、弘扬和创造公共价值的理论。这些核心理论是公共管理学科锚定学科方向、凝聚学科向心力、凝聚人才、推动技术的使用和社会的进步的内在基础和动力，是指导各类公共政策的导向。

　　关键词：理论　公共管理理论构建　概念　因果表述

一、寻觅公共管理理论

　　新中国成立以来，中国的公共管理学科经历了从无到有、从小到大，大踏步发展的历程。作为一个新兴学科，为了满足中国全面工业化、城市化、信息化和管理现代化的迫切要求，公共管理学科一度大规模延揽人才，受过各种不同训练的各路英才纷至沓来，建立了庞大的学科队伍。巨大的树冠，在缺乏深厚的理论根基的条件下，显得有些沉重和难以支撑。要有学科的强大，必然要有强大的学科理论。要回答什么是公共管理学科的理论问题，要从理论的基本定义开始。

　　简单地说，"理论是一套由相关的概念、定义和它们之间的相互关系——特别是因果关系组成的、对事物的全部、或者某一方面一个系统的看法。理论的目的是认识事件、解释事件发生的原因、并由此推断和预测事件的未来。"②

---

　　①　原文载于《学海》2020 年第 1 期。
　　②　范柏乃，蓝志勇．公共管理研究与定量分析方法［M］．北京：科学出版社，2008.

　　理论的妙处在于已经准确、全面、提纲挈领地降维，将纷繁复杂的大千世界的运行规律和原则用几条看得见、摸得着、记得住、用得了的原则表述出来，用于解释和预测已发生和将要发展的事件。当然，也有人批评理论是"简化主义"（Reductionist），竟然将"丰富复杂的社会简单化了"。①这个批评本身不完全错，但关键之处在两条。一是简化的过程要准确，不能将重要的原则和现象简化掉，使得理论的认识框架支离破碎不完整。二是学习理论不一定非要忽略和排除细节，特别是有特殊情况的细节。这符合人类认识世界的规律。比如说，今天的人工智能过程中普遍运用的就是降维技术，机器首先收集脸的特征数据，予以降维和分类。这一过程由机器对人脸的反复和深度学习完成。成功后，识别的错误率为 3.5%，低于人类认识别能力的 5%。碰到特殊情况，当然要个别分析。

　　另一个理解理论的途径不从定义出发，而是看大众是如何认识理论的。我们知道，历史上，有过著名的托勒密（Ptolemy）地心说。这一理论认为行星是围绕地球旋转的。这一理论符合当时上帝创造了万物的宗教信仰，也用于农业工程、预测气候和季节变化的预测，达 1500 年之久。但新的设想和新的认知工具的出现（如望远镜），证明了日心说，替代了过去错误的地球是宇宙中心的有限认知。

　　学界熟知的牛顿（Newton）的经典力学一度被认为是最完美的力学理论。"惯性存在，作用力等于反作用力，和速度与质量成反比的力学三定律（$a = F/M$），完整地解释了大千世界的力学现象，是现代物理学的理论经典，是现代科学无以计数的伟大成就的重要基础。"

　　爱因斯坦（Einstein）后来发现了相对论（$E = mc^2$），认为物质在光速运行的时候，与能量是成正比的，是光速的平方，物质越大，产生的能量就越多。而不是经典力学中所认为的物质与能量成反比。这是一个不同的关于物质、速度、能量的认识理论，是量子力学的基础。并不是说原来的理论错了，而是说在不同的条件下，原有的理论不足以解释这一物质在光速运行时的现象。

　　相对论后，又有了许多新的理论突破。最近科学理论的新思考，比如暗物质理论，暗能量理论，量子纠缠理论也在颠覆我们传统的科学认知。比如，过去认为光速就是不可突破的最高速度，最新的发现认为量子纠缠沟通速度可以

----

① HÜBNER K, DIXON P R. Critique of scientific reason［M］. Chicago：University of Chicago Press，1983：95.

是光速的四倍以上。最新的发现还认为，我们今天对自然界的了解，不及所有自然知识的 5% 。我们面对的是更广大和未知的自然世界，是大量的暗知识。比较起来，过去几百年来开始的对日心说的了解，对空气的了解，对矿产资源的了解，只是人类在知识方面极小的一个进步。

在社会科学方面，有不少与公共管理有关的理论。德国社会学家韦伯的官僚理论，描述现代行政机构使用官僚这一管理技术管理组织的理论。他认为，管理需要权威和组织。权威有三种，传统权威（世袭或其他的文化习俗传承下来，如皇子继承皇权），魅力型权威（领袖人物的个性和能力魅力吸引大量的追随者），法理权威（通过法律条款、合法选举程序构建的权威，如被选总统）。现代政府是构建在法理权威基础上的新型科层组织，有统一行政权威的一长制，科层权威结构，办公室职务分工，机构和员工专业化，有很多法规条例，非个性化的人格管理，拥有全薪酬全职的雇员，追求中性的效率和效益。与传统社会的传统权威相比，与市场的管理协调方法和意识形态的管理方法相比，行政官僚的这一套方法和管理体系最为有效。①韦伯认为他描述的是一种现代行政现象，现代组织有这些官僚组织的特征，它们并不完整和完全，但它们的这些要素越多、越强、越接近完美的现代官僚组织的要求，也会越有效率。②可以看到，韦伯的理论是基于对社会的组织现象，特别是行政国家的现象进行研究后的一个总结、归类和提升。他努力找寻现代管理体制能够产生效率的原因，进行抽象总结，提出解释和预测。他的理论并没有完全解释所有的行政现象，也受到不少批评，比如官僚的失灵、腐败、杂乱、文牍主义等③。但所有的批评并没有完全否定韦伯理论对社会组织结构，特别是国家组织结构的描述的有效性。更多的理论是修正、补充、加强这一理论。即便后来的矩阵组织理论④，网

---

① SAGER F, ROSSER C. Weber, Wilson, and Hegel：Theories of Modern Bureaucracy［J］. Public Administration Review，2009，69（6）：1136 – 1147.

② GERTH H H, MILLS C W. From Max Weber：Essays in Sociology［M］. New York：Oxford University Press，1946.

③ MERTON R K. Reader in Bureaucracy［M］. New York：The Free Press，1952；PERROW C. Complex Organizations：A Critical Essay［M］. New York：Random House，1972：3；BOZEMAN B. Bureaucracy and Red Tape［M］. Upper Saddle River，NJ：Prentice Hall，2000.

④ DAFT R. Organization Theory and Design（12th edition）［M］. Boston：Cengage Learning，2016.

络组织理论①，多元结构理论 ②，也无法完全超越韦伯的官僚理论。到现在为止，所有的政府，大型商业组织，非营利组织，特别是军事组织都摆脱不了韦伯理论描述的官僚组织的特点，不管是正面的还是负面的。

比较容易拿来解释理论的结构的理论是马斯洛（Abraham H. Maslow）的行为动机理论。不是因为它的完美和准确，而是因为它是关于人的行为的理论，在学界几乎家喻户晓，人人都感觉到会有共鸣。③同时，他的理论结构也非常清楚，在此做一个详细的说明。马斯洛理论的基本概念和构建（construct）包括，行为动机，心理需求，生理需求（衣食住行等），归属需求，安全需求，尊重需求，个人价值实现需求等。有些是有共识的概念，如行为动机；有些是他组织安排并赋予特定意义的，如其他几个不同的需求。他的理论的三大相关的因果关系表述是：1. 人的行为是有心理需求的原动力的，人用行为来满足心理需求不足的现实情况〔（行为动机理论有弗洛伊德（Sigmund Freud）理论为基础〕；2. 人的心理需求可以分为五大类：心理需求，生理需求（衣食住行等），归属需求，安全需求，尊重需求，按最低到最高排列；3. 人必须先满足低层次需求才会去追求高层次需求。这三大因果关系的表述放在一起，形成对人类行为的一个全面的描述，是所谓的马斯洛的行为动机理论。这一理论有核心概念，有因果关系的表述，提供了一个可以被验证的理论认知框架，许多的研究围绕这一理论展开。它不完美，因为它解释不了一些饿着肚子还要面子的精神行为，也揭示不了在战场上勇于冲锋，把生的希望留给战友、死的危险留给自己的英雄壮举。但并不妨碍它在大致的情况下解释人们一般性的行为。

还有一种理论，是一些人通过部分观察和臆想自己创造出来的。比如说，生男育女的社会理论。说的是，有人根据不少观察发现辛劳的母亲容易生儿子，生活环境优越和宽松的家庭里，母亲容易生女儿。现实基础是不少农村妇女生男孩多，城里母亲生女孩多。如果进行一些社会调查，也间或会证明这一观察的正

---

① PROVAN K G, KENIS P. Modes of Network Governance：Structure, Management, and Effectiveness ［J］. Journal of public administration research and theory, 2008, 18 (2)：229 - 252.

② PROVAN K G, KENIS P. Modes of Network Governance：Structure, Management, and Effectiveness ［J］. Journal of public administration research and theory, 2008, 18 (2)：229 - 252.

③ MASLOW A H. A Theory of Human Motivation ［J］. Psychological review, 1943, 50 (4)：370.

确。但问题在于，它的因果关系在哪里？行为与医学生理理论之间的相关性在哪里？对染色体的形成或者结合有影响吗？即便大数据可以证明这一现象的存在，没有合理的科学解释，也不可能被认为是一个好的、可以解释的现象，或预测甚至指导未来实践的理论。更何况这些现象的出现有很多其他的原因，如农村重男轻女，把女婴送人的情况。

从理论关注的对象来看，理论可以有宏观理论，关注宏大的问题，如宇宙论，万有引力论，人类文明论，地球升温论，天人合一论；中观理论，如生态论，政体论，主义论，战争论，阶级论，公私论，国际关系论；微观理论，如行为动机论，个体或小组冲突论，比较优势论，货币主义论等。当然，宏观、中观和微观是一个相对的概念，与理论想要描述、解释和预测的事件的规模、广度和深度相关。如果我们从宏大宇宙的视角出发看我们地球所在的星系，就会发现这个星系对宇宙而言，不过像地球上的一粒沙子一样渺小。如果我们往微观世界行进，深入到夸克的单位，就会发现，就是一粒沙子也像宇宙空间一样宏大。所以说，宏观理论，如宇宙理论；中观理论，如国家理论，城市理论，社区理论；或者微观理论，如个人行为理论，都有自己不同的解释域。

二、理论的类别

在讨论了什么是理论的基本定义后，我们还可以看看理论的分类。按照科学的习惯，如此之多的理论，自然也应该归类。从前面举的理论的例子可以看出以下几点。

1. 错误和不完整的理论也是可以存在的，假以时日，可以被验证、丰富、补充，或者推翻。越接近真理的理论，越有解释力和预测力，越能够用来指导实践。

2. 没有理论是永恒的真理。不同的环境条件、新的认知工具和能力的出现，都有可能改变理论的基本预设和规律原则。

3. 不是所有的理论都是科学理论，有些是经过了在一定场域中仔细认真论证的理论；也有些是没有经过科学过程的事实分析、验证、实验、实证和规律性总结，只是在一定的观察基础上甚至是十分片面的观察基础上思考和推导出来的系统想法。

4. 一些所谓的理论并不是理论，因为它们远远没有达到有自己的特定的概念、构建和对一系列相关的因果关系有解释力的"理论"的要求，是"伪"理论，打着理论旗号的片面和粗浅的认知。

5. 还有一些看似与理论的形式相似但不是理论的宗教信仰。它们也有强大的社会功能，但不是理论。

这些思考，除了让我们可以根据开篇提到的按理论想要解释的问题的大小来分宏观、中观和微观理论，也可以让我们按理论的特质来将理论分为：科学理论、规范理论、解释主义理论和非理论。

科学理论自然与科学的方法有关。有人认为科学只是自然科学，这是一种谬误的观点。科学不仅仅是分支的学科，研究不同的物质世界的问题，它还是方法，是建立在观察、归类、假设、实验和实证的基础之上，寻找必然出现的因果关系规律，提炼、抽象和准确描述因果关系的一个公认的科学研究过程。另外，与科学高度相关的另一条准则是尊重事实，尊重真理。讲究事实因果关系、遵循真理原则寻求事物规律的研究方法，是科学。许多科学理论，源于科学家对事实的观察和提炼，有的得到了充分的验证，有的还没有得到完全的印证。比如说万有引力、牛顿力学得到了丰富的验证；大爆炸的理论不断被新的发现支持，但谁也无法完全确认；进化论到现在还有争议，有人认为为什么史前的化石和现代的生命现象都有实证，而中间进化过程的化石证据却严重不足，哪里都找不到。

科学的理论也不是完美的，有大大不足。比如说，脑科学发现人的脑垂体有 400 多亿细胞，加上外围的神经元，有 2000 多亿细胞。但如果问科学家他们已经了解了多少脑细胞的行为，他们只会诚惶诚恐地说，不及亿万分之一。他们谁也不敢用细胞理论来预测人的思维、行为、战争与和平。事实上，到今天为止，人类的进步和发展并不完全靠与科学相关的理论。从历史发展角度来说，是先有文艺复兴，弘扬人文精神，解放了人的思想禁锢，才有科学的大发展。①而在此之前，任何挑战教义的思想都会被认为是异端邪说，哪怕是科学的日心说。如果要等到科学理论的完善才有社会进步，人类的文明不可能会走到今天的高度。当然，反过来说，许多不完善的理论，错误的理论，甚至非理论，也有强大的社会功能，能够引起人们的共鸣，一旦形成共识，对社会的进步或者退步，都能起到相当的作用。

规范理论是形式逻辑推导的结果。不讲究科学论证，而是根据有限的事实

---

① 蓝志勇. 大力发展社会科学，助推国家治理体系和治理能力的现代化 [J]. 公共管理评论，2019，1（1）：49-58.

进行推导，讨论行为原则，更多地与伦理和社会科学相关，强调的是应该如何，而不是事实是如何。柏拉图的理想国，孔子的天下为公的理想世界，老子的治大国如烹小鲜，既有源于对人类社会行为和政治行为的观察，也有哲学构建和逻辑的推导。比如说，人类追求自由、平等、公平公正的理想，就是通过一定的观察和形式逻辑推导设定的规范标准。思想家们根据自己的观察和思考认为，虽然人人生来并不平等，有身体好、身体差的；有生于富贵的，也有生于贫寒的；有天赋异禀的，也有天生木讷的……但是，如果人类世界能够秉承公平公正的原则来处理协调他人和自己的关系，社会更容易和平相处和长治久安。所以规范理论根据自己的理解，提出的不是是什么、是怎么样，而是应该怎样。

还有一类理论，是解释主义理论（hermeneutics），重在对已经发生的或者将会发生的事情进行解释。这类理论，在梳理事实的过程中，也加入了解释者自己的情感、认知和理解，一方面使得理论显得完整、合理和生动；另一方面也由于主观因素的影响，使理论的严肃性和效度受到影响。最典型的就是对历史的解释，不同的史学家会有不同的取材和解释历史的角度，可能会找不同的原因来解释事件，也可能利用同样的事实对事情做出不同的解释，推导出不同的因果关系。这一类的理论工作者有偏重事实的，也有偏重主观认识的。许多的新闻报道和史学研究，用的就是这一类方法。用这种方法推导或创造的理论，就是解释主义理论。

当然，更有一些人们常说的"理论"达不到我们对理论的基本要求，没有学术界共识的认可，不能算是理论，是非理论，或者前理论。等到有了相当的信度和效度，有更多的学术同人的认可和接受，才能被算作理论。

三、公共管理的理论基础和公共管理的核心理论

对理论的基本认知进行了梳理后，再来讨论公共管理的理论，就相对比较有基础了。公共管理在英文中是 Public Administration，传统上翻译为公共行政，为公共事务行使国家政治权力的意思，偏重宏观施政。比如说，古罗马的市政长官就是 Administrator。在公共行政的学科领域中，20 世纪 70 年代左右出现了一个公共经营管理学派（Public Management），强调在行政管理的过程中，不只是宏观施政，要注重细节，像经理人一样经营管理。这两个词，在英语世界，除了学派中的人要刻意区别外，也时有混用。我国在 20 世纪 90 年代大规模建设公共管理学科的时候，恰逢西方的大规模行政改革，"新公共管理学派"盛行，

也出于我们希望将新兴学科与新中国成立以来的行政管理"即后勤管理之间区别的需要，把 Public Administration 翻译成公共管理，而不是公共行政"。同时，在西方的公共管理文献中，开始大量出现"新公共管理改革"（New Public Management Reform）一词，使得我们很多学者以为公共经营就是公共管理。在本文中，除了要强调公共行政的含义外，一般使用的公共管理（Public Administration），将包含公共行政和公共经营管理两层意思，以符合我国用这个概念的习惯。①

与公共管理相关的理论众多，也可以将其分类。一类是与公共管理学科"相关"的理论，是公共管理的外围理论，也可叫作公共管理理论的基础。这些理论不一定产生于公共管理学科或者出自公共管理学人，但与公共管理的核心使命密切相关。第二类是公共管理学科的核心理论，关注公共管理学科的核心问题，是公共管理的学科基础理论。第三类是公共管理分支学科的专业应用理论，重点强调分支学科中解释专门问题的现象和规律。

传统的与公共管理密切相关的理论有柏拉图的理想国理论、莫尔的乌托邦理论和前现代的罗马民主理论。《理想国》中柏拉图讨论了公平正义，讨论了人性，讨论了社会各阶级的互动，讨论了治理与教化，教育和音乐，也讨论了政治体制的发展过程和人类社会应该有的终极追求，是最早关注行政和政治的著作。他用的是规范性的行政理论，提到了政治的过程、政体发展规律和政体的有意识的设计，他不仅讨论了哲学上的价值追求，还讨论了如何实现这一价值追求的行政手段和道德标准，包括集体教育、艺术、智慧、激情、欲望、理性和贤者的领导。所以说，这是一部哲学、行政学、政治学、心理学、社会学、教育学、音乐艺术、心理学都可以共有的奇书。②中国的《道德经》《论语》也属于这一类著作。在此，专门要提到马克思和恩格斯，他们的哲学、政治经济学和科学社会主义都是伟大的著作，充满着智慧，是许多社会科学理论的基础理论，但是，从公共行政的视角来看，他们不算行政学或公共管理的著作，他们的重点在阐述国家的功能和无产阶级夺取政权的革命理论，但革命以后的长期执政应该怎么办，由于是新生事物，加上巴黎公社也只有几个月就失败了，马恩对于行政和公共事务的管理，并没有更细致和全面的思考。

现代公共管理学科诞生于 19 世纪末到 20 世纪初美国的进步运动时代。美

---

① 蓝志勇. 行政官僚与现代社会［M］. 广州：中山大学出版社，2003.

② PLATO. The Republic［M］. Jowett B，Trans. New York：Vintage Books，1991.

国的内战和战后重建推动了全面的农业科学化、工业化和城市化，追求的是社会改革，追求科学管理和良好的生活，与我国改革开放以来的发展历程十分相似。这一现代学科注重的就是在科学技术大发展、城市生活拥堵和公共服务不足、人民对美好生活有新的诉求的条件下如何更好地协调合作、管理城市和社区，提高公共服务水平。如果要给一个简单的定义，"公共管理就是人类协调合作的技术"，是在现代技术条件下、组织起来管理社会的工程技术。它需要所有的人类的知识积累作为学科基础，但它自己的核心是在一定的价值理念的指导下，用管理和协调的手段来实现这个价值。著名公共管理理论家罗森布隆教授就说过，公共管理至少有三大学科渊源，一是政治学，二是现代管理科学，三是法学。现代政治学在追求民主国家治理的过程中，发现了权威组织、领导力能力、人事改革、预算改革和管理技术改革的重要性。认识到，要管理好国家，不仅仅要依靠政治博弈和选举，还要必须注重国家行政能力的建设和运行，必须将过于频繁的政治干预与日常管理行为分割，将管理活动建立在牢固稳定的科学原则基础之上。在这个过程中，组织设计、预算管理和人力资源管理的科学化——尊重事物的发展规律，都十分重要。由于传统政治学的核心诉求是政治权力和政治利益的分配，往往不愿意关注细节，于是衍生出政治学背景的公共行政。①早期的企业管理科学则注重研究组织行为，寻求能提高经济产出的组织效率。② 著名的霍桑实验发现了人的群体文化和心理因素对行为的重要影响，产生了人文主义的行为学派，衍生了经济管理背景的管理学派，被应用到政府组织管理中，产生了科学管理的公共行政。另一渊源是基于现代法学传承的法治国家的思考，以孟德斯鸠的法学原理为基础，强调用法规的方法来管理国家，是现代革命后以法学为基础的公共行政学。③

随着行政国家的建立和对社会生活各个层面的介入，需要的学科支撑也越来越多。比如说要管理好现代国家，就要在政治上甄别阶级的利益、审视经济活动对各阶级利益形成的影响，这就是政治经济学。有自由资本主义的政治经

① FRY B R, RAADSCHELDERS J C N. Mastering Public Administration : From Max Weber to Dwight Waldo [M]. Thousand Oaks：Sage Publications，2014.

② TAYLOR F W. The Principles of Scientific Management [M]. New York：Dover Publications，1911.

③ ROSENBLOOM D H，KRAVCHUK R. Public Administration：Understanding Management，Politics，and Law in the Public Sector (8th edition) [M]. Boston：McGraw – Hill Education，2015.

济学，也有马克思主义的政治经济学。要制定规范市场的经济政策、反垄断政策、金融投资管理政策、基础设施投入政策、社会保障政策，就需要对经济学理论有所依赖。要管好组织行为，就要了解社会组织学和心理学理论；要管理人口，就要了解人口理论；要制定外交政策，就需要对政治学扩展后的国际关系学有所涉猎；要处理政府与政府、政府与社会组织、政府与个人、个人与个人的关系，就需要懂得冲突理论；要使用信息技术管理政府组织，就要了解信息和数据理论。这些都不是公共管理学的理论，但与公共管理的理论和实践密切相关，有重要的使用价值，是拿来就用的理论。正如一个生命科学家要使用电镜、使用化学试剂、使用光学和物理仪器一样，公共管理的实践需要使用来自所有学科的理论和技术，有时候也需要发明相关的技术。比如观测细胞合作行为的电镜，不是光学家发明的，而是细胞学家发明的。地理信息系统的体系，凝聚有地理学家巨大的心血。应的是爱迪生的一句创新名言，需要是发明之母。政治学的权威理论，社会学的官僚理论，心理学的行为理论，人口理论，大转型理论，经济学的就业理论，社会福利理论，社会学的大转型理论，冲突理论，数据科学的信息理论等，都是公共管理学科的最爱，可以说，是最好的副食品。这些理论，可以算作公共管理学的外围理论，活跃理论的基础，是不少理论的新突破，它们在公共管理领域的运用，也出自公共管理学者之手。如现代数据安全理论、信息技术使用的模型、社会冲突管理，甚至人工智能的管理理论。

那么，什么是公共管理学自己的核心理论呢？顾名思义，自然是公共性问题的理论。如何甄别、定义、测量、弘扬、维护公共利益？如何界定、创造、和打造积极良好的公共价值、公共文化，建设现代文明，是公共管理的核心问题，关于这个问题的理论，就是公共管理的核心理论。

在现代社会，只要有两个人以上的地方，就有公共性的问题。两个不同个体有自己各自的私人领域，也有需要协同管理、营造、共享的公共空间和公共资源，共同生产和共享的公共物品，共同使用和被同样制约的公共权力，需要参与的公共组织。现代的水平越高，使用的技术越多，行为能力越强，需要面对的公共问题就越多。传统国家，是帝王和君主的国家，统治者私天下之公，私有化管理。而现代国家，是人民的国家，公民有平等的权利，要求尊严、自由、尊重和公平正义。管理起来与传统国家的方法不同，难度更大，是现代政府的挑战。如何构建、管理现代政府，行使公共权力，用人民的政治利益驾驭行政权力也就是我们今天讨论的如何设计和运行现代国家治理体系、打造治理能力、高效正确地使用公权，造福公众，这也是现代公共管理最重要的挑战。著名的公共管理专家沃尔多（Waldo）说过，公共管理创造人类文明，是人类文明的基石，给人类文明以舞台。另一位著名的公共管理教授波茨曼认为，在现代社会，"所有的组织都是公共的，只是公共的程度不同而已"。这些组织存在于公共社会，受现代国家公共政策的制约，需要缴纳税金，为现代公社会服务，享受现代社会的平安和保护，也受到社会公众的监督和关注。事实上，20世纪中期自由资本主义和社会主义两大阵营的竞争，表现的是如何配合使用公权和私权，推动国家和经济社会的发展，也清楚地向我们证明如何合理地配合使用好公权和私权，是国家兴衰的决定性选择。传统自由资本主义调整和规范了市场经济，提高了社会福利和公权对社会的管理与推动，对基础科学和教育的支持，得到了迅速的发展。而传统计划经济则在大规模市场化改革后，重振雄风，全新崛起。很多其他学科也会涉及公共性的讨论和研究，但公共管理学科对这个问题的研究需要特别突出、全面和深入。要研究操作，切实实施和创造公共价值，并追求价值最大化的方法。

这一条，著名政治经济学家达尔（Dahl）和林德布隆姆（Lindblom）在20世纪50年代就有所思考。他们认为，文艺复兴以后产生的经典资本主义和社会主义考虑的都是大尺度的理性主义的民主社会改革。但两个主义都忽略了现代工业社会对科层控制的需求并会自动产生科层控制。自由主义者认为这是社会主义的弊病，而传统社会主义认为这是资产阶级法权。经典自由主义者夸大地认为价格体系可以决定一切，对它造成失业、贫困、老龄失助、疾病和失能、大量的教育、收入、地位、机会、控制能力的不平等视而不见。两个主义都有自己的偏见，都认为产权的功能主要在收入分配和经济激励方面，忽略了产权还有一系列保护公民社会权益诉求的功能。一个认为财产权决定一切，无所不能。另一个惧怕产权带来的负面社会效益，忘记了产权也是保护公民自由、幸福、平等、尊严、友善、权利的基本条件。这两个主义的信仰者在认识上和行动上都有缺陷，是相当长的一段时间内社会问题依然存在的原因。

他们进而认为，"在社会主义还是资本主义，计划经济还是自由市场，管制还是放任自由等这些传统的选择之外，还存在其他意义深远的选择"。传统上看似"简单而又伟大的选择"其实"并不是那么简单"，因为经济组织所遇到的棘手问题只能通过更加谨慎地关注技术性细节才能得到解决。并且，一些所谓的伟大选择其实没有那么伟大。他们认为，美国的经济是过度私有化的，美国人对私有有着教条式的偏好，因为在农业社会时期，私人所有和控制的经济组织在效率和民主方面有合理的社会基础，但这种偏好只是一种信仰，并不是公众在理性计算了它的相对优势后得出的结果。同样的错误在强调公有制的那一方面也存在。政府所有并不是公共控制的充分条件，大量的事实也证明，政府所有的企业或者更模糊的社会控制的企业，并不能保证为公共所控制。代理人问题、替代问题、利益分配问题等，使得公权私用、公共财产私有化现象普遍存在，关键在于资源、财产和社会控制是如何发生的。他们指出，在许多关于社会主义计划经济好还是自由资本主义市场好的争论中，人们往往强调和注重了所有制，注重了形式、程序和工具，而忽略了人们对人类终极目标的追求。

对于达尔和林德布隆姆来说，社会行动中的控制无所不在。在生产过程中，叫技术；在国家发展中，叫计划；在市场过程中，叫交换；在社会行为中，叫文化。这些社会过程无处不在反映人类的理性，这些过程的良好协调，才是达到社会目标的关键所在。这个协调，就是公共行政手段的合理使用。达尔和林德布隆姆在 1953 年发表的《政治、经济与社会福利》一书的核心要点，① 就是提出要注重协调和行使行政权力的细节。他们认为，宏大的意识形态需要不辞劳苦地注重治理的细节来支持和实现。在他们 20 世纪 90 年代版的序言中，他们写道："我们在 25 年前（1953 年）就写了这本书，批评当时盛行的观点——认为只要有几个聪明的人帮助大家从社会主义或资本主义、计划经济或市场经济、管制经济或放任经济之间进行一个简单选择，就可以应对一切问题。到 1991年，苏联解体了，社会主义的选择似乎不行了，但资本主义的方法也开始受到了更大的挑战。虽然有人认为过去一个世纪中自由资本主义和计划经济的社会主义相比更有利于追求自由、效率、正义、平等、安全和进步，但事实上，自由资本主义中违反这些神圣价值的例子也是不胜枚举的。我们这本书最重要的理念是，看起来简单的道路，不管是社会主义还是资本主义，其实是不可能简单的。现代经济组织给我们带来的问题只能靠不辞辛劳地对技术细节的关注才能得到解决"。公共管理与公共行政的核心理论问题也正在于此。在讨论主义的时候，要考虑行政和执行，还要考虑公共组织的设计和运行，不能忘记要首先解决限制人发展的基本问题，如贫困、经济安全、科层控制、政府技术等。这些看来是技术问题，但其实是影响结果的制度局限问题。做好这些"小"事，才

---

① 罗伯特·A. 达尔，查尔斯·E. 林德布隆姆. 政治、经济与福利 ［M］. 蓝志勇，等译. 北京：中国人民大学出版社，2020.

能获得"大"事的成功。公共行政通过公共管理和公共政策，后来又加上非营利的社会组织，来弥补价格调节和道德伦理调节的不足，维护市场、社会的良好运行，保护国家的安全，推动文明的发展。

在应用方面，国家的制度设计和运行（治理体系和治理能力），经济发展（增长、价格稳定、就业、规制和市场监管、收支平衡、社会分配、再分配与生产激励），组织机构（强调追求效率的公共组织设计和运行），公共财政（适当性、公平公正、可行性、收入弹性、财政负担、行政成本），公共人力资源（人力资源开放和发展人才、动机、素质培养），电子政务和技术使用（技术投资和使用、人工智能控制、武器使用控制），基层治理（行政负担），卫生健康政策（可达性、成本、质量、医疗福利管理），社会保障和安全（分配与再分配、改革和资金平衡），教育（可达性，公平公正，义务教育），住房和社会服务（公平公正和人人有住房），农业和土地资源管理（生态保护、粮食安全和乡村振兴），科学技术的投资和管理，能源和环境保护，国防和外交，社会价值的维护和弘扬（文化保护和继承，新社会道德），等等，都是当代公共管理理论关注的重要领域。治理体系的全面化和现代化，组织结构的网络化，公共财政的社会化，公共人力资源的高端化，科技参与政府管理和政府管理科技使用常态化，基层治理的多元化，都是公共管理理论需要突破的方向。这些问题，都是现代公共管理的具体问题。过去我们学科分类过细、过于传统、形成学科壁垒，有了技术，缺乏灵魂，或者灵魂有偏差。所有的政策和专业领域，必须要有公共行政理论的指导。举例来说，在市场监管方面，历史上的理论基础源于经济学家设立在道德情操论基础上的市场失灵理论。亚当·斯密在讨论市场分工、价格协调、看不见的手的魅力之前，详细地讨论道德情操的伦理标准，讨论了契约精神、政府、警察、法律在维护市场环境方面的重要性。他给出的市场失灵理论是，如果市场在垄断、信息不对称、交易成本不足、公共产品生产不足、负外部效应几个方面不失灵，政府就可以不干预。这一理论，在现代社会，受到了极大挑战。首先，市场失灵论的假设就是不对的，有人的地方必有江湖，必有政治，必有控制与反控制。任何企业一旦做大有了竞争优势，就会追求控制环境，推行垄断。信息不对称、公共物品供给不足、交易成本的存在是常量，就是说，政府干预是天然的必须，不是"如果"才有的行动。在现代社会，技术和管理能力的提高使得这些传统上的"小"问题变得越来越大，规模型大企业操纵市场的能力也越来越大，政府要干预的需求也越来越大，是公共管理的新挑战。更重要的是，在市场不失灵但公共价值失灵的情况下，政府还要干预吗？烟草工业，吸毒，贩卖人口、人体器官，奴役他人都有市场，只要社会贫富悬殊大，有钱人愿意出钱，就会有市场，政府还可以收高税提高财政能力。但这些交易能允许存在吗？这就是公共价值失灵理论的关键所在。市场不失灵，但违反现代社会道德准则、侵犯人权、造成不公，用金钱买不应该买的东西，就是公共价值失灵，就是政府干预市场的依据。这就是新的，出自公共管理学学者的理论。

同样，公共财富的管理、分配和再分配也有公共价值优先的导向。这一条，经济学家在早期的福利经济学，后来的就业经济学、发展经济学的讨论中都有涉猎。比如说，凯恩斯的经济学是就业经济学，阿玛蒂亚·森的经济学是人的能力开发的经济学。他们从社会学或者哲学价值的视角来研究经济学，提出了符合他们时代的理念，但却无法实施和推行这些理念，可以说并不成功。21世纪资本主义的作者匹克迪经过数据分析指出，现代社会贫富悬殊一直越来越大，只有在几段战争时期，贫富差别的增速稍有减缓。这就是一个重大的公共政策理论问题。政策如何制定，再分配的方法如何既有效又不打击生产和创新积极性，本质上是如何甄别界定公共利益的问题。传统经济学的导向是效率优先，而公共管理的理论前提是公共社会的终极目标和获取的过程，是公共性和公共利益的捍卫、弘扬和发展。基因不一样，发展和成长的社会形态自然也不一样。

再例如，公共部门的人力资源和人才培养，也有深厚的理论底蕴。古代思想家西塞罗（Marcus Tullius Cicero）就说过，想要进入公共管理领域从事公共管理的人，需要有安详宁静的心态，不要老想着迫使人们像他们自己一样。然后他们才可以全力去参加竞选和担任公职，他们的勇气、力量是选民所钦佩的。他们自己也要想清楚，他们是否有能力来从事公职，能否会谦卑，会有尊严和荣耀感，但又不会强悍到贪婪地追逐个人的辉煌。一个好的公众领袖是一个坚定又有同理心的领袖，全心全意做对大众最有利的事情，即便意味着自己必须认错或接受失败。好的公共管理官员应该听从柏拉图的劝导，关注对社会大众有益的事情，而不是其中的某一部分人。要做公共管理官员，就是人民大众的守护神。对不当行为的惩戒不应该是羞辱，而是要为大众谋福；金钱收益应该从正道获取，也能让大家受益，不应该是巧取豪夺的结果。这就是对公共人才的要求，与出于私利才从事公职的要求，是两种不同的逻辑理念和教育目标。

其他的许多具体领域，都有这样的公共价值理念的思考和具体执行和操作方式的设计和运行，这就是公共管理。我们过去把这些功能碎片化地分散在不同的学科领域，以为那就是最好最正确的方法。殊不知，那是柏拉图所说的"洞穴里的经验"。如果我们转头看，或者走出洞穴，会发现还有一片更广阔的天地。

事实上，党的十八大以来，中央一直在强调以民为本的包容式发展、强调按照中国特色的社会主义核心价值观，"四个全面"，"五位一体"，五大发展理念来构建新型的国家治理体系，打造治理能力，这本身就是一种崭新的公共管理理论。转换成学术语言，就是在新的发展时代，注重以社会主义核心价值观为指导的全景式公共政策理论来推动全景式公共治理，突破苏俄时代留下的官僚体系中分工过细过窄过于僵化的行政理论，克服传统立法路径依赖的局限和部门立法导致的部门利益优先的公共决策，以全景目标管理的方式，推动政策的配套出笼和协同推进。①这方面，成功的例子不胜枚举。比如说，美国当年在推动农业振兴的过程中，先后出台了一系列立法和规则，系统性配套，形成一套综合的法律体系。比如说，19世纪中叶，先制定了土地政策鼓励人们种地，同时制定了移民政策鼓励外来人口加入种地的农业大军，有通过赠地学院法成立农业科技站帮助农民培育种植肥料等进行科学种植，有农业补贴和农产品销售协助，在大萧条出现的时候，有农业借贷、银行改革、社会保障法的出现。提高农业振兴，靠的不仅仅是农业的技术政策，而是一系列为达到农业振兴的政策目标的相关政策，这就是全景式公共政策制定与实施的新理论。②要问什么是公共管理理论，全景式公共政策的制定与实施方法也可以算一个。

四、结论

在我国，公共管理是一门相对新的学科，学科基础并不像传统学科扎实和深广。在人治传统依然有重要影响力的制度环境中，"新"本身就可能会因为缺乏人脉而受到限制，更不用说学科共识和学科力量的不足。但这是一门崭新的成长中的学科，肩负着与中国现代治理体系的构建和发展共同进步、相辅相成的历史重任和使命。如果能够聚天下英才，顺应时代潮流，按照新时代的新要求

---

① 蓝志勇. 中国已进入全新综合公共政策理性时代［EB/OL］. 财经网，2016 - 11 - 31；蓝志勇. 全景式综合理性与公共政策制定［J］. 中国行政管理，2017（2）：17 - 21.

② 蓝志勇，刘洋. 美国人才战略的回顾及启示［J］. 国家行政学院学报，2017（1）：50 - 55 + 126 - 127.

打造与时俱进的现代学科，建立学术认同和新的范式，为共同的理念和终极目标而努力，必然会有巨大的发展和无量的前途。公共管理是平台学科，不求在历史舞台上展现自己的风采，但求打造恢宏、安全和可意的舞台，让现代社会人尽其才，"明星"辈出，演出威武雄壮的历史"话剧"。公共管理理论，应该是既科学，又规范，既理想，又结合实际，能集人类之大智慧，行天下之公义之事的理论。这一理念，既与当年马克思恩格斯倡导的科学社会主义一脉相承，又与中国传统文化中天下为公，天下大同的愿景息息相通；也有前赴后继的公共事业的领导人，超越了"人人为我，我为人人"的传统古训，进入更高层次的"我将无我"的境界。当然，作为一门现代社会科学，从理性的角度来说，公共管理学科并不应该神化公共管理的从业者，但公共管理关注社会的公益，培养有公益精神、有工作能力、能用知识和理性驾驭激情和欲望的优秀社会工作者，成为人类文明的维护和发展的中坚力量，是这一现代学科天生的使命。公共管理理论，只有与这样的人文精神相结合，才能充满活力，万年长青。

参考文献

［1］范柏乃，蓝志勇. 公共管理研究与定量分析方法［M］. 北京：科学出版社，2008.

［2］HüBNER K，DIXON P R. Critique of Scientific Reason［M］. Chicago：University of Chicago Press，1983：95.

［3］SAGER F，ROSSER C. Weber，Wilson，and Hegel：Theories of Modern Bureaucracy［J］. Public Administration Review，2009，69（6）：1136－1147.

［4］GERTH H H，MILLS C W. From Max Weber：Essays in Sociology［M］. New York：Oxford University Press，1946.

［5］MERTON R K. Reader in Bureaucracy［M］. New York：The Free Press，1952.

［6］PERROW C. Complex Organizations：A Critical Essay［M］. New York：Random House，1972：3.

［7］BOZEMAN B. Bureaucracy and Red Tape［M］. Upper Saddle River，NJ：Prentice Hall，2000.

［8］DAFT R. Organization Theory and Design（12th edition）［M］. Boston：Cengage Learning，2016.

［9］ PROVAN K G，KENIS P. Modes of Network Governance：Structure，Management，and Effectiveness ［J］. Journal of Public Administration Research and Theory，2008，18（2）：229 –252.

［10］ MASLOW A H. A Theory of Human Motivation ［J］. Psychological review，1943，50（4）：370.

［11］ 蓝志勇. 大力发展社会科学，助推国家治理体系和治理能力的现代化 ［J］. 公共管理评论，2019，1（1）：49 –58.

［12］ 蓝志勇. 行政官僚与现代社会 ［M］. 广州：中山大学出版社，2003.

［13］ PLATO. The Republic ［M］. Jowett B，Trans. New York：Vintage Books，1991.

［14］ FRY B R，RAADSCHELDERS J C N. Mastering Public Administration：From Max Weber to Dwight Waldo（3rd edition）［M］. Thousand Oaks：CQ Press，2014.

［15］ TAYLOR F W. The Principles of Scientific Management ［M］. New York：Dover Publications，1911.

［16］ ROSENBLOOM D H，Kravchuk R. Public Administration：Understanding Management，Politics，and Law in the Public Sector（8th edition）［M］. Boston：McGraw – Hill Education，2015.

［17］ 罗伯特·A·达尔，查尔斯·E·林德布隆姆. 政治、经济与福利 ［M］. 蓝志勇，等译. 北京：中国人民大学出版社，2020.

［18］ 蓝志勇. 中国已进入全新综合公共政策理性时代 ［EB/OL］. 财经网，2016 – 11 – 31.

［19］ 蓝志勇. 全景式综合理性与公共政策制定 ［J］. 中国行政管理，2017（2）：17 –21.

［20］ 蓝志勇，刘洋. 美国人才战略的回顾及启示 ［J］. 国家行政学院学报，2017（1）：50 –55 +126 –127.

当代中国公共管理的大问题

——一个多视角的思考①

摘　要： 本文应邀参与部分公共管理学学者对公共管理大问题的讨论，努力厘清"公共管理大问题"讨论的来龙去脉和发生的背景，审视"大问题"讨论对中国现阶段公共管理学科发展的意义，抛砖引玉，探索中国公共管理的未来路径。在文献回顾的基础上，笔者指出，美国公共管理有他们自己的大问题，有些长期存在，有些随着时代的变化和施政情景的变化（内、外部条件）而变化或以不同的方式反复出现。中国在迅速发展阶段，有不少自己独特的问题，中国公共管理学学人应该结合自己的历史传承，同时纵深地学习先行发展的国家的经验和当代管理科学、自然科学发展的前沿，研究好公共管理的微观目标、阶段性目标和终极目标之间的关系，成为助推现代国家治理体系和治理能力构建、引领世界文明的重要力量。

关键词： 公共管理大问题　公共管理　大道之行

近年来，国内公共管理学界的部分青年学者开始关注"公共管理大问题"的讨论，进行了一些很好的思考，提出了不少有意思的问题，但读来总觉得缺了些什么，有不满足的感觉。本文尝试从不同的视角提出对"公共管理大问题"的思考，梳理一下"大问题"讨论对中国公共管理学科发展的愿景镜像。

一、公共管理大问题讨论的起源和发生的背景

"公共管理大问题"的讨论源起于美国杜克大学公共研究所（政策系）前

---

① 来源：《中国行政管理》2019 年第 10 期。原题目为"也谈当代中国公共管理的大问题——一个多视角的思考"。

主任罗伯特·本恩（Robert Behn）教授。本恩于 1995 年在《公共行政评论》上发表了"公共管理的大问题"一文。① 他借用诺贝尔奖获得者、物理学家史蒂文·温伯格（Steven Weinberg）"星系形成的理论是天体物理中最突出的大问题之一"的思路，提出了三个公共管理学难以解决的大问题：微观管理原则和程序过于复杂的问题、动机问题和工作绩效问题。这三个问题又相互关联，所以本恩说，如果公共管理研究要"科学"，那就必须要关注这几个公共管理的大问题。

特别要提到的是，本恩论文的题目是"*The Big Questions of Public Management*"，准确的翻译是"公共经营管理的大问题"。1993 年克林顿（Clinton）成为美国第 42 任总统，他与选举搭档、副总统戈尔（Gore）共同推动的是后来被学界描述为"新公共管理"（New Public Management）的改革，强调用企业经营管理的方法来改革政府，让政府像企业对待顾客一样为公民服务，并通过绩效评估来测量公共服务的业绩，提高问责性、显示度、工作绩效。美国公共管理（Public Administration）学界一直有一个以波茨曼教授等为首的公共经营管理学派（Public Management），强调公共管理中微观经营管理行为对公共管理的重要作用。② 克林顿的改革开始以重塑政府为口号，这一改革后来被美国学者唐·凯特（Don Kettl）按英国学者胡德（Hood）梳理的理论归纳为新公共管理改革（New Public Management Reform），既尊重公共经营管理学派的传承，又加入了新意。③ 另外，克林顿政府是在共和党人 12 年的私有化和抨击政府改革后上台的，当时政府形象低落、公务员积极性差，政治斗争使得政府公共管理业绩标准模糊，失业率高，国家债台高筑还要不断减税，公共管理找不到方向。了解了这个背景，就能深刻理解，为什么当时本恩提出的公共管理大问题是这几个问题。他们都是那个特定时代的公共管理面对的问题，需要学界帮助政府寻找

---

① BEHN R D. The Big Questions of Public Management [J]. Public Administration Review, 1995, 55（4）：313 – 324.

② 公共行政（Public Administration）是公共管理的经典提法，古罗马的市政官就叫 Administrator（施政官员），强调宏观施政。公共经营管理（Public Management）是 20 世纪 70 年代末在美国逐渐形成的一个公共管理学科中的流派，强调经营管理在公共行政过程中的重要作用。两个词的区别在蓝志勇著《行政官僚与现代社会》（中山大学出版社 2003 年版）中有详细描述。

③ KETTL D. Reinventing Government? Appraising the National Performance [M]. // [美] 杰伊·M. 沙夫里茨，艾伯特·海德. 公共行政学经典. 北京：中国人民大学出版社，2004.

方向。

本恩很清楚地说明，他不认为这是"公共管理"仅有的三个问题，或是最重要的问题，也不是想让它们被用来指导公共经营管理未来的研究方向。他只是想请领域内的学者们开始思考和参与讨论，回答在这个领域内什么问题应该是未来研究的重要方向。

他的论文果然引起了关注。南加州大学的约翰·科林（John Colin）教授率先回应他的呼吁，1996 年写了"民主国家的公共管理大问题"。这一次，科林教授用的是"*The Big Questions of Public Administration.*"（公共行政的大问题）。他认为，民主国家的公共行政的大问题与"公共经营管理"的大问题是不同的，测量公共行政大问题的标准与"维护民主政体，创造社会价值，应对集体行动管理工具的复杂性和鼓励更加有效的社会生活"有关。他据此提出七大问题：支持民主政体集体行动的工具是什么；什么是非政府组织恰当的社会功能；功能和地理位置决定的制度设计的得失平衡；中央和地方的管理权限分工；什么时候决策应该与政治分开、什么时候不能分开；如何保持中立、代表性和领导力之间的平衡；如何提高社会学习能力。①

在军校教学的弗朗西斯·纽曼（Francis Newmon）教授则以"什么使公共管理更科学？它的大问题真的大吗？"为题，② 发表在 1996 年同期的杂志上。他认为，大问题必须要关注公共组织的结构和能动性。物理学中有新的视自然界为非线性、复杂和混沌的世界的新范式出现，这一新的开放系统观使得公共管理学者要重新审视他们自己人为形成的关于公共组织系统论的线性能动性的传统观点。所以，公共管理的大问题是要将组织理论、公共经营理论、公共组织及其环境关系等理论放在复杂系统和混沌科学的背景下重新审视。

到 1999 年，新上任的美国《公共行政评论》主编特雷教授（Larry D. Terry）和助理主编斯泰夫（Camilla Stiver）进行了一次"搭建桥梁之旅"，与全美 14 个区域的学者和公共管理从业人员进行有关如何办好杂志的访谈。③ 许多读者提到希望他们再发一些公共管理大问题的文章，他们就在杂志上开辟了

---

① KIRLIN J J. The Big Questions of Public Administration in a Democracy［J］. Public Administration Re - view，1996，56（5）：416 - 423.

② NEUMANN JRF X. What Makes Public Administration a Science？ Or，Are its "Big Questions" Really Big？［J］. Public Administration Review，1996，56（5）：409 - 415.

③ STIVERS C. An Impossible Job：Report on the Building Bridges Tour［J］. Public Administration Review，2000，60（3）：194 - 199.

专栏，邀请学者参与讨论。科林教授再一次冲在前面，他在 2001 年的论文中提出，我们太关注公共组织中的工具问题了，大问题不能只关注这些工具性的问题，要关注在社会上带来的结果和公共管理的价值，核心是要了解公共管理在过去如何影响了社会，在未来会如何影响社会。要对社会有影响、有意义，公共管理必须研究对管辖区有影响的制度的能力和业绩。例如，当美国的进步运动刚刚开始的时候，公共管理学者就自觉意识到并成功回答了公共设施和公共卫生的缺乏对美国城市和工业增长的制约、成功反击了政府部门的腐败。科林认为，公共管理是人类为自己创造未来的伟大努力中的核心力量，人类创造出来的制度体系需要管理才能帮助人们实现他们的雄心。测评公共管理成功或者失败的标准不只是工具的有效性，必须超越城市、州府，甚至国家的视野，用全球的尺度审视它能够创造的长久的价值。他提到，有历史学家认为林肯（Abraham Lincoln）总统就做出了这样的贡献。林肯阐明和践行了用公共权力保证大众机会平等、捍卫国家统一的"自由的定义"，成功反对了所谓"蓄奴自由"的负面的自由思想，实施了公共领导力，通过牺牲赢得了内战，建立了公共管理和公共政策平台，提供了民主政治的优秀范例。

芝加哥大学的林恩教授（Laurence E. Lynn Jr.）则用"官僚范式之谜：传统公共管理的立场"一文回应这个问题。① 作为早期公共经营管理（Public Management）的倡导者之一，他不同意"行政官僚"是传统公共管理的范式，而"新公共管理（经营）"是一个全新的范式。他认真讨论了进步运动时代的公共管理大家的思想和文献，指出传统公共管理文献本身非常丰富，显示了对法律、政治、公民、价值等政府管理的尊重和容纳。他们努力要解决的问题一直是如何在民主的政体中提高公共行政的效率，同时又保证民主程序对官僚体系的控制。说传统公共行政只重视官僚、认为官僚是解决国家治理的唯一方法，是部分公共管理理论家对历史的一个狭隘和矫情的解释导致的错误认知，至少是十分片面的认识。民主政体中，这个核心的议题其实没有变。华盛顿大学的帕特里克·多比（J. P. Dobel）教授也应邀参与讨论，他以"*Paradigms, traditions, and keeping the faith*"（"范式、传统与忠于信仰"）为题，支持林恩教授对传统公共管理范式的宽泛的解释，认可他丰富的文献回顾，认为美国公共管理的核心主题其实一直都是如何让民主驾驭官僚和其他治理工具，公共管理的终极目

---

① LYNN JR L E. The Myth of the Bureaucratic Paradigm：What Traditional Public Administration Really Stood For［J］. Public Administration Review，2001，61（2）：144－160.

标从来就不是效率，而是价值。①

当时在亚利桑那州立大学任教的登哈特教授（R. B. Denhardt）也撰文，认为公共管理教育的大问题包括："我们的公共管理教育提供给学生的应该是理论还是实践知识？目标是他们刚开始任职时需要的技能还是他们未来的发展潜力？用什么方法能够有效教育公共管理学生？作为公共管理的教育者，我们自己要有什么承诺和奉献？"②

南加州大学教授库珀（Cooper）就"什么是管理伦理"撰文，涉及的问题包括什么是公共管理伦理道德的规范基础，美国公共管理的伦理观与全球伦理观的结合点在哪里，如何设计组织使之支持道德行为，我们什么时候应该为了公平公正平等对待人民，什么时候应该为了公平公正而不平等对待人民？③

现在亚利桑那州立大学任教的波茨曼教授认为，"什么是公共价值，公共价值是否是个体价值的集合，公共价值可以被定义和测量吗"是三个公共价值方面的大问题。他指出，基础设施问题是甄别和测试公共价值的实验场和核心点，它需要公众和个体参与决策，提供理论和实践两个方面的研究机会。④

也有学者关注公共组织的能力。比如，卡拉汉（R. F Callahan）认为，寻找将公共组织的功能与国家制度的功能有效连接和影响的方式，才是公共管理的大问题。社会的复杂性使得公共组织与民主制度之间的关系扑朔迷离，公共组织如何能够推动集体行动和合作以解决制度层面的问题、如何推动民主自治和有限政府、如何建立公众对公共组织和国家制度的信任、如何通过组织学习推动制度变迁，都是公共管理研究必须弄清楚并操作好的大问题。⑤ 法兰奇（P. E. French）等则干脆提出公共管理第五范式的口号，认为发展组织理论的知

---

① DOBEL J P. Paradigm, Tradition, and Keeping the Faith ［J］. Public Administration Review, 2001, 61（2）：166 – 171.

② DENHARDTR B. The Big Questions of Public Administration Education ［J］. Public Administration Review, 2001, 61（5）：526 – 534.

③ COOPER T L. Big Questions in Administrative Ethics：A Need for Focused, Collaborative Effort ［J］. Public Administration Review, 2004, 64（4）：395 – 407.

④ BOZEMAN B. Public Values Theory：Three Big Questions ［J］. International Journal of Public Policy, 2009, 4（5）：369 – 375.

⑤ CALLAHAN R F. Challenges of（dis）Connectedness in the Big Questions Methodologies in Public Administration ［J］. Public Administration Review, 2001, 61（4）：493 – 499.

识以提高公共管理的成效才是公共管理中最重要的大问题。① 马尔罗（J. Marlowe）等青年学者提出，公共组织如何控制使用和分配资源是管理技术和活动中的中心工作，是我们了解特定环境条件下的管理行为、权力分配、管理改革和创新的切入点，这是公共管理的大问题。②

其他学者则从自己的研究领域看公共管理的大问题。布鲁克斯（A. C. Brooks）通过调研认为，非营利组织研究会丰富公共管理的课程，为公共管理者提供丰富的思想源泉。③ 阿格然夫和麦吉尔（Agranoff, R., & McGuire）聚焦讨论网络管理问题，认为公共网络管理研究需要关注的大问题是：合作中的小组互动过程，网络的灵活性，自我和公共机构的问责性；网络之间的粘合因素；权力及其对解决小组问题的影响，网络管理的绩效等。网络管理可以追寻启动、形成、动员和综合的过程，研究者需要知道这个过程是如何展开的，合作学习是如何发生的，网络是如何产生结果的。④ 蒙尼汉和庞迪（Moynihan, D. P., & Pandey）讨论了绩效评估中的大问题，认为公共服务动机、领导力、信息可获取度、组织文化、管理灵活度都能影响评估被如何使用。⑤

伊尔迪慈（Yildiz）讨论了电子政务研究中的大问题，包括电子政务技术的应用分布、数据隐私、对政府的信任、公民参与、投资回报、治理绩效等。其中最主要的问题是，电子政务能否提高民主的水平和治理目标？⑥ 金凯德等

---

① FRENCH P E, SPEARS R A, STANLEY R E. The Fifth Paradigm of Public Administration? Public Organizational Theory as a Possible Solution to the Perennial Big Questions of Public Administration [J]. International Journal of Organization Theory & Behavior, 2005, 8 (2): 133 – 154.

② MARLOWE J, SMITH D L. Big Questions in Contemporary Public Management: What Can We Learn from Public Budgeting and Financial Management? [C] // O' LEARY R, SLYKE D, KIM S. The Future of Public Administration, Public Management, and Public Service Around the World: The Minnowbrook Perspective. Washington, DC: Georgetown University Press, 2009.

③ BROOKS A C. Can Nonprofit Management Help Answer Public Management's "Big Questions"? [J]. Public Administration Review, 2002, 62 (3): 259 – 266.

④ AGRANOFF R, MCGUIRE M. Big Questions in Public Network Management Rresearch [J]. Journal of Public Administration Research and Theory, 2001, 11 (3): 295 – 326.

⑤ MOYNIHAN D P, PANDEY S K. The Big Question for Performance Management: Why Do Managers Use Performance Information? [J]. Journal of Public Administration Research and Theory, 2010, 20 (4): 849 – 866.

⑥ YILDIZ M. Big Questions of E – government Research [J]. Information Polity, 2012, 17 (3, 4): 343 – 355.

（Kincaid，J.，& Stenberg，C. W.）认真讨论了府际关系中的大问题。他们指出，联邦政府与地方政府之间的财政、行政和政治张力一直存在，或许更加紧张，但没有常设的政府组织来有效协调这些府际关系的张力。他们一条条讨论，列举了 14 个问题之多，包括不靠行政命令提高政策执行效率和效益，提高地方政府发言权，诱导经济发展并维护可持续财政健康，规制改革，灵活创新，协同合作，激励因素，资源分配公平公正等。①

威斯康星大学奥什卡斯分校的青年学者麦克福特（M. Ford）写道：对基层从业的公共管理者来说，公共管理的大问题包括如何解决美国的地方政府财政困难，如何恢复公众对专业化公共管理体系的信任，如何在政治思潮分裂的社会条件下有效实施公共政策，如何将公共管理的研究与实践更好地结合起来，如何使用数据事实来进行政府公共决策。②

布莱逊（J. M. Bryson）等则提出，公共价值治理，是超越传统公共行政和新公共管理的新思考。这一思考是对网络社会、多元社会、非整体社会现象的回应，是超越效率、效益，甚至民主价值的新价值，将会成为新时代的基础。政府是这一新时代公共价值的捍卫者，应该通过研究和行动来保证自己不负众望。布莱逊等甚至提出，在甄别和研究什么是新时代公共价值的大问题上，公共管理学学者要有开放的心胸，跨学科学习，鼓励不同学科的学者和人员共同参与，共同寻求和打造新型公共价值。③

还有很多学者陆续参与了公共管理大问题的讨论，包括国内学者熟知的罗森布隆姆教授和他的好朋友，国内学者不太熟悉的宪法伦理学家若尔斯（Rohrs）。他们的论点发表在一些讲话、文论和其他不同的公共管理相关的杂志中，在此不一一赘述。

通过对美国公共管理学界对公共管理大问题讨论来龙去脉的浏览，我们可以清楚地看到，美国公共管理学界提出大问题研究的背景是学界感觉到美国政

① KINCAID J，STENBERG C W. "Big Questions" about Intergovernmental Relations and Management：Who Will Address Them？ ［J］. Public Administration Review，2011，71（2）：196－202.

② FORD M. The Big Questions Facing Public Administration in 2018［EB/OL］. PA TIMES，2018－01－08.

③ BRYSON J M，CROSBY B C，BLOOMBERG L. Public Value Governance：Moving beyond Traditional Public Administration and the New Public Management［J］. Public Administration Review，2014，74（4）：445－456.

府在改革过程中忽略了方向性的大问题，甚至对微观的问题也没有很好地总结提炼和思考，因而主动进行反思，探索学科研究需要努力的方向。他们提出的大问题有国家层面的民主与行政的张力问题，有是否过度关注微观程序的问题，有工具效率问题，有线性科学理念和复杂科学理念在管理研究中的方法问题，有新技术在国家治理中的应用问题，有财政管理问题、央地关系问题、非营利组织管理问题、网络治理问题、改革创新问题，但更多更重要的是公共价值的甄别、创造、维护和弘扬的问题。微观问题，必须为宏观的导向性服务。正如沃尔多（Waldo）教授所总结的，公共管理问题，从来就不是简单的效率问题。公共管理学科要研究的，是公共管理实践当时面临的问题，而它所追求的是创造、维护和发展人类的文明。①

二、从多视角寻觅中国公共管理的大问题

中国公共管理学科是 20 世纪末到 21 世纪初开始大发展的新兴学科，是应中国改革开放、现代化、城市化的发展需求而诞生的。正如一个多世纪以前美国公共管理学科诞生的目的是服务于美国的进步运动，与社会改革、科学管理和追求好的生活的国家政策诉求同步出现，中国的公共管理在中国社会大发展大转型的时代应运而生，是新组建就必须马上服务实践的新军，同时面临学科的自身建设、知识积累和帮助国家发展培养人才的三重挑战。学科内的青年学者也间或有疑虑，感觉不到学科的优势。用通俗的比喻来说，新军建立不久，与杂牌军相比优势不大，与友军相比还有劣势，抑或冲劲、地缘与人和优势还不如其他，唯有认真学习，刻苦训练，迅速提高学科的能力和水平，才能满足时代的需要。

近年来，随着学科的发展和壮大，涌现出越来越多活跃在学科研究前沿的学者，他们在探索中国公共管理研究的突破点的过程中，也注意到了公共管理大问题对引领或者促进学科发展的重要性，开始了热烈的讨论，并发表了一些有思考的论文。限于篇幅，本文不在此一一评述这些论文，只是感觉到一些学者提出的大问题，相对美国同行而言，更偏微观和狭小，更注重工具理性，与中国国家发展面对的大问题的挑战稍有差距。本文努力从几个不同的视角，对中国公共管理的大问题的讨论提出一些看法。

---

① WALDO D. The Enterprise of Public Administration [J]. Sudan Journal of Economic and Social Studies, 1982, 4 (1).

（一）从学科使命看

首先，我们可以从公共管理的学科使命来讨论什么是它的大问题。通过前面的文献综述，我们注意到，国际上关于公共管理大问题的讨论，并不关注学科的课程或学术机构的设置或现有的研究力量的布局，而是从国家公共管理的需要和学科的历史传承出发，思考和提出研究方向。公共管理学科是以现代化治理体系的设计、运行和改革为己任的现代学科，在中国社会转型、大踏步迈向现代化、城市化、信息化、自动化和全球化的过程中，自然而然地需要面对许许多多的大问题。有学科本身已有的传统问题，也有学科原本不研究的问题。国家建设和社会发展的需要，就是学术研究应有的方向。当然，不同学科学术研究的对象有所不同，人们一般将学术研究分为研究物质世界（自然科学）、伦理世界（人文与环境的互动的社会科学）和心理世界（关于内心的感受和认知的心理科学）三个大类。而管理科学，如果要分类，估计可以界定为超越以上三类的第四类学问——人类工程学。它是在人类社会发展的过程中人们将人类本身、人与外部环境、人与自我内心世界三个方面进行协调，达到共存共生的人类工程。特别是公共管理，是人类使用自己的理性，特别是集体的理性、智慧和组织能力来管理和协调自己的生活，改造环境，与大自然和谐共处的努力，是社会工程学。它需要所有的人类知识，包括自然科学、伦理学和心理学的支持，同时也受限于人类的这些知识。公共管理学科的研究视野和国家的公共管理的能力会受到领导力水平、个性特点、公众文化认知、历史传承、知识精英的水平和行为能力、空间和资源条件、发展阶段、制度能力和外部环境变化等的影响和制约，这是一个循环圈，但可能由于优秀人物的出现、外部力量的变化或者自然灾害或资源环境变化，某一环节会被突破。而这某一环节的突破带来的断裂或者提升都有可能降低或者提升整体的认知水平和国家的治理水平，所以说，这每一个环节都可能是公共管理的大问题。学科建设和人才培养的努力，直接影响知识精英的水平和行为能力，是这个大循环圈中的一个重要的突破点。这也是为什么著名的公共管理学学者会说，公共管理创造人类文明，是人类文明的基石，给人类文明以舞台。①

（二）从国际经验来看

从国际经验来看，发达国家的现代化过程，就是公共管理实践和学科发展

---

① WALDO D. The Enterprise of Public Administration [J]. Sudan Journal of Economic and Social Studies, 1982, 4 (1).

的基本过程。现代公共管理学科诞生在西方工业化、城市化的迅速发展时期，人们需要通过改革管理理念、协调体制机制以提高工作效率，改善生活。人事制度的现代化改革，城市研究的兴起，城市改革的推广，公共政策对社会的全面介入（农业、教育、反垄断、社保、科技等），白宫的现代化改革等，都是美国公共管理发展的里程碑，也都反映了美国公共管理那个时代的大问题。① 除了开国前就有的以哈佛为代表的衍生于欧洲传统的教会学校的人文教育，美国最早建立政治系、社会学系、企业管理系，然后在进步运动和地方政府改革运动的过程中建立了公共管理系，大批培养政府工作和公共政策从业人员。西方的发展经验清楚地说明，国家和社会发展过程中出现的需要管理和协调但凭过去简单的经验无法解决的问题，如科学管理、制度设计、城市管理、民生政策、工农业政策、人事行为、预算财税、央地关系、技术在政府中的运用等，就是公共管理学科的大问题。

（三）从中国本身的历史传承来看

公共管理属于现代社会科学，与地域、历史文化、人文传承有密不可分的关系。中国是一个有几千年文明史的国家，有厚重的哲学思想、文化传承和国家治理经验，这些都是中国现代公共管理宝贵的文化和知识资源。比如说，记载了 1362 年中国政治史的《资治通鉴》，反复讲述的就是几个治理国家的道理，"重英才，礼下士，轻徭赋，赋民静，安边陲，慎用兵，天下治"②。集中了儒学精华的对理想国的憧憬体现在《礼记》中："大道之行也，天下为公，选贤与能，讲信修睦。故人不独亲其亲，不独子其子，使老有所终，壮有所用，幼有所长，鳏、寡、孤、独、废疾者皆有所养，男有分，女有归。货恶其弃于地也，不必藏于己；力恶其不出于身也，不必为己。是故谋闭而不兴，盗窃乱贼而不作，故外户而不闭，是谓大同。"

一部五千字的《道德经》，从国家治理的精神源泉、治理目标、治理方法、领导行为、测评标准各个方面，将治理之道阐述得条理分明，清清楚楚。"道可道，非常道。名可名，非常名"（第 1 章），寓比国家治理道理的深奥玄妙，若

---

① 美国中西部开发的农业政策，莫里斯赠地法案推动大学教育科研，彭德尔顿法案推动人事改革，1900 年纽约城市研究局成立，1914 年全国城市管理改革协会成立，布朗罗总统法案改组白宫，社会安全保障法、两个罗斯福的反垄断和社会救助、国家进军科技研发领域等，都是标志性的公共管理大事件。

② 司马光. 资治通鉴［M］. 北京：中华书局，2007.

有若无，但其实存在，需要仔细琢磨，认真意会。"道生一，一生二，二生三，三生万物"（第42章），说的是"道"作为国家民族甚至人文世界的精神支柱和行为原则，虽然看不见，却是万物之根本，违反其规律必遭天谴。"圣人无常心，以百姓心为心，善者，吾善之"（第49章），说的是统治者要以人民的好恶为标准，以人民为根本。"不尚贤，使民不争，不贵难得之货，使民不为盗"（第3章），反对虚荣和争夺，提倡和谐治理。"天下之至柔，驰骋天下之至坚，无有入于无间"（第43章），讲的是软实力的重要性，在今天看来尤其应景。"信言不美，美言不信，善者不辩，辩者不善"（第18章）说的是领导人碰到重大公共决策，要礼贤下士，兼听多明，而不是偏信叫得响的、阿谀奉承的、会聒噪的，还要听沉默的大多数，听秉直良言。还有一条，"人法地，地法天，天法道，道法自然"（第25章），更是穷尽了终极道理。可以解释为，公共管理的过程首先要尊重所在地的规律、环境和民俗原则，地下有根，不可空泛。但同时，这不是公共管理的全部，不能忘记地域环境的存在和运行，也要尊崇更高层次的天理——天空中看不见摸不着的原则——公平和正义。康德曾把这命名为头顶的星空和心中的道德定律。而天理上面，还有"道"，就是人类更高层次的需求，比如说抽象的高层次追求或者精神满足感——尊重、自由、自我实现的感觉。而这些抽象的感觉，产生于大自然赋予的高级生命，是高层次的生命属性和自然衍生，是所谓的"道"法自然。所以说，公共管理的大问题在于如何组织人类，打造组织和文化，协同合作，完成阶段性和终极性的管理目标。第一层次为追求物质的繁荣（技术和管理创新提高生产力创造美好生活），第二层次为追求公平公正与和谐（社会程序公平，反贫困，再分配，环境保护，天人和谐的可持续发展），而第三层次则以人类追求最高的精神生活要求为标准，因为那是自然赋予生命的权利与渴望。当马克思说，共产主义的核心目标是让人类解放自己，从必然王国走向自由王国，他的思想与中国的《道德经》有着深层次的共鸣。

应该说，本文在此对《道德经》的公共管理阐释，难以展示其魅力之万分之一，当然也不能概括中国古文献中的丰富思想。但就这几条简单的罗列，就能使我们一窥我国古代文明深刻的底蕴，它与现代公共管理的追求，也十分契合。中国人民能够接受西方哲人马克思的思想并将之用来作为立国之本，不仅仅是因为这是马克思主义，更是因为这一理念符合中华民族思想精英早已有之的理想追求，也是民族之魂。中国现代思想精英励志创造文明的辉煌，引领人类文明的信心，也抑或源之于此。这种追求，既是民族的，也是人类的，是自然的原则，人类文明的制高点，也是天下大同的公共价值和精神。

（四）从中国的发展经验和国家治理的实际需要来看

中国的发展经验和现阶段的发展需求，是决定现阶段公共管理大问题的核心因素。前面的理论综述中提到过，公共管理是一个公共组织协调合作、追求国家治理成效的现代学科，它不是传统的政治学——研究权力和分配，也不是传统的经济学——研究如何配置资源达到产出比的最优，也不是传统的社会学——关注对社会现实的描述，也不是一般的心理学——重点关注心理感受和行为动机，当然更不是自然科学研究的物质世界、信息技术或者生命机制。但所有那些学科的前沿成果，都是社会政治生活的有效组成部分，都与人类组织起来的阶段性目标和终极目标的追求相关，都可以被有效运用到人类的合作活动之中。同时，有效的公共组织，也能够更加推动其他学科的知识创造和社会发展。中国的发展经验清楚地告诉我们，以信念为基础的坚强和有效的组织和组织运行方法，是国家发展和进步的保障。井冈山的坚定信念，优秀精英的政治领导，官兵平等的组织机制，公平公正的群众路线，延安时期的先进理念和群英荟萃，新中国成立以来的民心所向，特别是邓小平同志的改革开放、政策和制度松绑，推动基层组织发挥自主能动性的政策，是中国改革成功的关键所在。中国经济改革的成功，归根到底是管理改革的成功。这也是为什么不少国际经济学家从土地、投入、资源、市场、价格、金融等方面来预测，总觉得无法预测中国经济的发展趋势的原因。因为市场之外，还有看得见的手在应急的时候托底。当然，客观地说，自中国改革以来出现的许多问题，也是由于不恰当、不合适的政策和人事干预，不能高瞻远瞩地规划管理的结果。这也就是为什么习近平总书记和党中央、国务院反复强调要构建现代化国家治理体系，打造现代国家治理能力，鼓励干部终身学习，克服本领恐慌，以推动国家更好地发展的重要原因。

早在 2014 年 2 月 17 日，习近平总书记在省部级主要领导干部学习贯彻十八届三中全会精神全面深化改革专题研讨班上的讲话中就提到，"我们必须看到，相比我国经济社会发展和人民群众的要求，相比当今世界日趋激烈的国际竞争，相比实现国家长治久安，我们在国家治理体系和治理能力方面还有许多亟待改进的地方，我们的制度还没有达到更加成熟更加定型的要求，有些方面甚至成为制约我们发展和稳定的重要因素"。2018 年 1 月 18 日至 19 日，他在中共十九届三中全会第二次全体会议上的讲话也指出："当前，我国经济社会发展中的一些突出问题亟待解决，发展质量和效益还不高，创新能力不够强，生态环境保护任重道远，社会服务体系不健全，民生领域还有不少短板，全面依法治国任务依然繁重，等等。这些问题同国家治理体系和治理能力直接或间接相关，要从根本上加以解决，就必须对体制和机构进行调整和完善，以推动经济、政治、文化、社会、生态文明等领域改革持续深化，加快构建系统完备、科学规范、运行有效的党和国家机构职能体系。"

民生领域里有哪些短板呢？如果我们聆听人民的声音，很多问题都会水落石出。一份网络调查从一个方面反映了中国老百姓渴望政府解决的大问题，其中包括：妥善就医难，养老难，就学难（学区、学费、杂费），食品和环境质量差，执法不公，有法不依（金钱、人情权利、逼供、操纵法律），社会风气不正（攀比、敌视、鄙视、倾轧、圆滑、世故、虚伪、虚荣、贪婪、自私、奉承）。这些都需要政府用公共政策提供资源和再分配、社会保障、法律原则、执法监督、公民素质教育和全面系统的社会管理。

也有的省份开始按照中央政策和本地需求，提出自己的大问题。例如，如何有效应对中美摩擦，提高本地外贸企业的利税，如何营造营商环境，保护企业、稳定企业、帮助防范风险；如何执行中央决策，推动和深化改革（机构、社会、军民），区域协同和一体化建设（交通、环境、贸易、重大项目、人才等），如何建立创新高地；如何推动乡村振兴，全面解决民生难点（医疗、社保、教育、住房、养老）等；如何增强文化软实力、如何管理和发展社区、如何建设智慧城市，不一而足。

这些现实需求，都是中国公共管理的大问题。解决好了，中国就进步了；解决不好，中国就依然在前行中挣扎。

三、中国公共管理的大问题

总结起来，中国公共管理处于国家发展的重要时代，人民的迫切需求和国家层面的大政方针提出的都是当代中国公共管理的大问题，是中国的领导人和公共管理的实践者从中国的改革发展的实践中悟出来的关键所在。反观之，倒是学界受限于从当代西方文献中零星拾掇起来的一鳞半爪，沉迷于微观、技巧和数学模型，见木不见林，难以自拔。细节是重要的，正如列宁所说，要做一件大事，必须要从小事做起。达尔和林德布隆姆也说过，国家管理的成功，不仅仅依靠宏大的叙事和理论，而是牵涉许许多多精细复杂的工作，要靠不辞辛劳地对技术细节的关注"才能得到解决"①。但一个重要的问题是，在大问题有了方向感之后对小问题进行关注，才能真正解决问题。否则，避免对大问题的研究，容易忽略重点甚至南辕北辙。在中国迅速发展和变化的时代，公共管理学科的青年学者，还是需要给大问题以足够的关注和认真的研究。当然，大问题还是小问题，其实是一个相对概念，大问题解决了，小问题就成了大问题，而大问题的后面，或许还有更基础的问题。在此，本文不揣冒昧，综合前文所述，提炼出几条关于中国公共管理的大问题的思考，供大家讨论。

教育什么样的公共管理从业者，是中国公共管理的大问题。公共管理是一个以天下为己任的学科，追求通过集体行动和组织方法甄别和实现公共利益和公共价值，研究的对象是人与人、人与组织、人与自然的关系和共生共荣的可能和行动方式，主张以和平理性、制度、伦理、政策等方式解决这些关系中出现的矛盾，推动人类文明的发展。前面提到过，公共管理是牵涉人的社会工程学，是双刃剑。知识和权力的集中可以造福人类，也最容易产生腐败、阶级分层和奴役人性。作为历史舞台的设计和构建者，公权的使用者，即公共管理从业者，作为推动人类文明的一支重要力量，追求的不应该是名利地位，而是公益和人类的福祉。这常常需要一种崇高的理念、牺牲、奉献和执着的精神，公平公正的原则，包容博大的胸襟、广阔的知识背景和相应的行动能力。所以说，培养什么样的公共管理领袖和工作人员，其实是公共管理学科最大的大问题。这在当前学术活动和学生交流活动抑或成为一种"学术名利场"的社会风气下，挑战尤为巨大。

如何响应时代号召，研究和帮助解决现实挑战，是中国公共管理的大问题。公共管理的学科使命是帮助解决社会的公共问题。机构改革，财税改革，人事制度改革，城市治理，基层治理改革，城市群打造，乡村振兴，区域协同，资源配置诚信政府，提高人民群众幸福感、获得感、安全感等重大公共政策，都是中国公共管理的大问题。党的十九届四中全会，专门讨论如何坚持和完善中国特色社会主义制度、推进国家治理体系和治理能力现代化，将中国公共管理学科的使命上升到国家发展的重大政策层面，可以说，布阵已经展开，百万雄

---

① DAHL R A, LINDBLOM C E. Politics, Economics and Welfare: Planning and Politico – Economic Systems Resolved into Basic Social Processes [M]. New York: Harper &Row Publishers, 1953.

师奋勇向前的时刻就要开始，给公共管理学提出的大问题是，你们准备好了吗？不会还依然在自己一亩三分地的学术小园林中孤芳自赏吧？

如何将历史传承与未来期许相结合，如何连接微观目标、阶段性目标和终极目标，是中国公共管理的大问题。"一个国家的治理体系和治理能力是与这个国家的历史传承和文化传统密切相关的。解决中国的问题只能在中国大地上探寻适合自己的道路和办法。"① 中国公共管理如何走自己的路，不是一个简单的"政策扩散""政策复制"的过程，是"学习创新，再学习再创新"的过程。既不是简单西化，也不是全盘西化，或者"它化"，当然也不是全面复古化，而是将历史经验、历史的精华和对外学习到的新思路结合起来审视，将从中得到的启示与自己的环境条件和基础相结合，务实地追求崇高的公共管理的终极理想的过程，是中国整体的知识精英将过去的理想和现代化发展最优秀的成果结合起来的一种新的认知和对未来的期许，是人类文明之"大道"的实现。公共管理的微观目标和阶段性目标的实现，以及它们与终极目标的衔接方式和过程的研究，是中国公共管理的大问题。

如何战略思考，研究国内外的问题和环境变化，帮助国家应对社会转型期间出现的问题，防范风险，是中国公共管理的大问题。如何防患习近平总书记提到的灰犀牛、黑天鹅等随机问题的挑战，如何防止更严重的系统性挑战，如修昔底德陷阱（大国崛起的挑战）、塔西佗陷阱（社会信任丧失）、金德尔伯格陷阱（国际领导力替代）、中等收入陷阱、卢梭陷阱（弱势群体得不到保障）、葛兰西陷阱（特权形成阶级的形成）等许多发展中国家特有的潜在危机，是中国公共管理的大问题。虽然公共管理的研究不重点关注外交，但是外交从来都是内政的延续。优秀的公共管理学学人应该知晓天下事，在全球化的格局中设计和构建中国的国际角色和责任，有所担当；需要构建高效亲民的诚信政府，获得人民的信任和支持；要深化改革继续前进，避免中等收入陷阱；要在提高效率效益的基础上提高公民的参政议政和自由的权利；不忘初心，以人为本、防患特权和官僚思想，终身学习，不断精进，成为人类文明的中流砥柱。

全面现代化的思想文化建设，依然是中国公共管理需要面对的挑战和大问题。与许多国家不同的是，中国公共管理还有自己特有的现代化问题的挑战。中国是有几千年封建文化传统的国家，读书只为颜如玉、黄金屋、蟾宫折桂、

---

① 习近平. 解决中国的问题只能在中国大地上探寻适合自己的道路和办法 [EB/OL]. 新华网，2014 – 10 – 13.

金榜题名；修得文武艺、卖入帝王家的封建思想根深蒂固。以过去的辉煌为标杆的习惯性思考，也往往是创新思想和追求美好未来的阻滞因素，需要通过规模性的深度学习和文化创新来克服。在响应习近平总书记建设学习型大国的号召中，推动全民学习和公民素质培养，打造社会主义核心价值观，践行五大发展理念，追求高质量发展和高标准现代化，是公共管理学科需要做出的努力。国家的行政体系与国家的文化传承，从来都是互相形塑的。中国主流文化得以长传，与国家大力推行的治经治史和少数知识精英的孜孜以求是分不开的，但他们在努力传承文化的同时也去精取粗地删掉了中国文化基因中许多优秀的思想，以服务于封建统治。现代公共管理的大问题就是要制定和推行有效的扬弃文化传承的政策，发扬光大民族思想的精华，普惠人类文明。这也是习近平总书记和党中央十分关注的问题。

最后，技术在治理中的使用也是一个大问题。但应该特别提到的是，公共管理本身就是术，是推行现代治理理念——追求人类文明最崇高理想的组织管理技术，而它的目标则在求"道"。在人类发展的过程中，术的重要性不言而喻，但我们常常在追求术的过程中，忽略了道的重要性。比如说，原子能就是一把双刃剑，同时有正负面的社会效应。现在的信息技术也是如此，在我国大规模推行刷脸技术的时候，却忽略了刷脸是最不安全的技术。人脸的特征可以用一般机器学习技术在三公里以外获取，对于要用脸的特征作为密码的人，哪里还有安全可言。另外，人工智能时代的来临，已经开始并会更大规模地造成就业替代，公共决策者们，是否对驾驭这项技术成竹在胸？人类文明的进步，是哲学、政治学、宗教学、社会学、伦理学、管理学与科学技术的进步共同推进的结果，如何保证优秀的"术"服务于真正的"道"，并不断产生更优秀的"术"，造福于人类是现代公共管理的大问题。

参考文献

［1］BEHN R D. The Big Questions of Public Management［J］. Public Administration Review，1995，55（4）：313－324.

［2］KETTL D. Reinventing Government？ Appraising the National Performance［M］//［美］杰伊·M. 沙夫里茨，艾伯特·海德. 公共行政学经典. 北京：中国人民大学出版社，2004.

［3］KIRLIN J J. The Big Questions of Public Administration in a Democracy

[J]. Public Administration Review, 1996, 56 (5): 416 – 423.

[4] NEUMANN JRF X. What Makes Public Administration a Science? Or, Are its "Big Questions" Really Big? [J]. Public Administration Review, 1996, 56 (5): 409 – 415.

[5] STIVERS C. An Impossible Job: Report on the Building Bridges Tour [J]. Public Administration Review, 2000, 60 (3): 194 – 199.

[6] LYNN JR L E. The Myth of the Bureaucratic Paradigm: What Traditional Public Administration Really Stood For [J]. Public Administration Review, 2001, 61 (2): 144 – 160.

[7] DOBEL J P. Paradigm, Tradition, and Keeping the Faith [J]. Public Administration Review, 2001, 61 (2): 166 – 171.

[8] DENHARDTR B. The Big Questions of Public Administration Education [J]. Public Administration Review, 2001, 61 (5): 526 – 534.

[9] COOPER T L. Big Questions in Administrative Ethics: A Need for Focused, Collaborative Effort [J]. Public Administration Review, 2004, 64 (4): 395 – 407.

[10] BOZEMAN B. Public Values Theory: Three Big Questions [J]. International Journal of Public Policy, 2009, 4 (5): 369 – 375.

[11] CALLAHAN R F. Challenges of (dis) Connectedness in the Big Questions Methodologies in Public Administration [J]. Public Administration Review, 2001, 61 (4): 493 – 499.

[12] FRENCH P E, SPEARS R A, STANLEY R E. The Fifth Paradigm of Public Administration? Public Organizational Theory as a Possible Solution to the Perennial Big Questions of Public Administration [J]. International Journal of Organization Theory & Behavior, 2005, 8 (2): 133 – 154.

[13] MARLOWE J, SMITH D L. Big Questions in Contemporary Public Management: What Can We Learn from Public Budgeting and Financial Management? [C] // O'LEARY R, SLYKE D, KIM S. The Future of Public Administration, Public Management, and Public Service Around the World: The Minnowbrook Perspective. Washington DC: Georgetown University Press, 2009.

[14] BROOKS A C. Can Nonprofit Management Help Answer Public Management's "Big Questions"? [J]. Public Administration Review, 2002, 62

（3）：259 - 266.

［15］AGRANOFF R，MCGUIRE M. Big Questions in Public Network Management Rresearch ［J］. Journal of Public Administration Research and Theory，2001，11（3）：295 - 326.

［16］MOYNIHAN D P，PANDEY S K. The Big Question for Performance Management：Why Do Managers Use Performance Information? ［J］. Journal of Public Administration Research and Theory，2010，20（4）：849 - 866.

［17］YILDIZ M. Big Questions of E - government Research ［J］. Information Polity，2012，17（3，4）：343 - 355.

［18］KINCAID J，STENBERG C W. "Big Questions" about Intergovernmental Relations and Management：Who Will Address Them? ［J］. Public Administration Review，2011，71（2）：196 - 202.

［19］FORD M. The Big Questions Facing Public Administration in 2018 ［EB/OL］. PA TIMES，2018 - 01 - 08.

［20］BRYSON J M，CROSBY B C，BLOOMBERG L. Public Value Governance：Moving beyond Traditional Public Administration and the New Public Management ［J］. Public Administration Review，2014，74（4）：445 - 456.

［21］WALDO D. The Enterprise of Public Administration ［J］. Sudan Journal of Economic and Social Studies，1982，4（1）.

［22］司马光. 资治通鉴 ［M］. 北京：中华书局，2007.

［23］DAHL R A，LINDBLOM C E. Politics，Economics and Welfare：Planning and Politico - Economic Systems ［M］. New York：Harper & Row Publishers，1953.

［24］习近平. 解决中国的问题只能在中国大地上探寻适合自己的道路和办法 ［EB/OL］. 新华网，2014 - 10 - 13.

公共管理研究方法①

摘　要： 本文针对近年来国际和国内在研究方法问题上的一些讨论，系统梳理了关于科学研究方法、社会科学研究方法和公共管理研究方法的定义和概念。作者认为，研究方法是人们在长期对自然和对自我的认知过程中发明和创造的认知工具，目的在于帮助我们客观真实地认识我们的物理、心理和伦理世界。方法使用得当，会帮助我们更完整和准确地认识世界，并不会排斥人们对世界丰富性的认知。这个过程中，重要的是对本专业范式的了解。公共管理学科要得到好的发展，就必须重视方法的学习、使用和创新。

关键词： 公共管理　研究方法　认知工具

一、工欲善其事，必先利其器

中国有句古话，"工欲善其事，必先利其器"。没有好的工具，就难以做出好的工作来，在我们当今的科学时代尤其如是。我童年时经常会诧异木匠怎么能把直直的树干做成各种精美多纹花边、雕花的图案，或是圆桶、大梁等。后来才知道，他们有不同的刨子、凿子和打磨的工具。木匠还分大木和小木，各有专攻。现代的计算机中的芯片上能包容百万千万条肉眼看不到的集成电路，医生动手术有各种复杂的医疗器具，航天器能够靠喷气火箭升入太空，靠的都是工具。而研究方法，就是我们研究过程中帮助我们更准确客观地认识自然世界、伦理世界和心理世界，探索真理的工具。

中国的学术界近年来对方法问题开始有些讨论和争议。笔者自己就在一次全国性的学术会议上，听到一位老先生批评年轻学者，"不要崇尚什么实证研究

---

①　来源：《中国行政管理》2014 年第 1 期。原题为《也谈公共管理研究方法》。

那一套西方的东西，要注重中国特色的社会主义问题的研究"。出于对老先生的尊重，大家并没有多说，互相看看，但都很同情那位受到抢白的青年学者。

老先生的话不是全无道理，中国特色社会主义的研究肯定是学者研究的核心，同时，一个方法被崇拜了，不问场景地滥用了，就会出问题。笔者本人也在一次全国自然科学基金青年奖获得者会议上批评过用网络方法研究西方新公共管理学派的文章。文章用"引用频率"来甄别国外文献中哪些作者从事新公共管理学问题的研究。但作者并没有认真阅读所有文献的内容来了解为什么他们被引用，将不少批评新公共管理学派而被引用的学者归结为新公共管理学派的支持者，南辕北辙，得出啼笑皆非的结论。但我批评的内容不是说方法不行，而是说方法使用不当。如果加上具体的内容分析编码——一个合适的方法，结论就清楚了。目前有些学者的批评却是对一种方法的否定，反映出的是国内一些人批评方法时出现的典型问题：就是情绪性大于逻辑性、感性强于理性、将个别性与一般性混淆、以片面否定全部、将本土性与普遍性对立。这正是现代方法中极力要避免的逻辑混淆问题。实证研究是现代科学的基础，对现代科学的进步有极大的贡献。至于西方的东西能否用，马克思主义就是一个佐证。马克思是注重唯物主义和科学主义的西方思想家，他的思想对引领中国革命的方向起到了决定性的作用。再者，20 世纪以来的实证科学与 18 世纪的实证科学不可同日而语，已经克服了当年为反对形而上学而过度强调狭隘实证经验的束缚，已经有了重要的进步。中国特色的社会主义问题强调的就是中国的具体实践和本土经验的重要性，最需要用科学实证的方法来证明其合理性和探求变化改进的路径。从这个意义上来说，对方法的批评也要讲究批评的方法。就是马克思说的，批判的武器当然不能代替武器的批判……但理论一旦被群众所掌握，就会变成巨大的物质力量。只强调武器的批判，而忽略批判的武器，对学术研究来说，就会贻笑大方；对国家发展和建设来说，就会贻害百年。

事实上，方法的道理深藏在我们的日常生活之中，有着各自存在的原因。农民种地有铁锹、锄头、镰刀、打麦风车等不同的工具。锄头除草功能好，不能说明铁锹和镰刀无用。在一定的场合下，粮食少、天有风时，有人能够不用风车，靠自然风扬场，将粮食、沙子和谷壳分离开来，说明他能干，但这并不能代表风车没有用；无风，工作量大时，还是风车有效。机械化大农具在小农田没有用，但给了广袤的土地它们就能大面积高效耕作。再看，西方人的厨房用具从果汁机、揉面机、量杯等非常之多，中国厨师凭经验做菜，不用这些器皿也能做出可口的饭菜。那这些工具还要不要呢，有用吗？这个问题的本质不是方法是否有用的问题，是应该如何使用方法的问题。如果是一个熟练的厨师，一切都靠手腕功夫配菜和佐料，只要有油盐酱醋等素材（相当于研究的数据），不用工具辅助可以，自然禀赋的手脑眼鼻就够了。但如果是让技术不太好，又想要吃可口食物的人来做，那就最好用辅助工具。如果是商业化操作，在大饭馆里流程化，又不能用高薪聘请众多高级厨师，那就成为带来效率和巨大经济利益的必须。所以说，要不要方法，要什么方法，如何用方法，基本原则是看在特定的场景下方法有用与否。如果大农业机械在小农田不好用，那就先平整土地，建设大田，然后使用机械；在这以前，选择合适小农田耕作的工具。从这个角度看，讨论问题的焦点就不是要不要方法，而是如何用方法、用什么方法合适。

还有一类争论，讨论的是数量方法与传统的思维辨析方法的区别。提倡重价值理念的是非和辨析思考，不重数据，这是出于对数量方法了解不够的基础上提出来的。好的定量研究的基础必定是价值思考，用定量工具的目的也是论证价值思考不易厘清的问题和对答案不清楚的问题提出判断的佐证。大多数的批评，其实应该针对的是方法使用不当，缺乏理论依据、缺乏合适数据、缺乏合适的方法和必要的变量，证明强度不够等，而不是讨论数量的方法和思维辨析的方法孰强孰弱。它们是互补的，左手右手各自有用，一起配合就更加强大。至于理念灌输，那就不属科学研究的范畴，而是意识形态的打造了。

中国是一个巨大的迅速变化的国家，处于全球市场、经济和政治竞争的大环境中，正在进行工业化、城镇化、信息化等的现代化革命；中国还是有深厚传统文化基因的国家。要收集分析数据、积累和运用知识，克服狭隘、偏见而进行客观的科学决策，是出于信息和大数据时代中国公共管理领域面临的不可回避的道路。这就是说，中国的公共管理和决策需要方法，需要好方法、各种方法，需要能够妥善使用方法回答和解决问题的大批优秀人才。公共管理学科的一个重要使命就是培养大批能够正确使用方法辅助公共决策的人才。

二、什么是科学的方法

在谈论方法时，我们经常听到的词语包括实证方法、辩证方法、批判现实主义的方法、解释主义的方法；也有人尝试将方法归类为定量的方法、定性的方法和形式理论的方法等；还有人认为方法可以分为政治分析、经济分析、制度分析、历史分析法等方法。①

　　这些方法，都有一定的道理，但相互间的交叉之处非常多，达不到逻辑规则的要求：矛盾律，排中律，同一律和充分理由律。比如说，实证的过程中就充满了辩证，零假设和替代假设本身就是一个问题的两个方面；政治、经济、制度、历史分析法中也要寻求实证、进行辨析、批判和解释；解释主义中一个重要的方法——民族志的方法（ethnography），基础就是实证调研和历史分析。我们常讨论的定性、定量方法，虽然可以定义为"靠数量方法定结论的是定量法，靠案例和思辨定结论的是定性法"，但以数据定结论的前提是要有理论和假设，这正是定性框架下的结论。定性研究方法也不能完全没有数字的支持，否则在个案的基础上就不能推导出普遍的真理。还有，人们常把案例法和内容分析法归为定性研究，殊不知，案例法中也可以大量引用数据甚至模型，而内容分析法的本质就是用数量的方法来给内容定性（比如说，用计算出来的词频或内容的频率来确定作者或文献的含义）。所以说，大多数关于方法的归类，比较粗线条，并不科学严谨，只能被用来作为一个工具的标识和名称，真正要归类，是另有一番讲究的。

　　从过去到现代，在社会发展的过程中，人类对方法的认识和使用经历了一个进步和深化的过程，从神学阶段到形而上学阶段、实证阶段和现代科学阶段。早期人类在对自然现象无法解释和无法控制的时候，为自己创造了神。古希腊、古罗马和东方的古文明中，都各自有自己的神谱、神庙和神的故事。这就是科学史上所说的神学阶段。当人们对大自然现象无法解释时，就设想这是由于神的努力。如盘古开天地，风婆婆放风，雷神打雷，龙王布雨，月下老人管爱情，阎罗王管生死。西方也有战神赫丘利斯、坏神赫拉、爱神丘比特等。这是早期认识论中的神学阶段。

　　当人类社会有了一定的发展，人们对大自然有了一定的认识，感觉到物质世界的力量和强大时，就发展到以抽象概念代替超自然的神力来解释一切，以获得对事物本质的绝对知识，这是科学史上所谈到的人类对自然认识的形而上学阶段。中国的易经、八卦，包括中医，可以说是形而上学阶段的高级发展阶段。

　　文艺复兴和启蒙运动后，人类突破了黑色世纪的禁锢，解放了思想和精神，

---

　　① CHRISTENSEN L B，JOHNSON R B，TURNER L A. Research Methods，Design，and Analysis（11th Edition）［M］. Boston：Allyn & Bacon，2010.

学会了客观地观察和认识论世界，重拾了对自己的理性能力的信心，科学时代的到来，推动了18世纪开始的工业革命，又反过来推动了科学和社会的发展，实证主义的思想开始进入研究的主流。人们不再靠巫师神灵、形而上学来解释世界和解决问题，而是用理性、实证、实验的方法来寻求对问题的解答。这就是科学史上的实证主义阶段。当然，实证主义的发展也经历了初期、中期和近代几个阶段。从初期由于反形而上学的需要提出唯物质、唯经验论，到近代对方法和经验局限性的认识以及对理性推理的更包容性，中间走过了一个漫长的过程。从培根（Francis Bacon）的经验主义，到大卫·休谟（David Hume）的简单经验和实证主义、嘎斯金（Gaskin）的存在主义，再到波普（Karl Popper）的证伪法，密尔（John Stuart Mill）的因果排他法，坎波尔（Camphell）的宏观世界的因果辨析与微观世界因果辨析的区别的讨论，实证主义的思想在不断得到发展和完善。① 比如说，培根的经验主义强调直观经验的重要性，实证主义开山大师休谟则强调判断因果关系的标准有三：因果的邻庇性（所处地域相邻）、因果的前后顺序性和因果出现的相连性。他强调的是因果关系的可见性，但自然界复杂纷繁，有的原因人们一时并看不到，是原因背后的原因。波普的证伪法提供了一个简便的路径：看能否证明因果关系的谬误。到密尔时，他就提出，凭因果的前后顺序性、因果出现的相连性和排除其他原因几个标准就可以判定因果。因果的邻庇性就不要了。如月球离地球很远，但它的运动会引起海潮的变化。坎波尔将因果关系分成宏观和微观，强调微观世界中因果关系必须可以甄别，而宏观世界的因果关系，即使一时观察不到，也不能简单断然否定其存在。这个实证思想的发展过程反映的是人们认识世界的能力的提高，又有了更进一步的思考，接受了用理性和经验两种方法的互补性来增强我们认识世界，掌握世界的能力。

20世纪以来的实证主义有以下特点：认为科学作为一个产品，有一套相关的语言或数字对因果关系进行描述，有公理性的逻辑结构和相关性，认为这些因果关系的描述中至少有一部分是可被经验性的观察来检测、证实或证伪；认为科学是累积性的、跨文化的，独立于研究者个性和地位的客体；理论和研究传统有共性和相通性；科学的进步常常包含与旧体系不同的断代性飞跃。过去，实证主义者被描述为一个认为所有真的知识都是科学的学派，认为所有的一切

---

① CAMPBELL D T，STANLEY J C. Experimental and Quasi – experimental Design for Research [M]. Boston：Houghton Mifflin Company, 1963.

都可以被测量。在近现代，实证主义也随着科学的发展有了自己新的认知。比如说，后实证主义对传统实证主义有所修正，重实证，又不唯实证，是认知过程的一个进步。

这个进步，是多维度的，包括本体论、认识论和方法论三大理论的进步。本体论（ontology）的核心问题是世界到底是物质的还是精神的，也就是唯物主义与唯心主义之争。认识论关注的是我们如何能够更好地认识世界。也就是世界是可知的，还是不可知的；是通过经验来感知的，还是通过灵感和上帝的启示来感知的；是直接经验就足够了还是要通过我们主观意识来诠释。实证主义和解释主义的核心区别就在此。在本体论和认识论的基础上，我们才能开始方法论的讨论。那么什么是科学的方法呢？虽然众说纷纭，但我们如果想想不同学科的科学家所共用的方法是什么，答案也就有了。阿基米德（Archimedes）、欧几里德（Euclid）、托勒密（ClaudiusPtolemaeus）、哥白尼（Nikolaj Kopernik）、伽利略（Galileo）、哈维（Harvey）、牛顿（Newton）、瓦特（James Watt）、法拉第（Michael Faraday）、达尔文（Charles Robert Darwin）、居里夫人（Marie Curie）、爱因斯坦（Einstein）等，这些科学史上如雷贯耳的科学家，各自在不同的研究领域用不同的工具进行研究，但他们认知世界的方法，确有共同之处，那就是：1. 观察，假设，实验；2. 记录规律性事件；3. 遵从真理和事实；4. 总结和提炼理论。① 这个"四步过程"就是一个科学方法的过程，它的目的是发现或验证理论——一套系统解释世界的陈述，有定义、有条件、有因果关系的解释、有预测。杜威曾经说过，知识的价值在于它对于未来事物发展的预知。而理论就是建立在理性和过去经验基础之上的对事物某一方面提出的系统解释。它的强大之处就在于能够将纷繁复杂的大千世界的许多问题归纳为几条记得住、能理解的基本原理，再用来指导实践，举一反三。当然，也有人批评科学理论为简化主义的学问。但他们的误区是，科学方法提纲挈领，强调因果，但并不排除描述和内容的丰富，用其一攻其全，本身就是一个简化主义的方法。

由于科学成就对人类社会发展的伟大贡献，社会科学家也开始关注科学，并使用科学的方法来研究社会伦理和心理问题。最开始是社会学家用实证调研的方式来考察工人的疾苦，比如恩格斯（Engels）、美国的共产党领袖杜波伊斯（Du Bois）等，力图证明社会和资本家对社会的剥夺。1853 年左右美国芝加哥大学成

---

① 范柏乃，蓝志勇. 公共管理研究与定量分析方法［M］. 北京：科学出版社，2008.

立社会学系，后来成立政治系，就开始强调用科学实证的方法进行社会调查。后来的心理学科，更是开创了实验心理学，用实验的方式，对心理和行为进行研究。实验法、准实验法就是这样诞生的。1936 年美国大选，盖洛普（Gallup）用统计抽样的 1500 个样本，胜出读者文摘杂志 25 万（杂志有 100 万读者）的样本，成功预测出大选的结果，使抽样调查名声大噪，数量调查研究机构因此大增，许多高校成立调查研究中心，美国的统计局也开始用抽样统计的方法进行全国的统计调查。20 世纪 70 年代开始，计量经济学开始兴盛，以数理经济学和数理统计学为基础，研究横截面数据（Cross - sectional Data）和时间序列数据（Time - series Data）。新兴计量经济学研究开始切入同时具有横截面及时间序列的资料，每个横截面都同时具有时间序列的观测值，成为面板数据分析（Panel Data）。实证和计量的方法在社会学、政治学和经济学中的应用，很快扩展到别的学科。①

三、公共管理学科的研究方法

在过去的 6 年中，笔者每年都与国家自然基金委合作，邀请海内外相关学者共同举办暑期公共管理研究方法青年教师培训班，后几届有全国 MPA 教指委的参与。陆续涵盖的专题有研究设计、抽样调查、一般数理统计、高级数理统计与分析（因素分析，罗杰斯特分析，结构方程，时间序列，面板数据分析，存活分析）、定性研究（民族志、田野调查）、案例分析、网络分析、博弈论、地理信息系统和空间分析、系统动力学、计算机模拟仿真介绍、国际论文写作、基金申请，等等。有不少知名学者和公共管理学人参与，也不断有人提问"什么是方法"，尤其是"什么是公共管理的研究方法"②。

记得有一次笔者与一位著名的经济学家谈论中国的学科发展。他说，中国经济学的大发展得益于经济学方法的发展和成熟。我就请教他什么是经济学的方法。他说，文献综述、研究假设、逻辑和数学推导、统计、因果关系、问卷调查和实证调研、实验、计算机使用，等等。我说，我们公共管理和政策学者

---

① 范柏乃，蓝志勇. 公共管理研究与定量分析方法［M］. 北京：科学出版社，2008；SHADISH W R，COOK T D，CAMPBELL D T. Experimental and Quasi - experimental Designs for Generalized Causal Inference［M］. Boston：Houghton Mifflin Company，2001.

② ELLER W，GERBER B J，ROBINSON S E. Public Administration Research Methods：Tools for Evaluation and Evidence - Based Practice［M］. London：Routledge，2013；O'SULLIVAN E，RASSEL G R，Berner M. Research Methods for Public Administrators（5th Edition）［M］. Boston：Addison - Wesley，2007.

也用这些方法。不但我们，社会学、政治学、教育学、心理学等不少学科都这样。从内容上说，逻辑推导在古希腊的辩论中就有，著名的归纳法和演绎法就是那个时代的产物；几千年以来的神学、宗教包括形而上学等就是最大的假设；问卷调查，社会学很早就做；实验在社会科学里最早得到应用的是心理学科；数学当然是数学家发明的工具，大家借来使用；概率统计学是法国的赌场上玩出名的，是现代计量经济学的方法基础；实证方法最早的提倡人是社会政治学家孔德（Comte），培根就注重经验主义，美国最早引进调研方法的是社会学和政治科学，费孝通的博士论文就是江村调查，里面也用过数据……这样一分析，经济学的方法也基本上就是现代科学研究方法在经济学中的应用；正如它们在其他学科，比如说社会学、管理学、政治学、心理学之中的应用一样。当人们将科学研究的方法用到社会科学领域，这些工具就成为社会科学的方法。用在经济学领域，就是经济学的研究方法。同理，用在公共管理领域，就是公共管理的方法。只要是科学的方法，就会注重观察、假设、论证，遵从真理和事实，总结和提炼理论，也就是将假想和猜测变为经过验证和提炼的知识系统。

当然，各类学科可能还有自己的独门工具，或解决学科内特定的某些问题而设计的工具。这类工具，就是问题导向的方法，而不是学科导向的方法了。问题导向的方法，并不是不能在别的学科使用，比如说基于地理分析和展示的"地理信息系统"，用来解决绘制地图和空间分析的问题，也开始被广泛使用到管理、政治、经济、社会等许多学科；发射炮弹的原理，也被扩展后用来发射卫星；计算机的软件和仿真系统，可被用来做管理模型。所以说，方法的使用，用问题导向来归类或许比按学科导向来分类更加方便和有用。法律学关注法典的原理、法典和判例；经济学的问题是如何有效配置有限资源从而提高使用效率的问题；政治学的核心问题是如何进行资源和权力的分配和保障群体利益；历史学注重考证、恢复历史的真实、学习历史的经验；而管理学的核心问题是用什么方法和手段来有效协调人与人的关系、人和自然的关系、人和群体的关系来达到管理目标的问题。在管理的领域，企业管理关注企业行为和目标，公共管理则关注公共领域的管理和人们在工作领域的行为。逻辑、理论范式、假设、文献综述、实证研究、数学统计、网络、计算机技术等都是方法工具。而大家在方法的讨论中，常常忽略的是学科范式的讨论。研究范式是界定学科领域、范畴、研究问题的一种有指导意义的学术观。它在本领域学者们长期的研究过程中形成，在学科的研究和发展方面起到凝聚焦点、彰显特点、突出贡献点的作用，是方法的方法。

当然，学界对什么是公共管理的范式并不是没有争论。经典公共管理认为以韦伯的纯官僚理论为模板建立的官僚体系的特点就是公共管理研究的主要目标；沃尔多（Waldo）、奥斯特罗姆（Ostrom）等学者认为官僚的理念和结构与美国自由主义的民主传统不匹配，应该以民主治理为主线；后现代的公共管理学者则强调权威表述、协作治理。笔者在数年前用内容分析的方法梳理了美国公共管理几大核心期刊，对其进行研究范式的经验性分析，在数据的基础上，提出了一个三级范式的思考。第一级将公共性界定为公共管理学科的大范式，所有的公共管理文献据以研究公共性为主题；第二级的范式则是方法导向，有政治分析、管理分析、法律分析、历史分析、伦理分析等；第三级范式则关注研究问题。这一归类被一些著名的美国学者认为是跳出一般性、永无休止、没有结论的争论的一种办法。这个三级范式的模型见表1-5所示。①

表1-5　公共管理的三级范式

一级范式最重要层次（公共性）	假定	研究内容	问题
	公共管理区别于一般性管理	公共性质的地位	如何改进公共部门工作

二级范式次要层次（认知方法）		经营理论（52%）	政治理论（17.7%）	司法理论（6.0%）	伦理理论（1.6%）	历史/感知理论（15.5%）	综合理论（4.2%）	其他（3.0%）
	假定	公共管理就是效率，有效性和经济	公共管理就是谁想得到什么	公共管理就是合法权益	有关道德伦理	历史与现实紧密相关	公共管理复杂的管理过程	未确认模式
	研究内容	个人群体，组织结构和程序	个人群体、社区、政治组织结构和程序	法律制度和程序	伦理标准和程序	历史文献、人物与事件	与管理有关的相关问题	未确认模式
	问题	如何更高效和经济的运作	如何取得权力与资源	如何解决冲突，贯彻法律和制度	伦理对管理和社会的影响	如何避免历史错误	如何全面地理解公共管理	未确认模式

三级范式更次要层次（研究领域）	次要层次	假定	研究内容	问题
	组织管理和执行决策	公共管理中组织管理的重要性	结构与程序	如何进行组织工作
	人事管理	公共管理中人事管理的重要性	结构与程序	人事制度的程序与效果
	政治/立法机构与程序	公共管理中政治/立法机构与程序的重要性	结构与程序	政治与立法机构的描述与评价
	金融与预算	公共管理中金融与预算的重要性	结构与程序	预算/金融程序与效果
	公共管理理论	公共管理中公共管理理论的重要性	结构与程序	公共管理的正确性
	政策制定与分析	公共管理中政策制定与分析的重要性	结构与程序	政策程序与效果
	社会经济问题	公共管理中社会经济问题的重要性	结构与程序	变化的社会与经济问题
	研究方法改进	公共管理中研究方法改进的重要性	结构与程序	更好的有效性与可靠性
	技术使用与管理	公共管理中技术使用与管理的重要性	结构与程序	管理目的

① LAN Z, ANDERS K. A Paradigmatic View of Contemporary Public Administration Research [J]. Administration & Society, 2000 (2): 138 - 165.

在对这些范式内问题的研究之中，方法可以大致分为两类。一类是形式理论（formal theory），也是我们所说的规范研究（normative research）。可以用假设和数学模型，也可以不用数字和模型，而是伦理推导和价值论证。规范研究从过去的经验或理论出发，用逻辑思维的路径推导出结论，制定出真理或行为的标准。过去的经验或理论可以是个案事实，也可以是通过缜密思考构建的理论模型，也可以完全基于"前置设定"（assumption）的基础上。从研究结果来说，当然是缜密思考后的理论模型更有理论效度和信度。比如说，为什么理论上认定人人生而平等的原则？在现实之中，有人生于富贵，有人生于贫寒，有人生下来身体强健、体重超人，有人竟是试管婴儿，要靠特护才能存活。但从现代国家的建构理论来审视、从现代人文精神和人道主义的思考来评判，从国家长治久安、权力平等转让等视角来考察，就应该是人人平等。在行为准则上，提倡己所不欲，勿施于人。孔子和康德，东西方时隔千年的思想家，都认同这个著名的原则。数学里面的求导、函数、极值等概念，帮助推导，是形式理论的重要组成部分。封建帝王时代谋臣们做的天下策论，儒学中的君臣之理的重要性，现代理论中主观意味很强的情景解释主义，也可算为形式理论。研究的效度和信度测量指标为是否言之有"理"。这个"理"，就有特定场景的理，不同人的理，以及具有普遍价值的理。现代科学方法有三个任务：一是找出这不同的"理"以及它们的内在逻辑，二是找出这些"理"中有共性和普遍意义的客观之"理"，三是考察这个具有普遍意义的"理"在不同场景、时空和条件下的符合科学原理的解释。

另一类是实证研究，其中可以分为定性或定量研究。定性研究注重案例、思辨，而定量研究注重调研和众数。但他们都讲道理、摆事实、重证据。习惯上，人们将文献研究、历史研究、田野调查、访谈、案例研究、根基理论等（有人译为扎根理论，是倡导型社会学者用方法推动特定的理论价值的倾向性研究）归纳为定性研究；将问卷调查、数学或统计分析等归纳为定量研究。两种研究的核心点都是事实是否对、效度信度如何、问题能否被解决。实证的定性（又叫质化研究）研究实际上比定量（量化研究）更需要经验、思考、价值判断力等，更加难以把握。18 世纪的现实主义的小说家们，包括法国作家巴尔扎克（Balzac），英国作家狄更斯（Dickens）、萨克雷（Thackeray），中国作家曹雪芹、罗贯中等，都以写实的笔触，描述了他们时代的社会现实——上流社会的纸醉金迷、底层社会的贫困和挣扎、没落贵族的心路历程、天下纷争的战争风云。他们的作品，就是对现实的一个仿真——源于生活、反映生活、高于生活。就连吴承恩的《西游记》、莫言的《生死疲劳》等迷幻的笔法，描述的都是现实的精髓。另一些知识精英，则用数据的方法来发言。科学社会主义的创始人之一恩格斯是对工人阶级贫困状况进行实证调查的先驱者，并深刻影响了美国共产党领袖杜波伊斯（Dubois），使他也用这样的方法调查美国黑人的贫困状况并向社会公布。①

对于什么是好的合适的方法，西方学术界有一些持续的争论，是基于西方学科发展过程中的一些特定场景出现的。但有一条是比较清楚的，努力争论什么是最好方法的人往往是青年学者，他们还在学术天地之间徜徉探索，希望知道方法的优劣，少走弯路，以尽快达到学术研究的顶峰。优秀的科学家和学问家一般都不会去强调哪一种方法比哪一种更好，他们更关注的是他们使用的方法能否帮助他们完成科学的探索，他们能否使用好所采用的方法。他们也会不断探索，试图用不同的方法来解决需要解决的学术问题，寻求最好的答案。在学术竞争的环境中，有好方法愿意拿出来分享是一个优秀的姿态和博大的胸襟，你不愿意采纳就不值得继续争论了，孰优孰劣，做出活来看。方法的好坏取决于它是否能够帮助人们更好地完成学术研究任务，帮助我们认识事物的真谛。不同的研究问题，不同的研究场景，不同的数据获得能力，研究者不同的方法训练、理论和经验积累，都是决定方法选择的重要因素。

还有一些关于方法的争论往往是出于学术政治的考虑，是有人希望在没有获得公认学术成果的情况下就得到一定的承认，或者是学术指导过程中前辈学者希望后人走（或避免）自己的学术研究道路。但是，当有人谈方法而不注重方法的研究功效，却只是关注"方法的使用"（自己能做的、做得好的就是最好的方法）给自己带来的学术地位时，这种对方法的讨论就失去了科学的意义，成为混淆学术视听的学术政治，是反科学的行为。事实上，在懂了这样的道理以后，再看一些西方关于方法的辩论，就会认识到参与辩论的除了学习中的青年学者，还有两类人：一类是懂得方法、感觉到方法被滥用的学者，对滥用方法提出的批评；另一类是不懂方法、用不好方法却还不愿意学习方法的人，对

---

① CAMPBELL D T, STANLEY J C. Experimental and Quasi - experimental Design for Research [M]. Boston: Houghton Mifflin Company, 1963; CRESWELL J W. Research Design: Qualitative, Quantitative, and Mixed Methods Approaches [M]. Thousand Oaks: Sage Publications, 2013.

方法进行抨击，以捍卫自己不懂方法的学术地位。很多辩论，以偏概全，实是无事生非。

　　方法是寻求真理的工具，但也有一些其他的学术沟通、交流的方法不是科学的方法。比如说，宗教里就有说教和意识形态的方法。这种方法不是做研究，是将一套思维理念和价值体系通过灌输的方法强加给个人。问的问题不是为什么应该这样，而是说必须这样。有些人将这样的说教行为与求真求实的科学研究方法等同和混淆，这使得方法论的讨论越论越不清楚。

　　管理学科的常用方法工具，包括实验、调查、数理统计、未来值计算、排队分析、马科夫链、运筹学、线性方程、网络分析、地理信息系统、仿真模拟等。应该提及的是，由于计算机技术的发展和社会发展的科学化程度，大数据时代的到来开始冲击统计学在方法中的使用。抽样和推断统计学可能会慢慢淡出，而描述统计和全息仿真可能会得到更大发展。

　　上穷碧落下黄泉，知识是无穷无尽的，科学的探索也是没有止境的，科学的方法也会因为研究和探索的需要被不断发明和发现。中国历史上有十八般武艺样样皆能的比喻，这十八般武艺是我们对武器种类及其使用方法的规范性理解；冷兵器时代后，有枪炮、轰炸机、激光武器、化学武器和电子武器。方法的创新，使得勤于学习、善于学习的人不断占领先机，在科学研究和发现的领域有所突破。从这个意义上来说，新方法的创造、学习和使用，是科学研究工作中一个十分重要的部分。这就是为什么科学家们总是以巨大的热情和勇气欢迎和拥抱新的方法，因为，它们可能给你一片科学研究的新天地。

参考文献

　　［1］CHRISTENSEN L B，JOHNSON R B，TURNER L A. Research Methods，Design，and Analysis（11th Edition）［M］. Boston：Allyn & Bacon，2010.

　　［2］CHRISTENSEN L B，JOHNSON R B，TURNER L A. Research Methods，Design，and Analysis（11th Edition）［M］. Boston：Allyn & Bacon，2010.

　　［3］CAMPBELL D T，STANLEY J C. Experimental and Quasi - experimental Design for Research ［M］. Boston：Houghton Mifflin Company，1963.

　　［4］范柏乃，蓝志勇. 公共管理研究与定量分析方法［M］. 北京：科学出版社，2008.

　　［5］FAN B，LAN Z. Public Management Research and Quantitative Analysis

Method ［M］. Beijing：Science Press，2008.

［6］SHADISH W R，COOK T D，CAMPBELL D T. Experimental and Quasi – experimental Designs for Generalized Causal Inference ［M］. Boston：Houghton Mifflin Company，2001.

［7］ELLER W，Gerber B J，Robinson S E. Public Administration Research Methods：Tools for Evaluation and Evidence – Based Practice ［M］. London：Routledge，2013.

［8］O'SULLIVAN E，RASSEL G R，BERNER M. Research Methods for Public Administrators （5th Edition）［M］. Boston：Addison – Wesley，2007.

［9］LAN Z，ANDERS K. A Paradigmatic View of Contemporary Public Administration Research ［J］. Administration & Society，2000 （2）：138 – 165.

［11］CRESWELL J W. Research Design：Qualitative，Quantitative，and Mixed Methods Approaches ［M］. Thousand Oaks：Sage Publications，2013.

第二篇 02

公共管理专题

新时代，新金融，新经济[①]

中国正在进入新时代，而新时代呼唤新经济、新动能和新市场，自然也牵涉新金融、新政策。

先来讨论一下新经济，有三个大问题：如何认识新经济、什么是新动能和新市场、如何推动新经济的发展并维护新经济。

第一个问题：如何认识新经济？传统上，只要在讨论一、二、三产业，就是讨论经济。但一、二、三产业的比重是不同的，这个不同里面就有"新"。中国过去是一产大、二产中、三产小。改革开放以来，原料和市场两头在外，逐步慢慢发展到二产大，两头小（1990—2010）。到2019年，中国的三产比重超过了二产，一产业的比重也下降到7.1%（见表2.1），所以现在我们谈补短板、去产能、综合发展、四个全面、五大能力等等，这个产业结构的变化，是第一个"新"。

表 2.1　1990—2019 年三次产业结构的变化（%）

GDP	全部	第一产业	第二产业	第三产业
1990	100	27.1	41.3	31.6
1995	100	19.9	47.2	32.9
2000	100	15.1	45.9	39.0
2005	100	12.2	47.7	40.1
2010	100	10.2	46.9	43.0
2019	100	7.1	39	53.9

数据来源：中国统计年鉴，2020。

[①]　本文为作者于 2017 年 11 月 3 日在杭州湾论坛中的发言整理而成。

第二个"新"是"不断创新的新经济形态"，或者说"新业态"。比如说新能源、新交通、互联网＋、机器人、人工智能等，这些都是新的经济驱动力。

第三个"新"，十八大和十九大一直在提的对美好生活的需要和解决发展不平衡、不充分问题的迫切需要。这个新，讲的不仅仅是经济，而是更高层次的综合理性的需求，要点是改变生活方式，追求高质量，是共享经济。以下三点是我们现在认为的新经济，是新生活方式的经济。

三"新"叠加，迫使我们考虑一个很重要的问题，就是"新"经济的目标是什么。现在讨论的高技术 AR、互联网＋、创新驱动都是手段经济。而在这些手段经济后面更深层次的是经济的目标，也可以叫目标经济，就是我们说的共享经济。这个共享经济，不是简单的共享的自行车，共享的自动驾车汽车，而是一种新的分配和生活方式。这种新的分配方式和生活方式，会滋生新的经济动能。

在传统经济中，"动能"是很清楚的，就是挣钱、利润。马克思也说过，"资本害怕没有利润或利润太少，就像自然界害怕真空一样。一旦有适当的利润，资本就胆大起来。如果有 10％ 的利润，它就保证到处被使用；有 20％ 的利润，它就活跃起来；有 50％ 的利润，它就铤而走险；为了 100％ 的利润，它就敢践踏一切人间法律；有 300％ 的利润，它就敢犯任何罪行，甚至冒绞首的危险。如果动乱和纷争能带来利润，它就会鼓励动乱和纷争。走私和贩卖奴隶就是证明。"①有相当长的一段时间，挣钱就是动能，资本、土地、劳动、资源是条件。作为后发经济国家，中国经济增长的驱动力被认为是投资、外贸和需求三驾马车。随着技术创新的频繁和现代企业的普及，我们发现，科学技术本身，还有企业家的精神，才是驱动力后面的动能，是一种无形的精神力量。如韦伯讲的新教精神，对西方资本主义产生了很大影响。

动能推动创新。一是技术创新，如智能手机、互联网、自动驾驶汽车、人工智能等。二是市场创新，比如，有自动驾驶功能的车是新产品开拓的新市场，不仅如此，还有联线的自动驾驶服务，包括地图导航、自动升级、网络音乐游戏推送，等等。这个是创造出来的过去没有的市场，网络服务、数据服务等都算。就是说，不是光销售手机、电脑，也销售服务。你可以有一大堆手机、电脑，但你需要联线才能获得服务，否则这个"端"——硬件就没有用。将来相

---

① 马克思．资本论（第一卷）［M］．北京：人民出版社，1975：829.

当比例的云计算，也可能就靠购买云端服务，不买服务器就可以拥有和使用数据库。

在技术创新和市场创新以外，还有国家治理体系的创新，包括政府组织、公共政策和城市治理等。以城市举例，现代城市群是国家治理的抓手。作为新经济发展的抓手，城市是一个多功能的人造综合体，目的是给人带来利益的极大化和生活品质的最优化。但不幸的是，在许多国家现代化、城市化的过程中，许多城市由于增长过快，发展目标不明确，理念僵化，人流、物流变化超越预期等，出现大量拥堵、犯罪、环境恶化等问题，给人类带来困惑。

事实上，现在全世界人均 GDP 是 1.7 万美元，技术上也是每天创新不断。经济增长和创新驱动这两个现代城市发展的问题，资本主义国家早就解决了。但没有解决的问题是贫富悬殊过大，可持续发展受到威胁。时间长了，社会矛盾就会凸显，陷入传统资本主义社会的循环圈。所以说，真正的新时代，是可持续创新的新时代，依靠的是社会发展成果共享的长效机制，需要治理创新来获取。

新经济与新金融不可分割。过去有储蓄，就投资拿回报，而现在金融的方式改了。现在是高风险金融，它必须是高投入、高技术、高附加值、高竞争性。创新新产业、新就业方式、新生活方式、基础研究和市场竞争的前期投入大，不确定性强，这常常是规模性和长线的投资，用大量资本去争夺一个未来不知道是否属于自己的市场。新产业的出现往往是一将成名万骨枯，最后成功的就三五个。每一个投资者都必须在这三五个成功的行业里有股份，这个叫新经济的投资。新金融，需要有新政策提供风险投资和创业的保障。所以说，国家也必须参与构建防患风险的机制。

在防患金融风险方面，西方发达国家也做过很大的努力。他们通过议会政治，用货币印发、利率控制、再分配的税收等政策，在相当长的时间里，控制了资本的无序。但随着利益集团的壮大，资本开始控制议会，两者间博弈和反复非常激烈，前途不明。① 如果中国在新经济方面要有所突破，突破点很可能就在这里。要解决好传统知识、观念与现代需求的矛盾，官员机构利益与人民利益之间的矛盾，通过学习增强政策能力，通过开放、吸取、大众参与，通过理想主义的教育，克服官僚主义，新金融的风险才能得到控制，才能解决西方

---

① LOWI T J. The end of liberalism: Ideology, policy, and the crisis of public authority ［M］. WW Norton & Company，1969.

没有解决好的问题。

　　总结起来说，就是新时代呼唤新经济，需要新动能、新金融，会创造新市场、新业态和新的财富和就业形式。新动能来自精神的力量和新的生活方式诉求，新金融风险增大，新市场卷入千家万户，这一切都需要新治理、新思维和新政策。新经济隐含着革命性的产业结构升级和大规模的就业替代，这个过程早就发生了。不用走远，萧山工厂里就可以看到一个机器手做十几个人的工作，又快又好。问题是，我们准备好了吗？

中国正在进入全新综合公共政策理性时代^①

本文讨论公共政策的本质和中国进入全景式综合理性公共政策新时代的几点思考。

第一，公共政策有多维度的理性。

人们经常性讨论经济理性、政治理性，甚至政治经济理性。但对于公共政策的制定和实施来说还是不够。应该包括政治、经济、社会、心理、历史、环保等几个重要的理性。政治理性讲究谁得到什么——是谁的。比如说，武器再差也得自己造；国民没饭吃时，粮食生产第一，是否效率高是其次的考虑，效率低也还要干。比如说，为了保护现有农民与土地分不开的利益，在没有想好新的分配方式之前，农业生产率不高也不敢或不愿意将土地集中耕作，迅速引入大农业的方法和技术。经济理性讲合理分配有限的资源，将产出极大化。从经济发展和资源使用极大化的视角来看，重点是生产效率和劳动生产率。社会理性讲究和谐共存，大家都能互相包容，社会冲突可以得到控制、缓解，达到和谐发展和生存。社会学家波兰尼提到的社会嵌入和双向运动，说的就是经济体系是深深嵌入社会生活之中的，发展太快，群众接受不了，过一段时间就会有社会的反噬，就是一种抵御社会力量发展过快的滞阻甚至反冲。心理维度则讲人的感觉，比如说相对贫困的问题，有的国家忍耐力大，痛点高，有的相反。有的国家物质并不富裕，但一定的教育和文化背景下，心理感觉不错，幸福感强。历史的维度注重传承和习俗。比如春节是农耕时代历史的产物，十几天不工作，加上奢华的消费，浪费不小。但我们还是要放春节假，全民流动，车船飞机旅途拥堵，十分辛苦，但却快乐，是历史的传承。文化维度关注大众接受的行为准

---

① 本文为作者于 2016 年 10 月 24 日在清华《财经》现代政府与公共治理论坛中的发言整理而成。

则，如尊老爱幼。环保维度讲环境质量，水、空气、生态都重要，雾霾大了，自然要清洁能源，再贵也得做。环境不好，污染产业就停下来，影响就业，国家补贴，在所不惜。这些讨论说明，公共政策的存在是必然性的，而且有多个不同的维度。没有政策，让社会自己发展，就会出现这样那样的问题，不平衡需要用理性的力量来调节。产业政策是公共政策的一种，有了不一定成功，但没有是已经失败了。因为市场是自动不均衡的，与古典经济学家马歇尔的理论正好相反。垄断、信息控制、交易成本、公共物品供给不足，负外部效应等市场失灵现象是常量，不是特例。一有机缘，市场力量就会自动有这些倾向。所以市场失灵问题常常是零假设———一种不存在的假设。公共政策必须面对现实中的真实问题，正确的假设是这些现象都会存在，要想办法控制它们对市场的负面影响。所以，讨论公共政策的焦点应是该做什么，干预什么，如何做好，而不是政策要不要的问题。

第二，中国正在进入全新的综合公共政策理性的时代。

过去几十年靠单一经济理性思维推动 GDP 增长的时代已经过去了。国家层面，十三大提出全面深化改革，推动共享式发展，就奠定了方向。标志性事件包括，北京大学经济研究中心改名为国家发展研究院和当前不断涌现的与公共决策相关的智库、高研院等，它们有多学科的学者组成，考虑国家发展和治理的综合性问题，这是对综合公共政策理性需求的表现，超越了原有的从经济增长角度考虑国家发展的局限，开始全面性地考虑问题。

第三，经济学提供了很好的思维工具，并在不断研究新方法，但是它从来就不是完美和万能的。

过去重视的经济学理论，用来指导公共政策，对公共决策来说，是带病上前线，理论力度是不足的。前面提到的马歇尔的自动均衡理论在现实上是不可能的。市场大了，均衡要很长时间，人们等不起。另外，垄断、欺诈等市场失灵，是常量，必须干预，著名经济学家杨小凯的超边际分析理论，系统说明了市场均衡的不可能性。另外，不同时代的经济理论解决的是不同的社会问题，是不可比的。比如说，古典自由主义还是凯恩斯主义，这是两个社会发展阶段的思考。一定要比较，其实是关公战秦琼，风马牛不相及，一个是商业和产品经济学，一个是就业经济学。我们现在常讨论的国企改革，只从经济角度来看，也不完全。比如说，现代国家理论要求所有的企业都交税，都遵纪守法，如果这样，收益和流转权也都有国家调控，企业属于公家拥有还是私人拥有，就不是最关键的事情了。现在讲供给侧改革,如果制度供给是重点,就已经不是经济问题了,而是政治经济的问题,用经济学的语言和经济学的思维方式来讨论这个问题,就捉襟见肘,难得合理了。也有经济学家纠结是政府好还是企业好,其实"好"还是"不好",包括"效率高"还是"效率低",还受所有权以外的许多其他因素的影响。另外,一切条件一样时,还要看谁在政府里,或者企业里,他们是否努力和秉公。政府里有精英,大公无私,就能做好。企业也有不好的,也有垄断、欺诈、骗补,也要看谁在企业,如何工作。

其实讨论这些问题的学者不会不知道这些。但他们往往恨铁不成钢,认为这个政策太次,就不要了。就像有人生气时说,孩子考不好,别上学了。但冷静下来,学还得上,教育还要有。同样的道理,如何制定政策,如何评价政策的好坏,其实是最重要的,在新政策时代,我们需要有全新的公共政策思维、新的方法、新的思维、新的语言和新的关注重点。

第四,政策评估,总会有"公说公有理,婆说婆有理"的现象。

即便是中国改革开放这一重大政策,也有着不同的评价。但重要的是衣食问题解决了,剩下是新出现的问题,可以再努力解决。综合起来看,改革开放居功至伟,也还有深化和改进空间。从这个意义上说,正确评价改革政策的成败,需要依靠综合理性。

第五,政策需要有良好的配套。

从价值理念到决策制度、体系和方法,中国确实还有很多工作可以做。

中国现在的产业政策有很强的计划经济时代留下的烙印,种类繁多,要求复杂,不系统和不完整。决策的程序、数据、能力都不强,政策之间的配套性也不强。在革命后,现代不足的情况下,政策的不完善性是常量,有些是暂行办法,暂行期有的长达四十年。早期很多国家的政策努力,往往发生在人才缺乏、数据缺乏、决策制度缺乏(比如说部门立法、用部门利益替代国家利益)的条件下,并不完善。在这样的政策条件下,市场一般也不会完善。但解决的办法不是摒弃这一市场不可替代的重要功能,而是要设法改进这一功能,更好地建立规制,建立有效市场,维护市场有效运行。

在中国社会开始全面发展的时候,公共政策的研究和制定就需要有新的高度。要改革决策程序、决策方法,提升决策质量,引进国际视野,也要学习国际上失败的经验,要有综合理性的全景视角。许多看是不同的政策,其实相关性很强。比如,国防外交政策变化就可能大量占有资源,影响经济发展。土地、金融、房地产政策高度相关，并对实体经济投资有重大影响。劳工政策会影响企业改革。我们建设新农村，将大量资金送到农村，农村没有好的投资环境、高回报的农业收入或能干的人有效使用这些资金，资金就会倒流回城，进了房地产领域投机，压抑了农村发展和资金有效使用。如果将资金与现代农业高度相关的技术、人才和组织方式结合，即便这些人才都是城市人，他们对农村发展的效用也会很大。美国当年农业发展成功的原因是在大学建立农业科技站、从外地引进能力高、创业精神强的农业人才。再比如，国家创新的推动，最好的方法不一定是把资金放给企业和个人，推动创新尝试，而是建立好的社会保障制度，让创业失败者衣食无忧，可以东山再起。他们的成功，有巨大的市场回报和心理满足，不需要政府的额外补贴，而保障他们继续创新、屡败屡战的重要法宝，就是让他们能够失败得起，而不是靠政府补贴挣钱或者赎买来创新。

中国公共政策研究和制定，应该在综合影响力方面着力。政策不必一定要在所有的领域都发生，但有一就要有二，配套发生，保障政策目标的实现。决策机构不是某一个部门，而是超越部门利益的立法和决策机构。相关的决策者每天在一起讨论不同的政策，寻求结合点和逻辑相关性，保障政策意图的全景性，综合配套性和达标的可能性。邓小平同志推动的改革，并没有搞大而全，多而细，其实重点只关注了几件事：科学教育改革释放社会的创新和生产能力；联产承包解决吃饭问题；乡镇企业解决农民问题；剩下的国企改革、城市化改革、金融改革都还没有完成，需要许许多多后人继续努力。

全景式综合理性与公共政策制定[①]

摘 要：本文从我国经济发展阶段、国家发展战略、公共政策实践和学界社会舆论界的一系列动向的分析出发，提出中国已经开始超越传统以单一经济理性为主导的发展阶段，开始全景式公共政策的综合理性时代。这一新的时代，不简单以经济发展指标为发展目标，而是综合考虑新阶段国家和社会发展的需要，从政治、经济、社会、历史文化、心理诉求、可持续发展和国际环境等多个维度，审视和考察国家发展战略和方法。这一时代的特点，给新一代公共政策的研究者、制定者和执行者，提出了更高更艰巨的任务，需要认真对待，直面挑战，以更加深广的研究，整体综合的思考和评估应对全面深化的改革需求。

关键词：全景式 综合理性 公共政策

党的十八大提出深化改革，完善和发展中国特色社会主义制度，推进国家治理体系和治理能力现代化，加快发展社会主义市场经济、民主政治、先进文化、和谐社会、生态文明，强调改革的系统性、整体性、协同性，目标是让一切劳动、知识、技术、管理、资本的活力竞相迸发，让一切创造社会财富的源泉充分涌流，让发展成果更多更公平惠及全体人民，更好地保障和改善民生、促进社会公平正义。这一宏伟目标，用简洁的方式来表述，就是社会主义核心价值观的实现。这是时代的政策里程碑，表明中国已经进入了全新的、依靠综合理性进行全景式公共政策制定的新时代。过去几十年靠单一经济理性思维推动 GDP 增长，并作为国家发展唯一标识的时代已经不适应我们现在的发展需求了。近年来，环境问题、民生问题、农民工进城和新型城镇化、社会冲突管理

---

① 载于《中国行政管理》2017 年第 2 期。

和维稳、风险防患和危机处理等引起了全社会的关注，经常占领媒体显要位置，日益成为政府部门关注的头等大事。在改革开放取得辉煌成就，解决了发展中的温饱问题后，中国社会的综合改革与发展就成了新的改革目标。十八大以后大量出现的智库、高等研究院，都是对全景式、综合公共政策理性需求的表现。本文结合国际经验，期望对这一新的综合公共政策理性的政策理念、政策制定方式和政策评估进行探讨。

一、什么是全景式的综合政策理性

首先，我们知道，公共政策是现代政府用以管理和规范政府、市场和社会行为，体现价值目标，提供公共服务和产品，维护和弘扬公共利益以及对社会资源进行分配和再分配的重要管理手段，是对政府组织、社会组织和公民个体有约束、影响力和资源支持的行为准则和规范性指导。西方政策大师拉斯韦尔（Lasswell）认为"（政策是）一种含有目标、价值和策略的大型计划"。① 当代公共管理学者汤玛斯·戴伊（Thomas Dye）干脆说："凡是政府决定要做的或不做的事就是公共政策。"②

其次，"全景视角"（Panoramic View）强调全面地看问题。这一概念也可以从儿童玩具万花筒中得到体现，在万千变化的景观图中，整体的图景和边界尽在视野之中，并无遗漏和忽略。在一个特定的政策覆盖地理区域内，针对相应的政策目标，这一全景的视野是完全可能的。比如说，国内社会保障的基本目标、养老产业的管理方式、基本医疗体制的设置、有关国家任务的科研攻关项目等。

最后，理性的基本定义是"人们运用自己的思维逻辑和一种价值体系，评价行为后果，选择令人满意的备选行为方案"。③ 就是说，理性有意图指向，是基于价值、知识、思考、基础的判断之上的选择。作为具有抽象思维能力的高等动物，人们有自然的理性能力，这一理性可以通过思维训练和教育得到加强。

总结起来说，理性思维是人类思维的高级形式，是人们运用思维逻辑，将

---

① LASSWELL H D, KAPLAN A. Power and Society［M］. New Haven：Yale University Press, 1970：71.

② DYET R. Understanding Public Policy［M］. Englewood Cliff, N. J.：Prentice Hall Inc., 1987.

③ SIMONH A. Administrative Behavior［M］. New York：Free Press, 1965.

相关的现象联系起来、带有目标追求的思考、是把握客观事物本质和规律的能力。概念、判断、分析、综合、比较、推理、计算等方面的能力都是理性的重要组成部分。理性与感性相对，重在按照事物发展的规律和自然进化原则来考虑，不冲动，将行为目标化，追求行为结果极大化或满意化。应该提到的是，自从诺贝尔奖获得者西蒙提出了"有限理性"的理论以后（人的智慧、能力、知识、精力、记忆、习惯、行为、环境、外部刺激、时空限制会限制人的选择能力，从而无法将理性极大化），传统经济学理论中追求的"极大化"就广泛地被认为不存在了。所谓的极大化，充其量只是"满意度"的一种表达。这是个人决策层面的思考。①

在组织层面，理性就更加复杂。因为组织中的决策不是孤立的决策，决策是由各种关系所组成的有条理的系统。在任何时候，都存在着大量（实际）可能的备选行动方案。这些大量的备选方案，在不同人的决策选择中，被缩减为实际采用的一个方案。但是由于组织中决策者的知识、时间及群体因素的制约，也使得组织在决策的过程中不可能对所有的备选方案都进行可行性审核，达到适合内部结构和外部环境的"效率"。组织的最终决策，是多种因素、多个对决策有影响力的人和多种决策理性综合作用的结果。

二、全景式综合理性的四个维度

综合理性强调的是理性的多维性和综合性的可能，是一个看似简单运用起来相对复杂的概念。它有目标方向，多维度，还有时、空的差别。从政策分析的角度来看，一般是一个四维空间。在二维空间里（见图2-1），有两个指标——满意度和不同的理性类别，包括经济、政治、社会、历史、心理、环境类别，我们通常也把这些类别叫维度。过去的公共政策，强调了经济发展和经济满意度，忽略了社会管理、心理和环境满意度。在这个二维空间中考虑公共政策，已经就需要考虑不同价值理性对政策的要求。

在这个二维空间的界面中，我们关注的有几个测量指标：政治理性、经济理性、社会理性、历史文化理性、心理理性和环境理性的满意度。过去大自然和人类生存环境被认为是大自然赋予的天然条件、给定的环境，不需要考虑。

---

① KEYNESJ M. General Theory of Employment, Interest and Money [M]. New York：Palgrave Macmillan, 2007；SEN A. Development as Freedom [M]. Oxford：Oxford Paperbacks, 2001；PIGOU A C. The Economics of Welfare [M]. New York：Palgrave Macmillan, 2013.

满意度指数

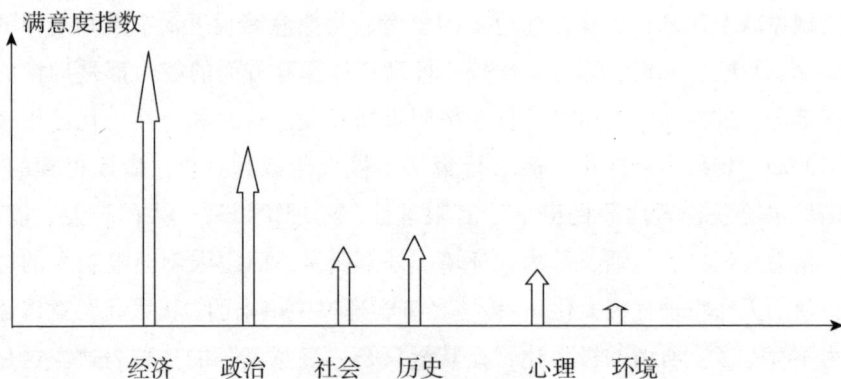

经济　政治　社会　历史　　心理　环境

图 2 - 1　二维空间中的多个理性维度

但现代科学技术的发达、人类对自然攫取和破坏能力的增长，使环境也成了人类生活中一个重要的考量，是人类理性必然要包纳的维度。

政治理性讲究谁得到什么，比如说，武器再差也得自己造，国民没饭吃时，粮食生产第一，效率是其次的考虑；经济理性讲合理分配有限的资源，讲求产出极大化；社会理性讲究和谐共存；心理理性讲感觉，比如说相对贫困的问题，有的国家忍耐力大，痛点高，有的相反；文化历史讲传承和习俗，比如春节是农耕时代历史的产物，春节十几天假期，浪费极大，但我们还是要过春节，全民流动；环保理性讲环境，雾霾大了，自然要清洁能源，再贵也得做。因此，公共政策的存在是必然的，就是因为没有政策，让社会自己发展，才出现了这样那样的问题或不平衡，人们就要用理性的力量来调节。政治理性解决政治上需要什么政策干预的问题，经济理性解决如何和在什么程度上干预市场的问题，社会理性解决文化偏好问题，心理理性解决感觉和情绪问题，环境理性解决环境健康问题。

在二维空间的基础上加上时间维度，就有了三维。比如说，1978 年的政策结果与 2016 年是不一样的。当时经济发展水平低，而 2016 年经济发展水平就高了（见图 2 - 2）。加上了时间维度，就是说，政策不但要考虑经济、政治、社会、历史和心理方面的需求，还要考虑历史和未来。今天的政策是怎么来的，有什么历史背景，未来走向如何。在一定的时间内是否能够在各个类别中达到平衡。投资项目、社会保障、医疗救助、住房教育，包括雇员终身收入状况，都是要考虑时间维度的政策。在不同的时间条件下，这些理性的指数要求不同，对同一综合理性的指数提出不同的组合要求，总体目标是社会的动态平衡。比如说，在物资缺乏、生产力低下、缺乏社会经济能力的发展阶段，综合政策理性中对经济发展指数的要求就要高；但在经济能力相对发达阶段，物质生活条件好了，综合政策理性中对文化诉求、环境质量、心理满意度的要求就会增加。所有的指数都比较高了，就会更关注稳定性和可持续性。

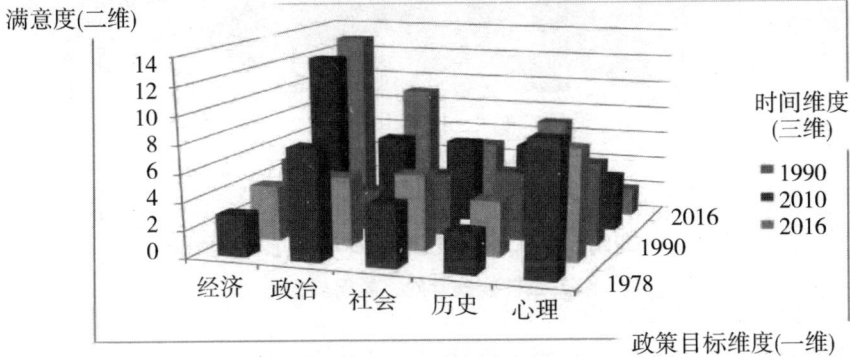

图 2-2 政策目标的三维图

第四维度是空间维度。就是在不同的国家和地理环境中，对不同理性诉求的程度的区别（见图 2-3）。比如说，欧洲的文化传统有较强的基督精神、福利社会精神、个人追求和乌托邦精神；东方的文化传统中更强调仁德、孝悌和尊老。发达区域强调生活质量、个性选择，非发达地区强调温饱和社会均富等。

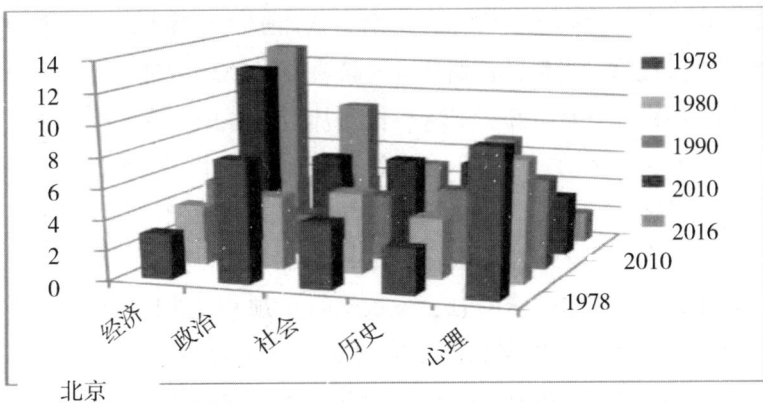

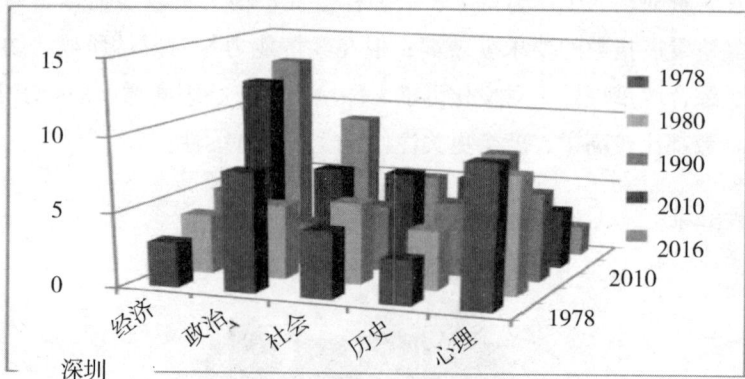

图 2 - 3　四维示意图（空间区别，如深圳和北京的比较）

注：将三维图变换空间，就得到四维图

将所有的政策目标维度和测量指标纳入公共决策的视域，综合各种理性的考量进行思考和分析，就可以被称为全景式综合理性视域下的公共政策。十八大以来提出的社会主义核心价值观的指标体系，就是一个宏观国家发展战略政策的综合理性目标。用统计学中的因素分析方法将其设计提炼成可以量化的指标体系，基本可以用来从综合理性的视角来评估和测量社会发展程度的指标。

三、单一经济理性的不足呼唤综合理性

改革开放以来，经济发展一直是社会主义建设的主旋律和核心任务，是政府的首要工作。在短短的三十多年，中国一跃而成为世界第二大经济实体，人民生活水平大大提高。当然，长期追求经济发展的单一理性也带来了发展的新困惑，如环境污染、贫富悬殊、不断增长的社会服务的需求、社会冲突和风险的升级、精神文化生活的短缺等。在这样的背景下，十八大提出了共享式发展的新方向和新目标。一方面，用供给侧改革的方式调整经济结构和补短板，另一方面，加大社会政策的幅度，从分配、再分配、文化建设、历史传承、环境保护和心理能力几个维度，来对社会发展进行干预。在这样的背景下，只靠经济理论和方法，在指导中国深化改革的现实需求方面会有不足，政治、社会、管理、历史文化等维度需要逐渐被引入公共政策的视域。这一思考，可以从以下几个方面来看。

第一，用马歇尔为代表的经济学的经典理论——"市场均衡理论"来指导公共政策的制定，从来就是有缺陷，十分不足的。这一雄踞经济学理论殿堂达

百年之久的马歇尔的自动均衡理论，在现实上基本是不可能的。市场大了，均衡要很长时间，人们往往等不起，还没最后均衡社会矛盾就会尖锐到不可承受的地步。而且，事实上，垄断、欺诈、交易成本不足、公共物品缺乏、负面外部效应等市场失灵现象不是非正常现象，而是常态，总会发生。没有规范的市场，这些问题发生的概率不说百分之百也不在百分之八九十以下，有能力和有市场雄心的人或企业一定要设法垄断市场的。所以说，对市场的干预基本是不可避免的。不需要深厚的经济学理论知识，只要关注经济学家杨小凯的超边际分析理论，就会了解市场均衡的不可能性。从这个意义上来说，市场理论本身从来就不足以单枪匹马提供恰当的政策支持，即便目的只是经济效率。

第二，正因为传统市场均衡理论的不足，在实践中，国家的经济政策一直是在调整之中。成功的原因并不是先有理论再有实践，而常常是先有实践才有理论解释，而且理论的解释随着经济发展阶段的不同而不同。比如说，在市场经济开始的初期，市场比较小，就出现了马歇尔和亚当·斯密的理论，支持了在有限政府规制条件下的市场的发展。在市场发展迅速、造成贫富悬殊的时候，除了社会学者和政治学者在贫困救助方面所做的工作，优秀的经济学家也提出了社会福利政策的改革。庇古就提出了社会救助不仅仅应该关怀老弱病残，还要关注有劳动能力但被技术进步落下、失去了有效劳动技能的人群，对他们进行培训和再就业辅助。到了凯恩斯的时代，他看到了垄断和大规模经济危机，并且，两任罗斯福总统都为了应对危机，不得不干预市场。所以凯恩斯提出，经济发展的主要目的就是创造就业机会。由于三大规律（边际消费倾向递减、资本边际效率递减和流动偏好）使有效需求往往低于社会的总供给水平，从而导致就业水平总是处于非充分就业的均衡状态，需要用投资和利息杠杆来进行宏观调控，保障充分投资、创造就业机会，提高消费能力。① 凯恩斯的理论是在资本主义从早期自由资本主义时代进入行业资本主义和金融资本主义时代后提出来的。行业垄断和金融垄断在市场上呼风唤雨，操纵市场，才有了凯恩斯主义。凯恩斯的理论支持了罗斯福等领导人用政策的方法调控和弥补市场的不足。到了更后来的福利社会的时代，阿玛蒂亚·森这样的经济学家就认为经济发展的重要目的不是经济增长，而是给予人自由和追求自由的能力。马歇尔、

---

① KEYNESJ. M. General Theory of Employment, Interest and Money [M]. New York: Palgrave Macmillan, 2007; SENA. Development as Freedom [M]. Oxford: Oxford Paperbacks, 2001; PIGOU A C. The Economics of Welfare [M]. New York: Palgrave Macmillan, 2013.

凯恩斯、庇古、阿玛蒂亚·森①等的理论是不同社会发展阶段为解决不同的经济问题提出来的，不是谁好谁坏的问题，他们在时间维度上是不可比的。比他们的理论孰优，是一个关公战秦琼的故事，难以有现实意义。

第三，经济理论并不能解决企业组织管理的许多问题。比如说，我们现在常讨论的国企改革，只从产权和产权的经济激励作用来看，并不能提供完全的解释或解决办法。现代国家理论要求所有的企业都交税，都遵纪守法，如果这样，当收益权和流转权都由国家通过税收和法规的方式来调控，企业的财产权属于公家还是私人，就不再是最关键的事情了。企业组织与政府组织的规模、管理范式、管理技术、激励因素等决定管理和产出效率，并不是简单的公有还是私有决定孰优孰劣。

第四，在现实中，许多发达国家的成功，并不只是靠市场力量带来的经济效率获得的成功。比如说，英国城市反污染、反贫困、反流行病和维护经济体系的运行，就是社会对经济过程干预的成功。老罗斯福的反垄断法、小罗斯福的百日立法、约翰逊的反贫困和平权法、克林顿的重塑政府的努力，传播也很广泛。中国改革开放与市场开发有极大的相关性，但政府和规制的不足正是市场失序、社会不公、环境恶化的原因。所以说，真正的发展成功，仅有经济理性是不足的。现在大力提倡的供给侧改革，如果制度供给是重点，就已经不是经济问题了，用经济学的语言和经济学的思维方式来讨论制度供给，显得十分不得要领。

所以说，单一经济理性虽然简单好用，也提供了很好的思维工具，但不足以解决全面的社会问题。在公共决策的过程中，超越单一经济理性，从多维度来考虑公共政策的制定，已经是迫在眉睫的要求了。

四、多维理性视域下的公共政策分类与决策方式

在讨论决策方式以前，先要看看有哪些类型的公共政策。

按层次来分，公共政策可以分为宏观、中观和微观。大的方向性的国家战

---

① MARSHALL A. Principles of Economics：Unabridged Eighth Edition ［M］. New York：Palgrave Macmillan, 2013；KEYNES J M. General Theory of Employment, Interest and Money ［M］. New York：Palgrave Macmillan, 2007；SEN A. Development as Freedom ［M］. Oxford：Oxford Paperbacks, 2001；PIGOU A C. The Economics of Welfare ［M］. New York：Palgrave Macmillan, 2013.

略可以被认为是宏观政策，比如现代治理体系和治理能力的构建，改革开放，经济、政治和管理制度改革，供给侧改革，走出国门的全球化战略；中间的可以是中观政策，如五年计划、城市规划、区域规划等；还有关系具体事物处理的微观政策，如具体的社会保障和社会救助政策、反贫困政策、薪酬政策、税收政策、住房政策、教育政策、医疗保障政策等。这些政策的出台都有它们的历史背景、政策环境、政策目标、政策决策单元、政策过程、政策执行、政策结果、政策评估等。它们在不同的层次影响国家的发展和治理。

政策也可以按政策的性质来分，如规制性（regulatory）政策、分配性（distributive）政策、再分配性（redistributive）政策。从正面来说，规制性政策强调管制，分配和再分配政策注重经济效果和社会的公平、公正、人文关怀和稳定发展。从反面来说，这些政策也可以是强势群体对社会和弱势群体的掠夺。由于现代公共政策关注的领域很宽，专业性也很强，一般需要从领域的角度考虑，然后按性质来考虑。这就是所谓的政策矩阵思维。

从政策的领域方面，一般也可以分为几个大类，管理社会生活的不同方面，各有各的理性。第一类是政治法规，有关于国家制度和构建的宪法，是政治制度的规范和表达（宪法、行政法、政府组织、干部人事制度、公民权益法规）。这类政策是国家政治制度的基础和国家政治制度运行的保障。全视域的政治法规的目的是保障国家政治生活的健康稳定和有序，国家政治权威的有效实现。第二类是关于国家经济活动的经济政策，如银行法、金融政策、产业政策、农业保护政策、贸易政策、投资政策、反垄断政策、破产保护等。这一类政策的整体目标是发展经济，克服市场失灵，推动创新发展，捍卫国家的经济利益，维护国家的经济繁荣。第三类是关于自然资源开发和保护的政策，如环境政策、资源管理政策（江河湖海森林和矿产）、能源政策。这一类政策的综合目标是保护环境资源，保障可持续发展。第四类是关于教育、科技、文化、体育、公共卫生、食品安全保护等社会保护、发展和社团管理政策，新型城镇化政策。这一类政策重在社会管理和为国家的未来准备生力军。第五类是关于社会财富再分配的社保、福利和社会救助的民生政策，如社保政策、医保政策、社会救助、医疗补助等。这一类注重社会财富的再分配和共有民享。在西方，社会政策属于第五类。在我国，根据政府工作内容的划分，三、四、五类的公共政策都可以被认为是广义的有关社会治理的"社会政策"。当然，其他还有国防、外交等政策。与这些政策同步又横跨这些政策领域的还有相关的税收财政政策，统筹兼顾政府的支出需求、税赋收入弹性度、税收生产激励功能、公平公正功能、税收成本等。财税政策一般嵌入在各种不同的政策之中，也可以专门为不同的政策制定，但每一财政年度都要进行预算和决算协调，保证对政策有效实施的资源支持。

这些政策各自有自己的政策目标，但同时又有相关性。比如说，国家政治运行中关于公务员职级的政策，与社会保障政策和医疗政策直接相关，是按照工作单位设定公务员职级待遇还是按照社会人作为基本分析单元制定政策，相关性如何解决，就不应该分别是人社部和医疗机构、住房建设机构不同部门的政策。又比如，国防外交政策变化就可能大量占有资源，影响经济发展。土地、金融、房地产政策高度相关，并对实体经济投资有重大影响。劳工政策会影响企业改革。我们建设新农村，将大量资金送到农村，农村没有好的投资环境、高回报的农业收入或能干的人有效使用这些资金，资金倒流回城，进了房地产投机，压抑了农村发展和资金有效使用。如果将资金与现代农业高度相关的技术、人才和组织方式结合，即便这些人才都是城市人，他们对农村发展的效用会更大。再比如，国家创新的推动，最好的方法不一定是把资金放给企业和个人，推动创新尝试，而是建立好的社会保障制度，让创业失败者衣食无忧，可以东山再起。他们的成功，有巨大的市场回报和心理满足，不需要政府的额外补贴。而保障他们继续创新、屡败屡战的重要法宝，就是让他们能够失败得起，而不是靠政府补贴挣钱。

这些理性事实上是可以排序的，有轻重缓急之分。一般意义上说，政治理性优先，统领全局，目的在于建立高效国家。但由于机构的惯性，有关国家管理制度和程序的政策的变化，往往有滞后现象，滞阻其余政策的良好制定。从这个意义上来说，有关政治体制和机构的改革的政策，应该经常性地研究，不断主动与时俱进。

同时，多类政策的协调需要有超部门利益的决策机构来完成。中国一直以来主要靠党中央、发改委、政府部门的政研室、财政部等来协调。而他们也往往被分成与政府部门对应的研究和管理机构，并不完全属于是综合性跨部门，专业化能力强，能有效应对专业性、代表性等各类挑战的常设政策机构。近年来开始成立深化改革办公室，但由于人员不足，同时又是行政领导班子，调研能力和一起讨论问题的深度和广度不容易达到治理大国的要求，从这个意义上来说，用好各类党的代表大会和人民代表大会的专业人员和专业调研能力就显得格外重要。如果能逐步形成超部门的调研、立法和法律推动机构以及兼顾相关领域的决策委员制度，终年的工作就是调研、辩论、决策和跟踪评估决策，决策的独立性、整体性、综合性就能得到大大加强。同时，由于中国规模的巨大，政策的阶段性和空间实施范围（不同地方政府）是值得认真思考的问题，需要从理性能力的角度来考虑。就是说，中央政府关注国家大法和中央政府的管理，也关注中央对地方的要求和监督，但地方的事情应该基本在地方解决，这样，一是可以避免能力不足、理性局限的短板；二是可以培养地方政策能力、鼓励因地制宜。在这些最高决策周围，形成专业咨询团队和公民意见采集智库。

五、综合理性的公共政策分析

对公共政策进行分类，并用全景的视角对其进行审视，对我们了解、研究、制定和实施政策有着巨大的好处。这样的决策方式，自然要依靠全景式综合政策分析方法来评估。这个多维评估理性在内容上可以包括：政策的动机和价值诉求分析（目标分析）、政策导致的政治利益分配倾向（政治分析—谁受益）、经济效率和回报（经济分析— 效率或成本与结果的性价比）、路径选择（技术路径分析—采用什么技术方法）、实施的环境条件（应用分析—方法与政策环境的匹配：政治、经济、组织、社会文化）、实施的效果（效果分析）、政策选择分析（可替代政策分析）。简单说来，政策分析重点可以分别为道德、政治、经济、技术、可行性、影响力、可替代性分析。

在方法上，全景式的政策分析应该包括层次分析、背景分析、多维目标分析、内容分析、实施分析、反馈分析、结果分析（定性分析、定量分析、类别分析）、形式逻辑分析、元分析和综合分析。限于篇幅，具体分析方法将另外行文讨论。

参考文献

［1］ LASSWELL H D, KAPLAN A. Power and Society ［M］. New Haven：Yale University Press，1970：71.

［2］ DYET R. Understanding Public Policy ［M］. Englewood Cliff，N. J. : Prentice Hall Inc. , 1987.

［3］ SIMONHA. Administrative Behavior ［M］. New York：Free Press，1965.

［4］ KEYNESJ M. General Theory of Employment，Interest and Money ［M］.

New York：Palgrave Macmillan，2007.

　　[5] SENA. Development as Freedom [M] . Oxford：Oxford Paperbacks，2001.

　　[6] PIGOUA C. The Economics of Welfare [M]. New York：Palgrave Macmillan，2013.

　　[7] MARSHALL A. Principles of Economics：Unabridged Eighth Edition [M]. New York：Palgrave Macmillan，2013.

从价值理念视角理解党政领导制度综合改革①

一、改革动因

党的十九大提出了深化改革、提高党和国家政策执行力的新要求，认为现有的一些领域党的机构设置和职能配置还不够健全有力；一些领域党政机构重叠、职责交叉、责权错位；一些政府机构设置和职责划分不够科学，职责缺位和效能不高；一些领域中央和地方机构职能上下一般粗，权责划分不尽合理；基层机构设置和权力配置有待完善，组织群众、服务群众能力有待提高；军民融合不足；群团松散；事业单位定位不准、职能不清、效率不高；一些领域权力运行制约和监督机制不够完善，滥用职权、以权谋私等问题仍然存在；机构编制管理科学化、规范化、法定化相对滞后，编制管理方式有待改进。这些问题是进行党政体系综合改革的动因。

二、"理念"主导

这次改革由一系列价值理念主导，有思想传承，也有新的提法，包括：坚持以马克思列宁主义、毛泽东思想、邓小平理论、"三个代表"重要思想、科学发展观、习近平新时代中国特色社会主义思想为指导，推动国家治理体系和治理能力现代化。四个意识（政治意识、大局意识、核心意识、看齐意识）、五大发展理念（创新、协调、绿色、开放、包容）和以人民为中心、全面依法治国、优化协同高效、积极构建系统完备、科学规范、运行方向和方法都有清楚的表述。

---

① 原文载于《中国机构改革与管理》2018 年第 10 期。

三、改革是承上启下的努力

党的十九大将建党以来中国走过的道路分为三大阶段：毛泽东同志领导中国人民推翻了三座大山，中国人民站了起来，这一阶段的中心任务是国家和政权建设（1921—1949—1976）；邓小平同志领导中国改革开放，推动市场经济，中国人民富了起来，这一阶段的中心任务是发展经济（1978—2012）；当下，习近平同志领导中国人民深化改革，追求国家强起来，中心任务是制度创新、全面构建现代治理体系、促进以民生为中心的高质量发展。理念变化了，执行领导功能的组织机构自然需要调整。这是尊重历史的发展规律、继往开来的努力。

四、过去的七次政府机构改革有四大重心

改革开放以来持续推动了七次政府机构改革，每五年一轮，围绕四大重心。

第一个重心是邓小平同志领导的分权改革。包括1983年、1988年、1993年的改革，强调干部年轻化、精简机构、党政分工、政企分离、市场化、双轨制、权力下放、合同承包、双轨制、招商引资、收支两条线、分税改革等，主要是服务于放活市场、放活基层、发展经济的目的，使得经济活跃起来。

第二个重点是财税和金融体系改革。1993年开始分税制改革，1998年和2003年推动了国有企业改革、金融体系改革和转变政府职能，加强对地方政府绩效考核、地方干部选拔公推比选等改革。

第三个重点是大部门制改革。包括2008年和2013年的改革，重点包括大部门制改革、服务型政府建设、事业单位改革和行政审批制度改革。在提高政府效能的同时，推动市场经济的发展。

这些改革放活了地方和市场，推动了中国的经济发展，取得了巨大的成就。同时，也增加了系统的复杂性和管理的难度，出现了许多新问题，需要通过进一步深化改革来解决。

五、2018年的党政领导制度综合改革刚刚起步，有很多要做的工作

2018年的党和国家机构改革，不仅仅是行政改革，强调的是党政军群统筹改革，其重点与过去的七次改革不同，但与邓小平同志发动第一次改革前的重要讲话有相通之处。

回顾邓小平同志1980年8月18日在中共中央政治局扩大会议上的讲话，题

目就是《党和国家领导制度的改革》。讲的是党政制度的综合改革，但实施是分开进行的。这次改革，主要目标是增强党的领导力和政府的执行力。

邓小平同志当年推动党政分工改革，是基于过去中国自身的历史经验。他提出，一是权力不宜过分集中。权力过分集中，妨碍社会主义民主制度和党的民主集中制的实行，妨碍社会主义建设的发展，妨碍集体智慧的发挥，容易造成个人专断，破坏集体领导，也是在新的条件下产生官僚主义的一个重要原因。不是党不能管政，而是"该怎么管政的问题必须解决"。二是兼职、副职不宜过多。一个人的知识、经验、精力有限，上下左右兼职过多，工作难以深入，特别是妨碍选拔更多更适当的同志来担任领导工作。兼职过多，妨碍集体智慧发挥；副职过多，效率难以提高，助长官僚主义和形式主义。三是着手解决党政不分、以党代政的问题。中央一部分主要领导同志不兼任政府职务，可以集中精力管党、管路线、制定方针、制定政策。这样做，有利于加强和改善中央的统一领导，有利于建立各级政府自上而下的强有力的工作系统，管好政府职权范围的工作。四是从长远着想，解决好交接班的问题。老同志是党和国家的宝贵财富，责任重大，而他们现在第一位的任务是帮助党组织正确地选择接班人。这是一个庄严的职责。让比较年轻的同志走上第一线，老同志当好他们的参谋，支持他们的工作，这是保持党和政府正确领导的连续性、稳定性的重大战略措施。这些思考源于多年中国革命与发展的历史经验，是伟大的智慧。但现在看来，前面的党政分工改革，似乎分得不太好，还没有找到科学的、在党的领导下发挥行政效率的好方法。也没有合得好，很多干部兼职过多，资源、信息和机会过于集中，个人精力有限，该做好的工作也没有做好。所以这次改革，既要统，也要分。

如何处理好党政关系，其实是一门很深的学问，也是复杂的政治实践，在不同的制度和社会发展阶段，需要不同的方法，需要理念的与时俱进和操作方法运行中的政治智慧。党政关系改革，其他国家也一直有讨论和实践。20世纪初，美国开始工业化后的城市管理改革和行政制度改革，提出要科学、进步、改革和良好生活的口号，其中一个重要的讨论议题就是党政关系。当时他们提出的口号是"党政两分"改革，核心是党要成熟、规范化管理，政要专业化、科学决策。"两分法"的目标是推动各自对自己的工作负责，前提是清楚的，即党是人民意志的表达者、决策者，政是执行者，党政关系有冲突的时候，政应该服从于党。党政两者分工的目标是各自问责，党要管党，提高党的认知水平和决策能力，同时也要管政，方法不是越俎代庖，而是通过决策、监督和问责，寻求执行的公平公正和高效。

我们过去的改革，注重了党政分开，忽略了问责，是对西方理论的误读和借鉴过程中的偏差。其结果是提高了经济发展效率，却忽略了政治领导，也没有提高政治决策、监督和问责水平。这次综合改革提出党和国家领导制度改革，是对过去经验的回顾和提升。

六、过去改革的经验、特点和不足

继续改革需要对过去的经验进行总结。回顾过去的改革，特点很鲜明，包括：改革从农村开始自上而下推动、地方试点、以经济发展为主逐渐推进、运动型执行。从中国的发展效果来看，改革是成功的，大踏步推动了中国经济社会的发展。但改革依然存在一些问题。表层的、程序性和方法性的改革多，深层次的制度性改革少。细究起来，我们一直在政企关系、政社关系、央地关系、党政关系、党群关系、城乡关系中犹豫和徘徊，在传统与现代之间徘徊，在民族主义和国际主义之间徘徊。有进步、有踌躇、有思考、有反复、有顿悟，也有困惑。

在从传统到现代的转变过程中，全球化趋势、财富、市场、资源、人力资源、社会经济观念包括文化的全球化冲击，依然在挑战中国，促使中国进行更深层次的改革。2018 年的党政领导制度综合改革，是这个更深层次改革的开始。

七、这次党政领导制度综合改革体现的价值诉求

前七次政府机构改革，我们的价值诉求和对改革的理解有几个明显的倾向：经济理性第一、经济效率优先、政治行政两分、行政体系要价值中立、私比公更有效率、分比合更有效率、测评比不测评更有效率、执行比理念更有用、前置严管比后续追查好、领导意志比法律条文更重要。而这次党政领导制度综合改革，提出了一些新的价值取向，包括讲政治维护党的领导、讲初心以人民为中心、讲全面推行强调综合理性的全景式的公共政策决策和执行、讲创新推动务实性制度重构、讲科学推动合理性、讲法制追求规范、讲协同注重均衡发展、讲生态注重环保和谐、讲开放鼓励学习交流与通商、讲包容推动共享式发展。

通过前后的价值倾向的比较来看，中国已经从注重单一经济发展指标到注重综合全景的发展指标，也就是新要求提出的现代性、全面性和包容性。发展

的目标不仅是经济增长，也包括社会发展和人的能力与自由的发展。创新不仅仅是公共政策创新，还牵涉更深层次的文化创新。

当然，政府改革需要面对政府提倡的价值观与社会上真实存在的价值观之间的矛盾。机构改革不仅仅是建立国家领导能力、确定发展方向，也不仅仅是编制和组织结构管理，而是要明确动态的公共价值追求，通过政府分工和官员激励机制管理、通过有效施政，来弘扬健康文明新型国家理念和社会发展的核心价值，改造旧文化，寻求政府价值、社会价值和公共价值的融合，使之成为政策制定与执行的依据、国家制度的基石、公务员的动力、社会行为的规范。

克服"中梗阻"提高新时期
人才工作的实效性①

摘　要：本文关注十九大提出的人才强国，实行更加积极、开放、有效的人才政策，吸引、容留和培养造就一大批具有国际高水平的创新团队的号召，回顾了我国人才工作的历程和成就，展现了人才工作在我国建设和发展过程中的重要作用，也讨论了过去乃至当前人才工作依然存在的不足，提出在新时代新要求下，提高人才工作的政策实施力度，建立制度化的全景式综合理性的人才管理体系，以克服人才工作的中梗阻，提高人才工作实效性的政策建议。作者认为，在人才强国理念的指导下，运用全景式政策制定和运行的视角，追求人才工作的合理化、系统化、规范化、制度化和常态化，是建设人才驱动的可持续创新国家的必由之路。

关键词：人才工作　中梗阻　全景式人才管理体系

一、我国历史中的"人才"经验

作为一个有着几千年文明史和近代革命史的古老又新型的国家，中国一直有爱才、引才、用才的美好故事，也有妒才、屈才、灭才的不同警示。有一些流传甚广的典故，隐含了不少重才、用才的哲理。

例如，周武王不顾姜子牙八十高龄，唯才是用，在其协助下成功推翻了商纣统治，建立了周朝。春秋时期的鲍叔牙和齐桓公不计管仲做生意小气和差点射杀齐桓公的前嫌，以容才的雅量，举管仲为相，终得齐国称霸春秋。刘备三顾茅庐请来年轻的诸葛亮，让他指挥自己桃园结义的兄弟，屡建奇功，是礼贤

---

① 原文载于《国家行政学院学报》2018 年第 4 期。

下士、用人不疑，创造必要工作条件的典范。水泊梁山中英雄聚义，不问家世背景，只要同仇敌忾，人皆英雄，谱写了一曲劫富济贫、弘扬天道正义的英雄史诗。廉颇与蔺相如不计前嫌、共御强秦的故事，也对我们今天的人才管理体系有所启示。不同才能的人才、老资格和新资格的人才，也会有嫉妒、不平和难以合作的矛盾。人才之间的谦虚和识大体，体制环境的宽松和容忍，管理者的协调都是人才合作共赢、共同发展的基础。古代文化中还有民间对人才能力想象的神话。传说中的清官包拯，就被民间赋予"日断阳，夜断阴"的特殊能力，而事实上，这些美好的愿望超过实际的可能，也容易导致失望与埋怨。

古代人才故事中，也不乏人才使用不当或与人才失之交臂的故事。例如，韩国国君放任庞涓嫉妒和迫害孙膑，迫使优秀人才负气出走，导致最后国家的灭亡。曹操带典韦保护自己声色狗马的行为，激起众怒，让优秀战将牺牲在个人享乐的场所。太平军不用容闳，认为毕业于"不见经传"的西洋学校的书生没有什么作用，不识英才，最后被容闳协助曾国藩军队购买的火炮重创。"千里马常有，伯乐不常有"，说的就是要发现人才，还要有能够慧眼识才的优秀用人者。

重视人才的传统，也反映在中国近代社会变革之中。清王朝末年，列强崛起，而中华文明却长时间闭关锁国，丧失了方向。在受到鸦片战争的重创后，当时的有识之士开始关注西方。由容闳带到美国学习的 120 个幼童，回国后带来了电信电报、铁路、武器制造、民族工业和新民主革命的思想，是中国从传统社会走向现代的桥梁。变化的大时代也孕育了辛亥革命的先贤，湘江岸边的伟人，抗日救国的志士和中国新民主主义的中坚力量。大批知识青年奔赴延安，为夺取全国胜利积聚和准备了人才。

1949 年新中国诞生前夕，团结民主人士，召唤海外学子回归，以钱学森、李四光、邓稼先、吴文俊等杰出科学家为代表的海外留学人才回到祖国，为发展新中国的工业、科研、教育和国防建设事业建立了卓越功勋。

历史的故事，虽人人熟知，但其中隐含的哲理，却常常被人忘记。在中国深化改革，攀登现代化新高峰的时刻，对这些历史故事的回顾，会给我们不少有益的警示。

二、改革以来人才工作的成就

改革伊始，邓小平同志就高度重视"人才"工作。他大力推动科技事业发展，扩大高校招生，废除终身制，实行干部年轻化、知识化，并重启派遣留学生的计划，为中国后来的改革开放，走向世界，打下了良好的人才基础。

1983 年美国提出的"战略防御倡议"（即"星球大战"计划）对世界高科技发展产生了相当的影响。基于此，1986 年 3 月，王大珩、王淦昌、杨嘉墀、陈芳允四位科学家意识到我国闭关锁国多年的差距，向国家提出要跟踪世界先进水平，发展中国高技术的建议。经邓小平批示，国务院通过了《高技术研究发展计划（"863"计划）纲要》。计划云集了当时国内顶尖的人才，选择性地跟踪国际新技术，了解了世界前沿，培养了人才，加强了我国对世界高科技的理解力。

另一个里程碑项目是国务院 1986 年 2 月批准成立的国家自然科学基金委员会。其目的是根据国家科技发展方针，支持基础研究，发现和培养科技人才，促进科技进步和经济社会协调发展。年度预算从 1986 年的 8000 亿提高到 2017 年的 28000 多亿。培养了一批又一批的杰出青年科学家，许多当选为中国科学院院士或中国工程院院士，成为我国科技界的栋梁之材。[①]

1994 年中国科学院的"百人计划"，1998 年的教育部"长江学者计划"，2012 年"万人计划"，一浪接一浪，规模越来越大，覆盖面越来越广，形式和期限以及管理方式执行灵活，覆盖面宽。还通过特聘岗位制度，推动了科研机构和高校用人制度和分配制度改革，打破人才单位所有制、职务终身制和分配中存的平均主义、庸才主义、老好人主义等弊端，在中国高等学校改革中引起了层层涟漪，造就了一大批努力奋进的科研团队和中青年高级人才，形成了众多的重点学科和新型产业，将中国许多高科技领域直接领向国际前沿。

2010 年 6 月中共中央、国务院印发的《国家中长期人才发展规划纲要（2010—2020 年）》（以下简称《纲要》）[②]，是我国第一个中长期人才发展规划。《纲要》要求各级党委和政府把人才当作第一资源，"统筹抓好党政人才、企业经营管理人才、专业技术人才、高技能人才、农村实用人才以及社会工作的人才队伍建设，培养造就数以亿计的各类人才，数以千万计的专门人才和一

---

① 国家自然科学基金委员会. 机构概况 [EB/OL]. 国家自然科学基金委员会，2018 – 05 – 10.

② 中共中央、国务院. 国家中长期人才发展规划纲要（2010—2020 年）[EB/OL]. 中华人民共和国中央人民政府，2010 – 06 – 06.

大批拔尖创新人才"。《纲要》的重点目标包括，（1）大力吸引海外高层次人才和急需紧缺专门人才；（2）自主培养开发人才；（3）加快人才工作法制建设；（4）加强改进党对人才工作的引导；（5）改革人才发展体制机制，完善人才管理体制；（6）创新人才培养开发、评价发现、选拔任用、流动配置、激励保障机制；（7）营造充满活力、富有效率、更加开放的人才制度环境，逐步实现由人力资源大国向人才强国的转变。

在规划的感召下，地方政府的人才工程也像雨后春笋，拔节而出，遍地开花，用"形成了一股时代的洪流"来比喻并不过分。人才工作开始向规模化和普及化转型，成就和困惑也越来越多，对人才工作的研究需求也日益迫切。

三、前行道路上的问题与挑战：克服"中梗阻"

我国的人才工程，取得了巨大的成就，也依然存在各种不足。不少滞阻因素在政策细化和政策执行的过程中产生，可以被形象地称为"中梗阻"，意思是，上、下通，中间不通或者不够通。这些中梗阻的现象很多，主要原因和表现形式有以下几种。

（一）政策细化和执行中存在"九龙治水"的现象

宏观政策变为可操作的细化政策，需多部门出台具体条例，它们内容、生效时间差异性大，相互制约，木桶短板情况明显，使国家人才政策和理念难以落实。例如，对青年优秀人才的资金支持，由于严格和苛刻到不合常理的财务管理制度，使科研经费使用困难，也不能花得合理和经济。同时，在加大工作期望值要求的前提下，没有对人才后勤生活如住房、孩童入学、家庭医疗保障等有相应的支持和帮助，迫使"青年人"想方设法与制度博弈，浪费了宝贵的科研时间，挫伤了工作积极性。人才管理理念滞后和平均主义思想干扰人才工作。有些单位对长江学者奖励政策落实力度不同。有的单位不但全部发放，还另外提供配套；也有的单位在拿到国家对入选学者的支持后，扣掉其原有的工资，大大削减了长江学者的补助力度，只剩下一个"名"。另外，海外引进人才的落地、签证、户籍、薪酬、医疗、社会保障、经费管理、住房、工作安排、工作条件配给，都由不同部门管理，执行不同步，各部门政策也不协调，交易成本极大，很多该有安排的事情长期无法落实。不少入选专家长期没有五险一金，家庭医保无法落实，不能参与个人借贷和金融服务，工作条件不到位，证件使用经常受阻，不能享受普通人可以获得的社会资源，是事实上的"高薪贫困"阶层，缺乏应有的社会能力，① 使得一部分入选者被迫重新归海。

（二）一些部门和中层管理人员对人才工作的意义认识不足、重视不够

一些部门和中层管理人员在人才工作中存在懒政、惰政、不敢担当等现象，不积极学习了解、推动和实施已有的政策，也不主动了解和协助解决人才亟须解决的问题，而是等待观望。国家政策支持款项到达单位后长时间不告知、不执行。还有一些做人才工作的官员依靠自己传统的人力资源管理经验，以管、卡、博弈为导向，缺乏人才管理的现代思维。管理人员的观念、水平不同，导致政策执行的力度不同。例如，外交部和公安部发了通知，在海关边检采取不排队，电子自动通关方法，不用人工盖出入境章。而财务部门在有机票、行程单、住宿和消费等各项证明的条件下，仍坚持以入境章作为报销的必要条件，给参与国际活动的科技人员和财务部门自己都增加了很大的工作量。也有管理人员不认真细致调查国际人才市场情况，凭简单地了解设计单位人才管理方法，在人才服务方面有所欠缺，小失误造成大损失。还有，许多一线做人才工作的工作人员责权不足，没有解决基本问题的实际能力，导致人才服务工作的缺失。

（三）对人才特点认识不足，造成了不少人才管理的困难和困惑

这与我们对人才问题研究不足、宣传不足有关。人才的特点是异质性、稀缺性、动态性、实态性、环境匹配性和人性。异质的意思是他们是十分不同的。有的是天赋异禀；有的是资本、知识、经验密集型；有的是能工巧匠；有的可以批量培训和机器替代；有的是特技专才……分清楚了才能用其所长，有合适的政策应对，才不会盲目。对人才特点的认识不足，定义不统一，分类不清楚，将科研人员与企业人员类比，普通人才与专业人才相攀，造成政策实施的困惑和混乱。

（四）人才优惠政策功利性强，不利于科学创新和社会进步

目前，人才引进优惠政策的机会性、领导人意志性和随意性很强，在人才市场不充分、管理人员对专业的国际情况或学术能力情况并不了解和缺乏细致考察的情况下，追求虚名、学习西方企业界近年来风行的一事一议的方法，使单位主管领导陷入艰难的人事谈判之中，造成淘气的孩子多吃糖，以及争待遇、争资源、争名誉、争地位的风气；在引进人才中也形成了非市场化的畸形不公，影响大的学术和科研团队的形成，导致研究工作中出现不少低水平重复现象，

---

① SEN A. Development as Freedom [M]. New York：Oxford University Press，1999.

对诚实奉献的社会风气产生了负面影响。

西方员工薪酬一人一议的传统，始于企业界需要短平快地实现市场利益，而掌握了现代知识和有市场影响力的经理人员不愿意被剥削，与资本家讨价还价的历史，管理目标并不是科学技术、国家和社会的发展，而是短平快牟利分成的思考。这一现象在 20 世纪 90 年代开始渗入高等学校，从商法学院开始，因为许多老师反映刚毕业的学生薪酬都比他们高，难为人师。但这一方法对基础科学、人文和社会科学都造成了极大的冲击。很多与企业毫无关系的政治学、经济学者也开始在商学院挂名，以提高工资待遇，远离帮助实现其成就的本学科同人，后进无力。这一急功近利的思想也逐渐影响了学术风气，使得基础学科缺乏潜心研究的一流人才。优秀的青年学生学习经济，不思考经济政策的大政方针，却云集股市和金融机构做操盘手，巧取豪夺挣快钱。应该说，企业的人才政策鼓励了市场创新和利润创新，也推动了科技成果的转换和市场化。但对于总体科学技术的发展，特别是基础科学和社会人文的发展、人才培养、国家管理能力提升和社会正义的实现，弊大于利。在我国需要自主创新能力的时候，以功利性的方法管理高科技和人才队伍，实为南辕北辙。

（五）引才目标不明确、标准不科学导致非理性竞争

在引才政策执行过程中，工程性思维容易喜新厌旧，追求短期和时髦的政绩，没有地方竞争，引才目标不明确，按数量和种类，而不是质量和使用效果评价人才工作力度，使得各地在人才引进方法上产生非理性竞争。早期的一些"百人计划"的学者，放弃了很多优越的条件归国创业，没有追求行政职务者，在享受优惠条件方面相形见绌，有很强的失落感，一些人又重新申请加入新的人才计划，大量的表格工作、资源和荣誉追求，影响了科研和教学工作的延续性。

（六）人才管理方法、理念落后，无法及时适应新政策

不少部门管理技术落后僵化，信息系统设计理念老化，工作条件不足，更新缓慢，不能适应新政策，导致引进人才的医疗、公务卡、金融服务、家属保险、幼童上学甚至生活设施使用和网络使用都有不少问题。不少重要的国家政策，由于某些单位的信息技术落后，不能读卡而得不到执行。一些工作单位，对引进人才的工作条件、资源配置实际不足或者不配套，缺东少西，限制了人才作用的发挥和发展。

（七）一些体制机制以外的问题也在制约人才效率的发挥

一是核心管理层与人才的沟通不足，信任度不足，对人才的需求不了解，支持缺位。也有引进人才的知识不足、对新到环境的工作流程、生活环境、制度制约了解不足，缺乏入职培训和告知，不易融入新环境。还有，由于国内长期存在行政地位决定资源配置的惯性，使得千军万马争过独木桥，本土人才与外来人才在职务、资源、名声、地位、心理方面有明的和暗的竞争。一个必须要回答的合理问题是，"你来了，我放在哪里？你的方法与我的不同，听你的还是听我的？"如果不解决好引进人才和原有权力结构的关系，又没有好的协调和处理方式，往往会造成不必要的工作阻力。另外，形象工程、资源转移、公才私用、观念差异、评价不科学、技能与需求不匹配等复杂的因素，也都是人才政策难以落地的滞阻原因。

（八）用人主体的问题，也值得关注

"人才为我所用"的提法，在操作上有不同的内涵。在传统和历史上的"我"，指的是要攻城略地、维护统治的封建君主。在现代化建设的今天，国家民族发展的大业是一个"我"，"企业"或单位的集体功利目标是另一个"我"，为"领导"个人的政绩是第三个"我"。三者统一，则是国家民族、单位和个人。如果三者不统一，就有矛盾，需要有处理方法和通道。如何将人才发展使用与单位个人和国家利益相结合，让每一个"我"的价值都有合理的实现，其实不是一个容易处理的问题。

古代历史中，常有对人才用时敬，不用时残的做法，所谓"高鸟尽，良弓藏""狡兔死，猎狗烹"。今天的人才政策，要超越历史，对人才进行现代"人"的管理。让人才获得基本权益，得到尊重，得到应有的工作条件和施展能力的环境，有所贡献，有所获得，默默无闻的普通并不会影响其做好本职工作、得到发展事业的机会，使每一个为大"我"奉献和服务的人才身历其中，奉献其中，感恩其中；将国家的强盛、人民的福祉与个人的发展结合起来，寻求淡泊名利、默默奉献，虽功勋卓著，依然能在山花烂漫的季节，微笑在花丛与小草之中的平凡境界。人人为才，各尽所能，生生不息，薪火相传。我国的人才工作，要走向这个境界，还面临许多文化和制度的挑战。

四、结语

政策执行"中梗阻"的问题，是组织理论中的一个经典问题。有十多年工作经验的一些中层人员，有了一定的工作经验，老的工作方法驾轻就熟，升迁无望，新的东西不愿意学，多的工作不愿意干，很自然就形成一种政策执行的阻力，需要靠改革的推动进行治理。也有中层管理体系经过一段时间的运行，结成一定的板块，形成自己的运行规律方法和利益，难以改变。另外，传统上参照苏联模式设定的行政管理体系，存在部门立法、政出多门、碎片化管理等弊病，经过长时间的运行，成为"中梗阻"的温床。在人才政策或者别的政策领域都是如此。在人才领域不能突破，损失尤其大。在计划经济时代，碎片化政策靠大力度行政解决；在全市场化的条件下，很多问题由市场自动解决；而中国处于从计划经济到市场经济的过渡阶段，存在不少市场不能直接解决、行政体系又没有有效的制度性解决的问题，导致问题与解决方法的错位。这个阶段的人才的工作，如果不能一体化管理，就容易造成总是缺一块的遗憾，人才的社会协调成本极高。

中国的人才工程，从"两弹一星"工程开始，到今天已经走过了半个多世纪的历程。这半个多世纪，特别是后来的40年，中国经历了翻天覆地的变化。人才工程的目标从小规模、勒紧裤带选择性冲击尖端领域，到规模性扩展，到追求创新领域的全覆盖和人人成才的新境界。到目前，如果我们请主要人才工作者谈人才工作的政绩，他们一定会滔滔不绝，精彩纷呈。但如果对他们说，讲讲不足和困惑吧，我们会发现，同样的人，也可以滔滔不绝地说问题、倒苦水。这就是中国人才工作的现状。中国人才工程的成就靠的是一批在令人眼花缭乱的政策和碎片化的政策实施环境中摸爬滚打，艰苦奋斗的人才工作者，一批社会上看起来傻到不懂照顾自己还依然认真工作的"人才"，加上一些时代的噪音和机会主义者。他们合力形成的人才工程交响曲，在转型的社会中奋力发声，成就很大，问题不少。如果我们与一个在第一线的人才工作者谈话，请他/她谈谈成就，她/他一定可以滔滔不绝，讲述许多激奋人心动故事。如果你对他/她说，讲讲还有什么问题，他/她一定会再一次滔滔不绝，满满的问题和满肚的苦水。

传统上，由于资源和人才的稀缺，人才管理采用的是"英雄化"的管理模式，以荣誉和相对的资源集中，推动科学和管理在有限的领域内进步，跟踪前沿是主要目标。以钱学森、邓稼先等为代表的老一代学者，在国内外生活和发展条件差距巨大的情况下，以奉献的精神回归，在中央领导的直接关注下，做惊天动地的大事，过普通人的生活，默默无闻，但是却谱写了可歌可泣的动人故事。

步入 21 世纪，经济社会和科学发展到相当的阶段，自主创新和规模性人才培养成为人才工作的首要目标，中国经济的崛起开始让人才工作有条件大规模地按照国际标准来聘用和培养，人才公开性、民主性、竞争性成为工作方法，更年轻的国际化人才也有更自觉的个人发展意识。这就使得人才工作的合理化、规范化、制度化、常态化和可持续化变得尤为重要，对人才工作体系系统研究的需求也就更加突出。否则，引才用才就成为用人单位的行政人员与人才个人直接或者中介人之间的一种博弈，是追求业绩的主要负责人的业绩欲望与引进人才之间的讨价还价能力之间的平衡，而不是人才的贡献，起到最重要的作用。另外，社会炒作成风使得默默无闻的人才不易得到领导关注，继而缺乏资源，也不可能或者极难做惊天动地的大事。人才工作的首要目标是人尽其才，其中重要工作就是努力克服制度体系中的"中梗阻"，让所有的"人才"有合理发展、成长、发挥才干的空间。要达到这一目标，要规范人才管理体系，建立全景式综合理性的人才管理模式，从培养、引进、关怀、沟通、配套、管理、使用、评估形成一条龙的机制，人才政策需要兼顾工作、生活、团队、资源配置、环境条件、生态、激励、评估和流通等各个方面，确保才得其所，达到人尽其用的效果。

要做好这项工作，有几个重点需要考虑。

第一，人才工作者需要全面理解十九大精神，建立人才是第一资源和战略资源的共识，做好人才意义和人才政策的宣传工作，将人才政策"广而告之"，一方面给人才政策落地打下基础，另一方面激励羡才、爱才的社会情绪并使大家努力成才。避免干打雷、不下雨，人才没有施展空间，反而要面对社会逆反心理的现象。

第二，迅速建立人才政策的"上位法"和"时效法"，让权威政策机构的最新法律统领所有其他相关的人才法规，使不合理的旧法规失效。以"立"促"破"，用简单系统性的新法规保障人才发挥作用和享受合理公共服务的条件，没有提到的或者与过去法规冲突的一律按最新政策无障碍实施，可以备案和汇报，但不得阻碍新法规的实施，这样，旧法规才能不攻自破。

第三，给人才创造必要的工作环境，建立以高层次人才管理低层次人才，以综合人才协调专业人才制度，让人才创造自己的工作环境和目标，让人才设计制度，创新管理方法，引领社会创新。许多知名人才都有相同的感觉，他们在工作中也常常受到不少掣肘，不能尽如人意，不能充分发挥自己的能力。

第四，建立有决策权的主管领导与人才沟通的常规渠道，建立上级主管部门人才工作巡视制度，帮助及早发现问题和解决问题。除了加强中期跟踪，还建立 360 度引进人才后评估制度，还需对成功和失败的经验进行总结。

第五，建立合理的人才市场、创造新型人才生态环境，以大国心态建立开放的国家人才管理体系。

第六，对历史上做出了贡献的人才进行制度性，而不是个别性补偿。在中国发展和前进的过程中，从新中国成立以来，就有在各自岗位上兢兢业业、任劳任怨、忍辱负重的优秀知识分子和科学家。他们放弃了当时的前沿，在共和国知识体系的基础建设过程中贡献了智慧和心血。他们中的大部分人没有成为明星和高级官员，对他们劳动的承认会对更多勇于"飞蛾扑火"的创新人才有重要的激励和示范效应。

十九大提出的"要聚天下英才而用之，加快建设人才强国。实行更加积极、更加开放、更加有效的人才政策，以识才的慧眼、爱才的诚意、用才的胆识、容才的雅量、聚才的良方，把党内和党外、国内和国外各方面优秀人才集聚到党和人民的伟大奋斗中来，鼓励引导人才向边远贫困地区、边疆民族地区、革命老区和基层一线流动，努力形成人人渴望成才、人人努力成才、人人皆可成才、人人尽展其才的良好局面，让各类人才的创造活力竞相迸发、聪明才智充分涌流。"这是具有时代意义的召唤，是重大国策，牵涉的问题包括理念、制度、机制、方法，甚至态度和文化。这是我们这个时代人才和人才工作者们都必须面对的严肃挑战。当每一个大写的"人"能够得到应有的尊重、得到学习、发展和发挥才干机会的时候，当每一个"人才"不再是"英雄，"而只是具有特别能力、能做特殊贡献的普通"一人"的时候，就是中国人才涌流、创新不断，登顶世界文明高峰的伟大新时代。十九大提出的人才强国战略是具有时代意义的重大决策，关系中华民族在新时代的竞争力和未来发展，是中国的人才工作者需要认真面对的时代挑战。

03

第三篇

公共管理中的
城镇化管理改革路径

新中国成立 70 年来城市发展的
进程与未来道路①

　　摘　要： 本文回顾新中国成立以来我国城市发展的变化、面对的问题和挑战，展望未来中国城市发展的前景。新中国成立以来，我国在建设城市、发展城市和管理城市方面有过认真的思考和不懈的努力，也有过蹉跎和反复。改革开放后，我国城市发展迅速，问题也很多，在当前新时代追求高质量生活和乡村振兴大政方针的号召下，以乡镇为基础的中小城市发展和超级大城市的发展与治理先后得到关注。未来的发展将会出现在城市群的格局中，多种城市协同发展、共生共荣的新局面。

　　关键词： 城市发展　中小城市　城镇化　城市群　中心城市

一、引言

　　城市是特定区域内政治、经济、文化、宗教、人口的集中地，是以非农业产业和非农业人口集聚为主的居民点。《中华人民共和国城市规划法》第三条规定："本法所称城市，是指国家按行政建制设立的直辖市、市、镇。"②"城市"由"城"和"市"两个语素构成。"城"为行政地域，是人为构建的、有政治和管理意义的"人口集聚地"（Habitat）；"市"指商品交换场所，比较小的城市叫"镇"（Town），是介于县与村之间与"乡"同级的行政区划单元，称为"乡镇"。城、镇是传统政治和消费中心。城的规模大，常为政治、工业或大型商业中心；镇的规模小，常为乡村区内的商业中心，是乡村生活不可或缺的中心纽带。1909 年 1 月，清政府出台了《城镇乡地方自治章程》，定"府厅州县

---

　　① 本文载于《福建师范大学学报（哲学社会科学版）》2019 年第 5 期，作者：蓝志勇。
　　② 《中华人民共和国城市规划法（中华人民共和国主席令第 23 号）》，1989 年 12 月 26 日。

官府所在地为城，其他集镇人口满 5 万以上者为镇，不满者为乡。乡设议事会和乡董，议事与行政分开。乡里有乡董、乡佐各 1 名，管理学务、卫生、道路、农工商务、慈善事业、公共营业等"①，这是镇建制的首部法规，也说明乡镇在我国封建时期就有成熟的形态。

早期人们认为城市是农村生活的简单延伸。西方著名的社会学者芒福德（Mumford）曾说过，"城市反映的是农民们想要控制和支配地球的一种精明。技术上，他们延伸了他们利用土地来获得产出的技能，他们将他们的牲畜安全地保护起来，将灌溉庄稼的水资源管理起来，为他们收获的庄稼提供仓储的能力"②。芒福德认为城市与农村没有本质区别，"城市空间是人们为了改变和控制自然创造的一种环境和构建，帮助人们的可持续生存。城市就是具有城市生活方式和形态的村落"。但城市的密集性，即土地、空间、劳力、经济目标高度集中，使城市人交往的程度和机会超越过去。城市也是储存记忆的温床，它的建筑、艺术和纪念标志记录了时间、事件和历史，反映了集聚的文化。城市也高度复杂。不同人群的特质、态度、能力、技术等汇成大的力量，使很多过去的不可能成为可能。城市也是交通的枢纽，是人流、物流、财富、思想和文化的集散地和交流的中心。

随着现代工业的发展，城市开始扩展，出现了以工、商活动为主的城市。所以说，城市一方面是农业文明发展到一定阶段的产物，但更是建立在现代工业和城市技术基础上的文明。理论上，它应该给人类带来的是更高的生活质量，更高的经济产出，和建立在新经济基础之上的政治、科学、道德、文化和艺术的新文明，是国家体制中最活跃、最有能动性、经济产出最高、发展和文明程度最高的管理单元。但不幸的是，在给人们带来无限遐想的同时，城市也常常给人们带来意想不到的贫困和灾难。城市的发展和美好不是自然形成的，它是城市治理带来的结果。

城市治理是公共管理的一门重要学问。早在 1900 年，美国的进步运动深入人心，在科学、改革和追求美好生活的时代号召下推行科学管理、行政改革、人事制度改革的时候，就有著名公共管理学者古利克（Gulick）领衔，成立了纽约城市研究局，专门研究美国工业化过程中出现的城市化现象和城市治理问题。

---

① 武力，张强. 乡村社会治理结构的四次变革 [J]. 国家治理，2015（14）.
② MUMFORD L. "What is a City?": Architectural Record（1937）[M]. The City Reader. Routledge，2011.

1914 年，美国成立了城市管理协会（ICMA），让城市管理者和学者联合起来，共同探讨城市问题，创新城市治理。美国的市政经理制（Council - Manager）而不是市长制（Mayor - Council），就是这一城市治理科学运动的结果。这一运动使得美国很多城市进行了科学治理城市的制度改革，走向了专业化城市治理的道路①。

中国城市的发展与它的现代化进程同步，本质上是在城乡管理的过程中让中国农村逐步转化为城市的过程。也是国家逐步学习城市、了解城市、驾驭城市，达到有效城市治理的过程。本文回顾新中国成立 70 年来中国城市的发展和进步，预测中国未来城市建设和发展的方向，讨论如何以新型城市发展和治理的理念，迎接高质量城乡生活需求的新挑战。

二、新中国成立 70 年来中国城市发展和进步的历程

城市化的过程包括城市理念、管理、产业布局、文化特点和人口管理等许多复杂的因素。本文避免进入概念和测量指标体系争论，将这一过程描述为城市化过程中人口集聚度提高、治理水平提升、人居环境改善、城市生活水平提高的发展过程。

从 19 世纪末到 20 世纪，军阀割据、列强侵扰、国家不安，中国各地，包括不同城市的发展都十分不均衡。有以青岛、上海、天津、哈尔滨、中国香港等以殖民区域为基础发展起来的城市，可以大致地分为三大阶段。1949 到 1978 年的改革开放前，1978 年到 2017 年的十九大前——这中间可分为从早期的逐步开

---

① 有学者强调 20 世纪 80 年代以来世界银行提出的"治理"概念与传统"管理"的区别。但不应该忘记的是，治理的原意就是"统治。"美国城市管理协会提出的专业化城市管理是民主政治体制（民选市政议员和市长）与市政经理（职业经理人）的一个互动方式，有强烈的现代治理色彩。本质上是当前讨论的治理方式。在我国，城市治理则经历了无序、自上而下的统治、规划走向市民需求的漫长过程。

放到后来高歌猛进的阶段，和 2017 年十九大以后的发展趋势①。

（一）1949 年到 1978 年

1949 年新中国成立后，在 1950 年至 1980 年的 30 年中，世界城市人口比重由 28.4% 上升到 41.3%，而中国城市人口比重则由 11.2% 上升到 19.4%，低于世界平均水平。但中国的工业总产值却增长了 38.18 倍，国民收入增长了 7.41 倍，非农产的比重也从 1949 年的 31.6% 上升到 1978 年的 64.6%，都高于世界平均水平（360 百科：《中国城市化进程》）。

从 1949 到 1980 的改革开放，政府对城市市民实行"统包"政策，户籍、住宅、粮食甚至副食品、燃料、教育、医疗、就业、养老、劳动保险等实施统一管理；农村实行"统购统销，土地集体化，生产集体化，户籍控制"，严格控制城市化的进程和城乡人口的自由流通。城市生活低水平、低动能。城市发展以苏俄为样板，关注建设工业化的生产和集聚中心，在东北老工业区的基础上，还相继建设了包头、大庆、加格达奇等资源性城市。

在这一时期的国家建设过程中，乡镇建设的努力也不断明确。1954 年年底，全国设 5400 个镇，人口 2000 到 50000 不等。1955 年 6 月国务院发布了《关于设置市、镇建制的决定》，确定设镇标准。1975 年和 1978 年的两部宪法都废除了乡建制，保留了镇建制。至 1978 年年底，全国有 2173 个镇。1984 年 11 月国务院公布新建镇标准，确定县政府机关所在地，乡政府驻地非农业人口占全乡人口 10% 以上的，可以设镇；少数民族地区、人口稀缺的边远地区、山区和小

---

① 不同学者对分期有不同的看法。比如，方创琳根据城镇化水平将发展分为：（1）1949—1978 年起步阶段；（2）1980—1996 年城镇化起步和加速成长阶段；（3）1996—2020 年中期和后期成熟阶段。并根据五年计划的城市政策节点分期为：（1）"五五"：改革恢复；（2）"六五"：抓小控大和市镇建制标准改革；（3）"七五"：大中小并举和城市规划法颁布；（4）"八五"：大中小并举和社会主义市场经济体制确立；（5）"九五"：积极稳妥和促进小城镇健康发展的意见；（6）"十五"：中国特色城镇化道路；（7）"十一五"：统筹城乡发展；（8）"十二五"：稳中求进和新型城镇化道路；（9）"十三五"：多规合一和新型城镇化规划。（见方创琳.改革开放40年来中国城镇化与城市群取得的重要进展与展望 [J].经济地理，2018（9）：1-9.）刘卫东、陆大道等从城镇化率角度划分：（1）1949—1958 年，初级的快速城镇化状态；（2）1958—1978 年缓慢挫折发展时期；（3）1978 年至今迅速发展时期（见刘卫东，陆大道等.我国城镇化及小城镇发展态势分析 [J].今日国土，2005（3）：21-23.）《2012 年中国新型城市化报告》的分期是，1949—1957 年，城市化起步发展阶段；1958—1965 年，曲折发展阶段停滞阶段；1979—1984 年，恢复发展；1985—1991 年，稳步发展；1992 年至今，快速发展阶段。但 1978 年的改革开放和十九大提出的新时代都是跳不出的节点。

型工矿区、小港口、风景旅游区、边境口岸等地，非农业人口虽不足 2000 者，有必要的话，也可设镇。

在乡镇建设的过程中，中国大城的建设也在同步进行，但主要关注点在什么是社会主义的城市，如何平等使用城市空间、如何控制城市规模、如何维护城乡分割的布局。工业化、平等化和维持城乡二元是这一时期的城市建设主旋律。

（二）1978 年到 2018 年

1978 年中国开始了大规模改革开放，城市化的进程也随之加快，可以大致分为四个阶段。

1. 从 1978—1984 年，农村的经济体制改革是重点，放活了的农村经济允许自由市场和城乡贸易，允许集体经济和乡镇企业的发展，影响了城市的发展。大量农民工开始从事产业、商贸活动，进入城市；大批（2000 万）知识青年和下放干部回城，城镇人口开始密集，规模开始迅速增长。城乡二元的管理制度和城市基础设施严重落后于城市发展，当时的全国城市规划工作会议（1980）提出的城市方针是"控制大城市规模，合理发展中等城市，积极发展小城市"。1983—1998 年间，国家开始推行市管县的制度，有 100 多个县级市升格为地级市。城市化率从 1978 年的 19.4% 提高到 1984 年的 23.01%①。

2. 从 1985—1991 年，乡镇企业发展对城市发展的影响力加大。同时，党中央和国务院在 1984 年决定进一步开放大连、秦皇岛、天津、烟台、青岛、连云港、南通、上海、宁波、温州、福州、广州、湛江、北海十四个港口城市。

1984—1986 年开始推行"撤社建乡"政策。1992—1994 年，国家再一次对乡镇实行"撤、扩、并"。这两段时间都推动了乡镇建设的大发展，共 15000 多个建制镇诞生，是乡镇大发展的时期。

1986 年，建市标准也得到了修订。到 1996 年，县级市数量在 10 年内增加 286 个。经济市场化的浪潮，也冲击着传统的城市理念，城市开始被认为是经济、政治、科技、文化、教育中心和社会发展的引擎。1992 年，国务院重新修订小城镇建制标准，到 1998 年，城市化率由 1992 年的 27.63% 提高到 30.42%②。

---

① 高新才，周毅，徐静. 中国城市化历史进程审视 ［J］. 学术交流，2010（1）.
② 第十二届中央委员会. 第十二届中央委员会第三次全体会议公报 ［EB/OL］. 央广网，2013－11－13.

3. 1993 年后，一系列由国家体改委、建设部、公安部等多部委联合颁发的政府文件推动了小城镇的综合改革和农村居民的市民化。如 1993 年 10 月的《关于加强小城镇建设的若干意见》；1995 年 4 月的《小城镇综合改革试点指导意见》；1997 年的《小城镇户籍管理制度改革试点方案》和《关于完善农村户籍管理制度意见》，允许农民进城，允许在小城镇就业、居住和符合条件的农村人口办理常住户口，新生婴儿随父或母入城市户口，许多城市都放松了户口限制。

1998 年十五届三中全会通过的《中共中央关于农业和农村工作若干重大问题的决定》认为发展小城镇是带动农村经济发展的大战略，2000 年国务院也颁发了《关于促进小城镇健康发展的若干意见》，推动农村改革和小城镇建设。2000 年 5 月国务院批转的公安部《关于推进小城镇户籍管理制度改革的意见》，是关键性的一个文件。批准"凡是在建制镇范围内有合法固定的住所、稳定的职业或生活来源的人员及与其共同居住生活的直系亲属，均可根据本人意愿办理城镇常住户口；已在小城镇办理的蓝印户口、地方城镇居民户口、自理口粮户口等，符合上述条件的，统一登记为城镇常住户口"。这一具体政策在推动中国的城镇化过程中起到了十分关键的作用，城镇化的增速度保持在每年 1.2%以上。

与此同时，大城市的管理依然趋向于人口控制、城市形态维护，增加了生态和环保的意识，人口流通的管制有所放松。

4. 2006 年开始，有讨论提出要将城市群作为推进城镇化的主体形态。这一概念也出现在 2011 年国务院发布的《全国主体功能区规划》和 2014 年的《国家信息城镇化规划（2014—2020）》，2016 年 3 月的《国家"十三五"规划纲要（2016—2020）》等文献中①。研究显示，美国等发达国家的城市圈人口已达到 70%，而我国 40% 还不到②。到 2018 年年初《长江三角洲区域一体化发展规划纲要通过审议》，城市群建设的概念才开始在区域实施过程中有了政策依据。新一轮的城市发展方式，正在逐渐展开。

从 1949 年到 2017 年我国城市化进程中，我们能观察到我国城市发展政策的

---

① 《国家"十三五"规划纲要（2016—2020）》明确提出要加快城群建设，并对全国 19 个城市群和 2 个城市圈（喀什和拉萨）的建设目标提出具体要求。

② 余蕊均，程晓玲. 19 个国家级城市群，为何大多发展不尽如人意［EB/OL］. "城市进化论"微信公众号，2019－07－17.

几个重要的变化：一是国家放松了人口流通管制、允许农民进城就业居住，并积极发展中小城镇；二是从认为城市是"简单的工业生产中心"到城市是"多形态多功能"的人口集聚的新型生态空间；三是开始接受了跨越性思维，跳出原有的经验之圈，按发展需要、对比国际经验，提出发展城市圈的概念。到目前为止，虽然在彻底破除城乡二元户籍管理方面的改革并不彻底，或者说还没有完全制度化，但户籍的功能已经开始淡化，城市发展的新趋势也已经全面展开，进入了城市多元发展的新阶段。

三、未来展望

城市化是工业化、现代化的必然产物，发展趋势不可阻挡。根据中国统计年鉴数字显示，到 2018 年，中国大陆总人口为 139538 万人，城镇常住人口为 83137 万人，比上年年末增加 1790 万人；乡村常住人口为 56401 万人，比上年年末减少 1260 万人；城镇化率为 59.58%，比上年年末提高 1.06 个百分点①。

进入 21 世纪以来，中国地级市数量逐步稳定下来。有 667 个城市，20,000 多个小城镇，形成了大、中、小的多层次城镇体系。一方面，这一现实显示的是城市化进程的巨大成绩；另一方面，城市的成长也带来不少新的困惑。大量农村和外地移民不能享受工作地城镇户籍的优惠政策（36% 以上）；新移民生活错位，心理失落、有孤独感和被排斥感；城市发展不平衡，贫富悬殊大，滋生犯罪，危害公共安全。加上经济结构失衡、交通拥堵，基础设施和公共服务滞后，资源浪费、环境严重污染等城市病的出现，给城市治理带来挑战，一度使大城市再度努力进行强制性人口控制。但强制性人口控制只能是一个阶段性的手段。2017 年 10 月召开的党的十九大，设立了我国经济社会发展的一个新的里程碑。大会提出在新时代要着重解决的主要矛盾是"人民日益增长的美好生活需要和不平衡不充分的发展之间的矛盾"，具体措施包括"实施区域协调发展、乡村振兴和深化行政体制改革"三大发展战略，与之相匹配的路径包括：建设国家中心城市，引领区域发展；建设中小城市，容纳农业转移人口；建设智慧城市，提高城市运行效率；建设特色小镇，综合田园小镇，振兴乡村。这些方案和路径，将是我国今后一段历史时期内城市建设和发展的行动指南。

---

① 国家统计局. 中国统计年鉴 2018［EB/OL］. 国家统计局，2018 – 10 – 24.

（一）建设中心城市，引领区域发展

"中心城市是指居于国家战略要津、肩负国家使命、引领区域发展、参与国际竞争、代表国家形象的现代化大都市。"住建部于 2010 年的《全国城镇体系规划（2010—2020 年）》中就提出了建设北京、天津、上海、广州、重庆等国家中心城市的思考。2016 年 5 月的《成渝城市群发展规划》要求成都"以建设国家中心城市为目标"。2016 年 12 月发改委的《促进中部地区崛起"十三五"规划》，提出武汉、郑州为国家中心城市。2017 年 9 月和 12 月国务院批复的《北京市城市总体规划（2016 年—2035 年）》和《上海市城市总体规划（2017—2035 年）》，分别提出将北京建成高水平的国际一流和谐宜居之都，将上海建成具有世界影响力的现代化国际大都市。《广州市城市总体规划（2017—2035 年）》草案也计划将广州建成中国特色社会主义的全球型城市。2018 年 2 月的《关中平原城市群发展规划》也提出将西安建设为国家中心城市。到 2018 年，这些城市都先后发布建设国家中心城市的行动纲要或实施方案。这一系列政策，吹响了中国建设大型国家中心城市的号角。

学界也认为，在资源环境优秀、经济发展基础好的地域建立中心城市，是引领全国新型城镇化建设的重要抓手。甚至有学者提出，这些有强大辐射力的城市应该具有唯一性，功能不可替代性，通达性，便民性，开放性，高效性和国际影响力。[1]

中心城市建设也被认为是促进区域发展的一个重要手段。2018 年 11 月 18 日，中共中央、国务院《关于建立更加有效的区域协调发展新机制的意见》指出区域协调发展的实施是新时代国家重大战略之一，让中心城市发挥引领、辐射作用，推动区域协调和城市群建设，成为区域发展的主心骨，是未来城市发展的方向。

2018 年发布的第一部《国家中心城市蓝皮书：国家中心城市发展报告（2018）》认为，国家中心城市位于全国城镇体系的最高端，应具备综合服务、网络枢纽、科技创新、开放交流、人文凝聚、生态宜居 6 大核心功能。许多地方政府的工作报告，也出现了大量的"建设国家中心城市"的表述。可以预见，中心城市建设和发展，会继续是我国未来几十年城市发展的重要方向。

---

[1]　倪鹏飞. 改革开放 40 年中国城镇化发展的经验与启示［J］. 智慧中国，2018，36 (12).

（二）中小城镇建设与乡村振兴

中小城镇建设是20世纪90年代以来，特别是21世纪以来国家反复强调的战略方向。在一系列的政策推动过程中，出现了人的城镇化，智慧城镇，特色小镇等各种不同的中小城镇发展的动力来源于以下方面：一是寻求以城镇的形式容纳大量农转非的人口；二是希望探索新型城镇化的道路，城市建设与经济发展两不误；三是认为船小好掉头，新技术容易在这些地方实施；四是中小城镇离乡村近，乡村建设或者综合田园建设或许是未来城乡协同发展的新创举。

乡村振兴也是十九大报告中专门提及的战略目标。报告重申"农业、农村、农民"问题是与国计民生紧密相关的根本问题，必须重点关注，优先发展。三农问题在过去也一直是历年的中央一号文件的内容，但真正的乡村振兴，却姗姗来迟。更多的是注入式的乡村美化，对财政辅助和房地产增长依赖性大，乡村的内生发展动力（如技术、人才、创新造血功能）的培养严重不足。部分官员也对全面使用现代科技推动农业现代化有所顾虑，担心解放了的农业人口不能被城市吸收。中小城镇大规模的建设和发展，是就地现代化、科技化和城镇化的一个重要路径。特别是新出现的现代综合田园建设的理念，如果能够和城镇化战略有机结合起来，辅之以土地政策、农村产权政策的改革，让知识、人才、资金、技术和城市生活形态真正下乡、推动农业的发展，乡村的振兴和新农民的成长，就会落到实处。城镇化和乡村振兴就能相得益彰，共同打造高效率、高附加值和高质量的农业产品和乡镇生活。都市里的乡村或者乡村里的都市，或者说绿水青山的田园生活，就会成为追求美好生活的许许多多的中国生活中的现实。

（三）走向城市群

在城市化、区域发展、中心城市建设和中小城镇建设的讨论中，中国城市群的格局已经基本形成。长期以来，我国城市发展的一个重大的挑战就是城市化的质量不高，突出表现在以下几个方面。（1）人的城市化问题困难重重。1.6亿多农民工处于半城市化的状态，没有享受或者没有完整地享受城市居民该有的国民教育、医疗卫生、社会保障、低保、社会救助、住房保障等公共服务，更不要说选举权和被选举权这样一些政治权利，难以融入城市生活。（2）城市布局混乱。一些城市盲目扩张，超越资源环境承载能力，大跨度的调水、输电、输气，治污的压力越来越大。据统计，全国657座城市有400多座缺水，其中110座属于严重缺水，过度开采地下水引起了地面沉降。（3）城市就业吸收农业人口能力严重不足。比较而言，日本快速发展期农业人口的下降比例是65%；美国是72%；而中国同期农业人口下降的比例，受各种因素影响，远远低于这个比例，落后于城市发展的需要（百度知道：《中国城市化进程的发展现状》）。

解决城市集聚的困境和农业人口转移的有效方法是城市群的建设。规划好的城市群使得城市坐落有序，围绕中心城市形成多级管理，即城市化，又避免了大城市常见的城市病——拥堵和空间不足，还使城乡两栖就业成为可能。2018年，国家发改委发布实施《推进新型城镇化建设重点任务的通知》，提出全面实施城市群规划的设想，包括编制实施粤港澳大湾区发展规划、印发实施关中平原、兰州—西宁、呼包鄂榆等跨省区城市群规划和加快实施长三角、长江中游、成渝、中原、哈长、北部湾等城市群规划。这一理念的推广和落实，既符合城市化发展的趋势，也解决了城市规模太大、治理困难的挑战，还将大量中小城镇的发展和乡村振兴战略包容其中。研究也表明，这个趋势也是国际发达国家高度城市化以后走向的发展道路①。

四、结语

中国近10亿人口的城镇化过程，是史无前例、举世瞩目的壮举，面临的挑战自然巨大。

从人口影响方面来说，老龄人口总量高峰的来临，劳动人口的相对减少，加上高技术和人工智能的发展造成的就业替代，使得社会抚养比的变化、劳动就业机会的变化和未来社保基金的稳定度，都变得扑朔迷离，难以预测。

从资源环境承载力来看，中国的大气环境、水环境、固体废弃物环境、社区环境和居室环境等依然处于局部改善、整体恶化的状态。要达到联合国提出的能源消费总量在2000年的水平上降低一半、GDP增加一倍、城市土地利用的合理平衡、全面达到城市的能源清洁化的目标，十分不易。

从对自然地理环境和人文地理环境的影响来看。地形的改造（摩登大楼的建设、土地平整、河海利用造成的水土流失、滑坡、泥石流等地质灾害），气候的变化（城市碳排放带来的气温、降水、日照、风速、风向、污染等），对水文的影响（破坏了的河网水系）和城市生态的恶化，都是需要面对的挑战。

财政能力方面，巨大的基础设施建设的速度和质量要求，高水平的公共服

---

① 蓝志勇，吴江，刘敏华，等. 世界级城市群人才发展规律研究及对京津冀人才一体化发展的借鉴报告［R］. 清华大学北京市组织学习与城市治理创新研究中心，2018.

务要求，城市人口社会保障的要求，需要大规模的投入，至少每年要以万亿元为基本水平。

这些问题，都必须靠规划和治理的力量来应对。传统的城市管理，关注点在规划和经济发展，常常出现的是规划理念与变化的需求和领导意志的博弈，结果是规划永远滞后、不到位，或者实现了也不符合发展要求，或者根本就不能实现。事实上，由于规划必须要先于建设，从图纸设计到建设完成时间跨度大，在迅速变化的世界，规划理念落后、灵活性不足是常量；领导意志根据时代和领导的感知进行表达，也常有不科学地追随潮流的问题；实施过程中还会碰到技术①、资金、利益的阻力问题；另外，城市移民、公民社会对城市生活和公共服务的要求也会不断提升和变化。所以说，城市的发展，需要理论、规划、治理体系、文化建设、社会生活等各个方面的创新。中国正在进行人类社会的一场伟大的变革，中国的城市化是这一伟大变革过程中的一个重要组成部分。历经 70 年的风风雨雨，中国人民开始对城市、城市功能和城市生活有了全新的理解，对城市治理也有了超越经济发展、规划构图、户籍控制、人口进城、城乡二元或城乡统筹等简单方法的新思考。可以预见，中国未来的城市化的道路，必将会走得更加智慧、更加顺畅、更加理性，将要取得的成就，也必然会成为人类文明史上的丰碑。

参考文献

[1] 武力，张强. 乡村社会治理结构的四次变革 [J]. 国家治理，2015 (14).

[2] Mumford L. "What is a City?": Architectural Record (1937) [M]. The City Reader. Routledge，2011.

[3] 高新才，周毅，徐静. 中国城市化历史进程审视 [J]. 学术交流，2010 (1).

[4] 第十二届中央委员会. 第十二届中央委员会第三次全体会议公报 [EB/OL]. 央广网，2013 - 11 - 13.

[5] 余蕊均，程晓玲. 19 个国家级城市群，为何大多发展不尽如人意 [EB/OL]. "城市进化论" 微信公众号，2019 - 07 - 17.

---

① 比如，组装技术中有配件加工不精确、工人施工减料、引起不安全工程事故。

［6］国家统计局.中国统计年鉴 2018［EB/OL］.国家统计局,2018 - 10 - 24.

［7］国家发展改革委.国家发展改革委关于支持武汉建设国家中心城市的指导意见（发改规划〔20162650〕号）［EB/OL］.国家发展改革委,2016 - 12 - 14.

［8］倪鹏飞.改革开放 40 年中国城镇化发展的经验与启示［J］.智慧中国,2018,36（12）.

［9］蓝志勇,吴江,刘敏华,等.世界级城市群人才发展规律研究及对京津冀人才一体化发展的借鉴报告［R］.清华大学北京市组织学习与城市治理创新研究中心,2018.

首都发展要义

——建设引领现代文明的和谐宜居之都①

建设文明之都、首善之区、和谐宜居之家园，是党中央的号召，首都人民心底的意愿，也是这一代首都人需要担当的历史使命。建设文明之都，是国家治理和首都城市发展的需要；建设首善之区，是大国文化赋予国人勇当人类文明楷模的自信和责任；而建设和谐宜居、水绿气清、人文包容的家园，则是首都人民的美好生活之需求。

习近平主席在 2017 年 2 月 24 日北京市规划建设和冬奥会筹办工作座谈会上指示，要深入思考"建设一个什么样的首都，怎样建设首都这个问题。"从广义上说，建设什么样的都城，是个一般性城市理论和城市治理实践的问题；从狭义的角度来看，建设什么样的首都，是"首都城市理论和首都城市治理"的独特问题，也是我国改革开放以来，在大规模和迅速城镇化的过程中没有被高度重视的问题。本文从城市理论，首都理论和现代大城区规划与治理几个角度展开讨论，希望有抛砖引玉的效果。

一、什么是城市和城市治理？

城市理论回答"什么是城市、我们要什么样的城市和如何建设和管理城市"的问题。专家学者和城市工作者从城市管理学、社会学、建筑学、规划学、经济学、地理学、历史文化学、政治学、心理学的许多不同的视角或者综合的视角研究和讨论城市，寻求城市建设和城市生活的答案，角度很多，理论也不少，但基本共识是，从本质上来说，城市是人类对地球的占据和使用的集聚地，是

---

① 本文为作者为北京市撰写的首都发展要义报告。

区域环境和人为选择与创造的结果，它的目的是为了满足人们的经济、政治和社会需求，是人类文明的载体。城市的变迁和发展，是人类文明变迁和发展的领头羊。

城市在东方和西方都有源远流长的历史。西方的城市发展走过了从米索比亚的卫城、雅典的城邦、罗马的帝都、中世纪城堡、钢铁和纺织工业的都市、乡村的田园城市到现代集政治、经济、艺术、文化、社会生活和国际交往为一体的超级大都市与城市群的发展道路。在华夏，从早期的仰韶文化、古老的殷商龙城、春秋战国的城池之争、唐宋名城的繁华、外来者建设的租界城市、自建的北方工业城市，到近几十年来飞速发展的世界级超大城市的道路；亚洲各国，从大国印度，东瀛邻邦到东亚小国，也有堪可彪炳史册的名城建树。在人类历史的长河中，城市的发展，与所在时代出现的技术、理念和组织管理能力同步，人们集聚在城市，汇集意志、理想、才能、技术和资源，努力地追逐更美好的生活和理想中的愿景，引领了人类文明的提升。

城市作家艾莉亚特在描述西方工业化时代的大城市时曾经写道，"城市是一种特有的人类集聚的场所，它让人们充满激动、有不可名状的神秘、也存在着令人吃惊的巨大差异性。"城市是各种文明的心脏。古希腊的雅典城，被西方学人认为是人类思想和精神巅峰的发源地；而纳粹德国的柏林城，则被认为是给人类文明带来羞辱、将人类文明推向痛苦深渊的所在。早些年在中国风行的一部电视连续剧《北京人在纽约》中有一句著名的台词，"你爱一个人吗，让他去纽约吧"（那里是人间天堂）"你恨一个人吗，让他去纽约吧（那里是人间地狱）"，是用通俗的语言表达了一个关于现代大城市特点和困惑之情和理论困境：城市是人类社会的一种强大的地理空间和社会环境的存在，具有满足人类所有需求或者毁灭人类全部愿望的巨大潜力，它可以是天堂，也可以是地狱，如何有效抑恶扬善，是城市治理的核心所在。

作为一个多功能综合体，许多城市集政治、经济、流通、科研、交通、教育、文化、居住、娱乐等功能于一身。欧洲工业化城市出现的时代较早，自由化的城市化发展引发了城市贫困、瘟疫、流行病和大雾都。美国在他们早期的城市建设过程中，为了吸取教训，有过关于城市功能的热烈讨论，虽然没有明确的结果，但是他们逐渐自然形成的格局是纽约是商业和金融中心，芝加哥、底特律为制造业中心，洛杉矶为演艺中心，华盛顿为政治中心，波士顿为高等教育、文化中心，南部佛罗里达的坦帕和西部凤凰城为旅游休闲养老中心，亚特兰大和德克萨斯为医药卫生中心，以及 20 世纪末以来兴起的旧金山湾区为信息技术创新中心等。随着城市和城市群的增长，各大城区依然特点鲜明，各有侧重，但城市作为多功能综合体的现象，也已经全面形成。

以工业化为标志的现代城市诞生以来，由于集聚效应和乘数效应，城市带来了巨大的生产力和创新力，也给人们创造了美好富足生活的期许，吸引了大量的人口涌向城市。但是，同时出现的情况常常是，在城市的建立、成长和发展的过程中，往往由于目标不明、环境支持系统不足、基础设施建设滞后、预测不足、规划思考不周全和理念僵化，或是各种专业化的生产和服务功能的欠缺、管理不善、周期性出现的经济危机等，造成城市生活设施缺乏，卫生、教育、服务、住房资源不足等问题，加上管理不善，给人类社会带来更大的困扰和痛苦。美国早期放任自由资本主义时期芝加哥、纽约等地和拉美的里约、墨西哥城、布鲁衣诺斯等城市的失业、贫民窟、犯罪现象就属于这一类。

进入高速工业化和城市化的时代以后，特别是近来的几十年，许多国家开始努力规划和管理，补贴城市建设，推动城市化，建立模范城市。但是，大型的中心城市的发展的速度和方式经常会超出规划师们最大胆的想象，或者说出乎他们的意料；人口和城市功能的增长速度也总是高于城市基础设施建设的速度。人口拥挤、资源紧张、交通拥堵、环境污染等为主要症状的"大城市病"压力依然巨大。"城中村"、"群租"、"违章搭建"、"公共卫生"、"公共秩序混乱"等现象也常常是社会治理的经典难题。贫民窟、衰败的公租房、城市蔓延、交通拥堵、空气劣化等现象经常出现，引起了社会的极大关注。另外，世界的局势变化和动荡使英国、法国从其原殖民地吸收了大量移民。这些人大多集聚在伦敦、巴黎、里昂等城市。尽管政府出资建设、提供给移民居住的低收入住宅区，但这些地区慢慢发展成顽固的贫民区，群体失业率高、城市贫困现象严重，犯罪率高、社会融入率低，成为城市治理的难点和疼点。可以说，城市病，特别是大城市病，是现代社会中一个全球性的问题，也是这些城市管理人员最头疼和棘手的问题。如何减轻城市病的症状和带来的痛苦，迅速治疗城市病，是当代城市工作者最重要的挑战。

痛定思痛，通过对比、学习和理论思辨，学界和管理界开始形成广泛的共识，认为城市的管理，不应该仅仅依靠管理人员，而应该依靠生活在城市里的每一个人，每一个组织，甚至过往的每一个游客。城市的和谐美好、经济高效，需要共识、文化和体制机制；要让所有的"城市人"都参与城市的管理过程中，称之为"治理"，共建美好的城市生活，这是现代城市治理的共同属性。

二、首都城市

"首都城市"的概念在学界的讨论中，并不多见，但并非全无。"首都"的核心要义在于它的政治功能。这一点，在许多国家的首都选址过程中十分明显。

当年美国独立革命战争以后，政治家们经过严肃认真的讨论，定都哥伦比亚特区的华盛顿为首都，是平衡南北政治势力、考虑地理区位和都城造价的一个妥协。如果当时不只是东部十三个州，首都的选址或许还会有别的考虑。当时的总统华盛顿，就力主在较小的城市，建设功能单一的政治中心。

我国古代建都，就非常讲究地理环境、人口资源、国家安全甚至风水。从秦始皇时代开始，中国绝大多数的外来威胁都是从北方开始（除了鸦片战争）。北方气候寒冷，培育了强悍的游牧民族。北方的气候不利于农作物的多季种植，在农业技术不发达、时有天灾的古代，一旦遭灾，便有边境的不宁，特别是西北地区，骚乱频繁。东北方的良港，也是海洋实力强大的西方国家窥视中华大地的通道。同时，从另一个角度来看，中国北方有着广袤的土地、矿藏、水草、森林、湿地和其他资源，是大粮仓和呼吸器。广阔的渤海湾，有着诸多天然良港，是中国北方通向海洋世界的命脉。新中国成立初年，考虑到历史文化和政治中心的传承、政治盟国苏俄的地理位置，和背靠发达的北方工业区等因素，北京自然超越了西安、南京、杭州、西安、河南等古都，被选为新中国的首都。首都必须是一个集国家安全、内部管理、历史传承、政治经济区域优势于一身的重要城市，这是不言而喻的。

在科学进步、全球化进程全面展开的现代社会，国家的力量开始增强，首都城市的政治功能，全球化形势下国际交往功能和全球都市网络的形成，给出了首都城市新时代的定义。有不少国家，有意识选择了处在大城市中间的中小城市或者第三城作为首都城市，如华盛顿特区，伯尼尔（瑞士），渥太华（加拿大），堪培拉（澳大利亚），比勒陀利亚（南非），和波恩，新德里（印度），追求他们政治功能的单一性。列宁当年为了减少西方影响，也从圣彼得堡迁都莫斯科。最引世界瞩目的是巴西将首都从大城市里约热内卢迁到中部新建城市巴西利亚，努力脱离大城市病，脱离大财团和盘根错节的利益团体的缠绕，推动中部城市发展。这些现象，一致说明首都城市的第一要义是它的政治考量，不可忽视。

政治的考量，可以有几大维度。第一，它必须是全国重要的人口资源、自然资源、地方情况、政治经济社会发展等信息的"度量标准制定中心"和"信息资源汇集和处理中心"，必须具有强大的信息汇集功能，这是新时代首都功能的必备要素，是首都发展的一大要义。

第二，首都是关于全国经济社会发展的管理和决策中心，它关于人口、居民、组织、制度、资源使用、财富分配等重要决策影响达千里之外，举足轻重。首都需要有代表各地和各地方思考和利益的咨询决策机制，包括高效良好的会议场所、高速通畅的文献信息传递功能、决策咨询和研讨功能，以及决策信息的发布和传播功能；也需要有对国内政治、经济和社会资源的管理和控制的能力。从这个意义上来说，政治决策环境和集体领导力的建设，是首都发展的又一大要义。

第三，首都是代表国家进行对外交往的中心城市，需要有四通八达的国际交流平台和强大的国际交流能力，从硬件设施到语言文化能力和包容度，都能够反映国际人口和国际文化的多元性。在一些区域，需要有国际人士感到舒适和熟悉的场所，宾至如归，不论是它的物理环境还是虚拟环境，都是一个巨大的多元文化的网络中心点，促进内外沟通和无缝隙交流。国家胸襟宽广、认知能力的深邃、沟通能力的强大，决定首都国际交往能力的高度。从这个意义上来说，发展国际交流能力，构建强大的国际交流中心，也是首都发展的核心要义。

第四，作为国内决策和对外交往的中心，首都必须有自己的稳重的底盘——就是首都的"自我"，它自己的个性特点。这个个性特点是它具有的能够代表国家深层次的文化底蕴、政治、社会传承，和体现法理原则的体制机制。这一底蕴建立在深厚的文化基础、法理规则、制度构建的基础之上，是首都自我意识的积淀，坚如磐石，承载国家繁荣、民族兴旺、人民幸福、中华振兴的重任，使之屹立于世界民族之林，经得起惊涛骇浪。所以说，发掘和弘扬民族文化，构建立足于自我文化基石上的制度环境，是首都文化建设的核心要义。

第五，在全球竞争合作、科技和管理创新频繁、颠覆性技术开始涌现的时代，全球竞争合作，创新不断。首都作为代表国家政治、经济和文化生活的信息交流、传播和形象展示中心也需要不断学习先进的国际经验，了解世界上的最新发展，借鉴科学技术的最新发明。首都城市，一方面要对外展示自己的魅力和形象，另一方面要对内成为国内治理的范本，推动和引领本国的发展和变化，不断创新。中国近百年来的革命和发展的成就，离不开她的知识精英和革命党人孜孜不倦地对外学习和结合本国实践的制度创新。在千帆竞发、百舸争流的历史大潮中，不进则退。学习和创新能力建设，培养负责任、敢担当、有现代科学意识、能创新、能够承前启后的现代市民，也是首都城市必须要占领的制高点，是首都城市的发展要义之一。

第六，当前的世界级超大城市，如美国的纽约、英国的伦敦、法国的巴黎、日本的东京、中国的上海和香港，还有一些国家的新兴城市，如东南亚的新加坡、韩国的首尔、荷兰的阿姆斯特丹，都以现代城市治理的理念或自己独特的特点，很好地解决了一些大城市病的问题，积累了良好的经验，成为世界其他国家城市发展的楷模，是引领人类文明的力量。首都城市，承载一个国家、一个民族，甚至一个地区的文明的传承，它树立的典范，关系世界文明的延续和提升，它不仅仅服务于自己的国家，自己的地区，也会对人类文明的发展做出独特的贡献。所以说，创新引领也可以是首都城市发展的要义。

第七，现代"首都城市"处于各种交易、交流、交往的网络中心。随着现代政府作用的日益增强、国家之间的交往日益频繁、信息经济文化交流的复杂和期望值的不断增长，首都城市成为文化、信息、种群、财富、技术、创新的熔炉，展现出了独特的魅力和吸引力，是当代城市工作者必须认真关注的城市现象，是新的首都发展要义之追求。

三、建设什么样的首都、怎样建设首都、怎样定位大城区的规划与治理

认真学习习近平总书记的讲话，可以发现，习总书记对他自己提出的问题，"建设一个什么样的首都、怎样建设首都"，已经有了许多很深刻的思考，与世界城市的发展趋势和首都城市的特质与功能有相当的契合点，一些相关的理念也反应在了北京市的规划方案之中。

习总书记在他2014年2月26日视察北京的讲话中，郑重提出了做好首都北京的发展和管理工作的要求。"作为国际知名的中国首都和历史文化名城，北京是祖国的象征、人民骄傲、向国际世界展现中华文明的窗口"。同时，对于城市化经验不足的发展迅速的中国城市，北京有必要成为中国其他城市发展的楷模。北京作为一个超大城市，集政治、经济、社会、文化、影视、产业等多种功能于一身，处于人口密集的亚洲和中国人口规模在历史巅峰的时期，她面对的挑战尤为严峻。在许多已知和未知的"城市病"中，大雾霾和超级拥堵是北京两

个突出的病症。人口多、房价高、看病难和贵、教育不平衡、低收入城市移民住宅乱等问题，是普遍存在北京严重度尤甚的问题。这里面有过去体制机制的遗留问题：如城乡二元结构、城市功能求全和产业优先、非首都功能集聚、地方税收结构不合理的问题；也有国民情绪中传统的大城市崇拜感和私家房产拥有感超强的心理因素。带着强烈的问题意识，习总书记提出了一些具体的要求。

"一是明确城市战略定位，坚持和强化首都全国政治中心、文化中心、国际交往中心、科技创新中心的核心功能，深入实施人文北京、科技北京、绿色北京战略，努力把北京建设成为国际一流的和谐宜居之都。"这一要求，突出了北京的首都政治功能、文化功能、国际交往功能和科技与城市创新的功能。首都城市的发展要与国际首都城市的核心要求接轨。

在 2017 年 2 月的北京市城市规划建设和冬奥会筹办工作座谈会上的讲话中，习总书记特别提到加强规划、多规合一、开门编规划几个重点，一语中的，直指传统规划工作的难点疼点。新中国成立以来，北京市有过几次重大的规划调整，每一次规划完成后又面对新的发展形势；加上规划控制和实施的难度、超预期的人口增长，本来有良好思考的规划效果难以呈现，百姓看到是以放大方式显现的城市混乱和交通拥堵。曾有国际朋友来到北京后对笔者说，"我以为中国是高度计划发展的国家，但看到北京的城市轮廓天际线后，我认为这是一个极其自由的国家，什么样的建筑轮廓都可以出现。"他指的就是规划与城市发展之间的不协调。事实上，国际规划界近年来的规划理论都强调要有公众参与，让使用者参与和审议规划，建言献策。我国的规划往往注重保密，防患房地产炒作。但如果有良好的税收机制、法律环境和房产市场的管理，规划的公开化讨论可以是一个不成问题的问题。这就是说，规划的成功制定和实施，或许要依靠规划之外的努力。

"二是要调整疏解非首都核心功能，优化三次产业结构，优化产业特别是工业项目选择，突出高端化、服务化、集聚化、融合化、低碳化，有效控制人口规模，增强区域人口均衡分布，促进区域均衡发展。"事实上，作为首都城市，产业发展不一定必须是首都的功能。国家天下养，财政支出可以由国家税收解决。但我国的体制特点、行政区划与地方财政收入的关系以及城市规模的巨大，超大城市和城区都拥有相当的产业。在这样的背景下，产业结构的优化和高端化、区域化就成为一个重要的考量。而在这些产业中，高技术、新能源、高智能、高全要素产出就是一种必须。它们展现的是未来的生产和创新方式。而城市的人口，按同样的道理，也是数不在多而在精，技能不在全面而在于合适。首都非核心功能可以向周边和附近城市转移，让首都轻装上阵，全力做好本属于首都功能的工作。中国城市巨大，北京的区域宽阔，后院巨大，不可能只有一些西方国家的单一的首都功能。但经过疏解和瘦身，城市功能更加简洁和明晰，有利于重要功能的优先发挥。

　　"三是要提升城市建设特别是基础设施建设质量，形成适度超前、相互衔接、满足未来需求的功能体系……以创造历史、追求艺术的高度负责精神，打造首都建设的精品力作。"城市基础设施是城市的命脉，什么应该是合适的基础设施，是当代规划者城市建设者和城市管理者面临的挑战。比如说，从家居住房建设来看，我们走过来第一代（经济节约型住宅），第二代的空间扩展的大房子，第三代（空间优化和建筑质量），当前需要面对的可能是第四代（注重景观舒适）和第五代（注重生态文化）建设方法的选择。在城市道路桥梁和通信设施方面，如果土砖、麻石算第一代材料；水泥、柏油马路是第二代建材；电器、管网和桥梁算第三代；那么新能源汽车和轨道机车就是第四代，无线人工智能（Wireless AI）控制和立体交通就是第五代。古城北京，如何面对这些高速变化、不断出现的或许有颠覆性功能的新技术，规划和设计自己的基础设施。打造承上启下，具有历史传承又有现代高科技，还能兼容颠覆性新技术即将带来的变化的基础设施，是一个持续的挑战，是创新发展的新前沿。

　　"四是需要提高城市发展水平，治疗城市病。前提是要健全城市管理体制，提高城市管理水平，尤其要加强市政设施运行管理、交通管理、环境管理、应急管理，推进城市管理目标、方法、模式现代化。"城市管理体系的设计需要因地制宜、精细化管理，需要长期细致的工作，需要高质量和刻苦能干的公务员队伍。这一条，在发达国家生活和学习过的同志，会有特别强烈的感受。北京市的交通路标、交通灯的智能化、街边停车、立体停车场建设、路口之间的衔接、小区开放、医疗教育设施分布、小区管理都有巨大的提升空间。比过去，已然是天上地下；比未来，改进和提升的征程依然任重道远。放权给市级政府，加强基层、街道、社区的精细化管理是建设宜居之都的必然之路，也是首都发展的要义之一。

　　"第五是要加大大气污染治理力度，应对雾霾污染、改善空气质量的首要任务是控制 PM2.5，要从压减燃煤、严格控车、调整产业、强化管理、联防联控、依法治理等方面采取重大举措，聚焦重点领域，严格指标考核，加强环境执法监管，认真进行责任追究。"改革开放以来，中国人民在追求发展的过程中，高度关注 GDP 增长，却忽略了对环境的保护。在可持续发展成为全球关注度重要议题的时候，中国也自觉地对这一问题高度关注，配备了新中国成立历史上最强的环境科学领导团队，直面大气污染、水污染和其他环境污染的挑战。

除了做好北京工作，中央高度关注北京副中心和京津冀的协同发展，并把雄安建设和北京副中心建设作为京津冀协同发展的破局之旅。这一战略思考，也具有世界性发展经验和理论背景。发达国家的城市化进程，经历了中小城镇化、大城市化、逆大城市化和大城区、城市群、城市带的发展过程。

我们知道，城市的特点在于它的集聚功能，人口、技术、知识、资本、市场的集聚和土地、空间资源的集约使用，但当城市的发展速度超越了城市管理的技术水平，或者说城市管理技术的软、硬实力不足以应对城市迅速发展的挑战时，就需要进行调理、整治和疏解，这就是逆城市化。霍华德田园城市和西方城市蔓延、摊大饼等现象，都是应对城市集聚力无效的方案。应对这些问题的解决方案是快速交通网路的密布，将不同的卫星城连接起来，形成大城区或城市带，形成新的生活宜居、产业集聚、创新不断的城市群。这一现象，在欧美、日本已经形成，如美国的波士顿—华盛顿城市带，芝加哥—底特律城市带，洛杉矶—旧金山城市带，日本大东京城市圈，英国的伦敦城市圈等。人口密集，城市密集，知识和技术密集，集约用地，产业成片，产值和全要素生产率奇高。中国的城市群也初见规模，南有珠三角，东有长三角，中有湘鄂，西有成渝，北有京津冀等。而京津冀由首都统领，与天津和雄安鼎足而立，形成中国北方的大型城市带，带动大区发展，是中国华北的定海神针，其现实和历史的意义都十分深远。北京首都的建设和高质量的发展，成为中国城市发展的旗帜，也为中国成为未来人类城市文明的楷模，铺垫了基石。首都北京作为全国的政治、文化、创新中心和国际交往中心，内连全国，外联世界，是中国的政治文化形象。而地方北京建副都于通州，对内建设北京地方生活，改造城市，教育公民，推动科技和产业创新；对外成为京津冀三地的沟通枢纽，引领京津冀大城区的协同发展。

事实上，经过这些年的努力，首都的建设与京津冀的协同发展已呈现互相促进的态势。北京不但必须在硬件环境上建成世界之最，北京市民也要在个人修养和整体素质方面自我提升。毛泽东同志当年有一段至理名言，说中国革命进程中"严重的问题是教育农民"。在改革开放取得巨大成功、社会主义建设新时代全面深化改革、努力攀登现代文明高峰的新长征路上，重要的问题便成了"教育市民"。北京需要在推动科技和产业升级，在改造旧城市、旧文化、旧习惯、旧理念、旧体制机制的过程中，培养有科学意识、新工作技能、遵纪守法、热心助人、有公益精神、服务精神、有正义感、公民责任感、包容心和文明礼貌的现代市民。首善之区的形象，社会主义的核心价值观，应该反应在北京官员和每一个北京市民的音容笑貌和行为举止之上，成为新时代中国的国民标杆和世界文明中一道靓丽的风景。

　　首都的发展和治理，与区域的发展和治理以及国家的发展和治理息息相关。首都"文明之都，首善之区，和谐宜居之家园"建设的成功，将会是促进区域发展的成功，也必然是领导中国发展的成功，也必定会走向引领世界文明发展的成功。首都发展的要义，或许就深含在对这些成功的追求的努力之中。

雄安"新城"与京津冀城市群发展战略展望①

摘　要： 本文回顾了雄安"新城"战略的理念和发展过程，根据十九大提出的新时代的新发展理念、城市发展规律和雄安新城战略的构想，进行了建设性思考和讨论。作者提出，雄安建设是为应对疏解北京发展压力而设计出来的一步破局之旅，但牵涉的问题却是时代性的大问题，是解决人民日益增长的美好生活需要和发展不平衡不充分之间的新矛盾的一个重大样板工程。雄安规划，处于世界新工业和新技术颠覆性变化的前夜，应该认真借鉴国内外大城区建设的经验，更进一步地解放思想，用更大格局的思维更新城市理念，进行城区的规划和建设，要跨越性思考，还要留下有序调整的空间、不断引领中国乃至世界城市的建设和发展。

关键词： 雄安　京津冀协同战略　城市群

一、雄安"新城"战略的背景

在十九大顺利闭幕后再论雄安，有一些独特的意义。② 早在 2014 年 2 月 26 日，习近平总书记考察北京时提出了"建设和管理好北京"的要求，并将京津冀协同发展上升为重大国家战略。经过几年密集的"京津冀协同发展"的讨论，在"通州副都"紧锣密鼓的建设过程中，党中央、国务院在 2017 年 4 月 1 日，又公布了建设河北雄安的决定，在雄县、容城、安新三县划出 200 平方公里的一个新区，作为疏解北京非首都功能和人口转移承载地。

虽然设计中的雄安不像典型的传统大城市那样跨江依海或紧靠丰富的自然资源提供地，但其重要的地理位置，久远的区域历史传承，虽不是最理想但水

---

①　本文载于《国家行政学院学报》2017 年第 6 期，作者：蓝志勇。
②　中国共产党第十九次全国代表大会报告。2017 年 10 月 8 日。

域宽大的白洋淀以及人口相对稀缺，区域可塑性强的特点，都对建立京津冀大都市圈有着十分重要的意义的考量，特别是作为中国北方重镇的内陆支撑点，其地理位置，或有更深层的意义。

雄安建设，一方面给中国新型城镇化提供了一个高技术和高品位的样板；另一方面，擎起位于中国北方京津冀区大城市圈的一个内陆支柱，推动京津冀的协同发展和繁荣，辐射中国的北方，形成雄居一隅的城市经济带。可以说，京津冀大三角的21.6万平方公里的土地，是中国北方的"定海神针。"它与珠三角、长三角、中部大城区鼎足而立，支撑着中华民族的伟大振兴，是中国梦的重要组成，也是解决新时期人民对美好城市生活向往需求矛盾的一个伟大实践。本文从大城区发展建设和行政区划改革的视角，讨论"雄安"新城建设将给中国经济发展带来的可能的机遇与挑战。

二、"雄安"战略的形成

在河北建立新区的设想由习近平主席和党中央直接决策，由16位顶级专家组成的京津冀协同发展专家委员会对多个选址进行了实地考察调研，考虑交通、地质、水文、环境、建设成本等因素，最终确定选址雄安，报请中央审议。

新区位于京津保腹地，地处一马平川的华北平原，与北京、天津构成等边三角形，距北京天津各105公里。交通便捷、生态良好、多条河在区域内交汇、现有开发度低等特点。起步面积100平方公里，中期发展为200平方公里，远期控制面积为2000平方公里（北京市为16800平方公里，建成区2900平方公里）。①

雄安"新城"有顶层设计构想。中国工程院主席团名誉主席、京津冀协同发展专家咨询委员会组长徐匡迪在访谈中提到雄安与通州形成北京的两翼，成为破解京津冀发展不平衡的新的增长极，是打造世界级城市群的重要措施。雄安建设的目标是疏解北京非首都功能、优化区域空间布局、增强新区自我发展能力、紧跟世界发展潮流、培育和发展科技创新企业、吸纳和集聚创新要素资源、培养新动能，打造具有全国意义的新的创新引擎，建立全国城乡统筹发展的示范区。同时，新区坚持生态宜居、和谐共享的理念，以保护和修复白洋淀及其相关水系的生态环境为前提，提高水环境治理标准，优化水资源管理，提

---

① 何立峰. 高起点高标准建设雄安新区［N］. 人民网，2017－04－05.

升华北平原的生态环境。①

政治局常委，国务院副总理张高丽同志在 2017 年 4 月 6 日京津冀协同发展工作推进会议上表示，"要高标准高质量高水平编制新区规划，强化体制改革创新、加大政策支持力度，切实保护生态环境，研究大规模开发房地产，严禁违规建设，严控周边规划，严控入区产业，严控周边人口，严控周边房价，严加防范炒地炒房投机行为，为新区建设创造良好环境。"②

国家发改委主任何立峰也承诺，国家会根据新区需要，研究提出相关具体政策，在专项规划实施、重大项目布局和资金安排上，对新区相关交通、生态、水利、能源、公共服务重大项目给予支持，与北京行政副区错位发展，有序集中承接北京非首都功能的能力。另外，还将探索新区治理新模式，深化行政管理体制改革，投融资体制改革，建立长期稳定的自己投入机制，吸引社会资本参与新区建设。

河北省政府也成立了雄安新区筹备工作委员会，并在 2017 年 7 月 14 日至16 日启动了区城市设计国际咨询现场会议，国内外 12 家优质设计机构派出团队参加。

专家学者们对雄安的建设也纷纷建言。时任首都经贸大学副校长、中国区域科学协会会长杨开忠专门提到，雄安建设需要把握好几个关系：北京城市功能疏解承载地和首都功能拓展区的关系。要吸取国内外过去的经验——如国内名校在外地办分校不太成功的经验，日本筑波科学城、韩国科技中心等地的成功经验，整建制迁入一些核心公共机构，作为新区发展的中流砥柱。要注重新区的人才集聚和服务功能，实现人才驱动、教育驱动、创新驱动。注重人口、资源、环境、发展的关系。雄安新区位于九河末梢，拥有华北最大的淡水湖，但地处我国水资源最稀缺和世界极度缺水地区，必须坚持以水定发展、定人，控制规模在 250 万人左右③，开发利用节水技术，建设节水型政府、企业、家庭

---

① 张旭东，李亚红，王敏，曹国厂. 三问雄安新区：专访京津冀协同发展专家咨询委员会组长徐匡迪［N］. 新华网，2017 – 04 – 03.
② 张高丽. 严格控制雄安新区大规模房地产开发［N］. 新华社，2017 – 04 – 06.
③ 虽然我国水资源总量较大，但由于人口众多，人均淡水资源拥有量非常小，仅为世界平均水平的 1/3 左右。按照国际公认标准，2010 年我国缺水省份（含自治区、直辖市）达到 22 个，其中重度缺水地区 2 个，极度缺水地区 8 个，且多分布在经济发展较快的地区。中国北方为缺水区域，北京、天津都属于此列，人均淡水在 500 立方米以下，还有水资源质量和水土污染的问题，是需要精打细算，高效和环保地用水的地区。

和城镇，最有效提升水资源使用效率。注重交通与土地利用模式的互动，限制大都市圈长距离通勤圈，避免日本东京通勤潮汐的上班族现象。①

专家研究选址、中央的决策、国家部委和地方领导支持、全球规划智力参与，雄安建设的帷幕已经拉开。新城的建设，既激动人心也充满了挑战。在人才流通、技术创新、社会转型的时代，如何在原有制度基础上打造可持续发展、适应性强、不断与时俱进的新城是一个划时代的挑战。

三、雄安机遇与挑战

雄安"新城"被定位为引领中国城乡发展现代新城示范区、产业升级和创新驱动的新经济带，生态环保的示范和破解京津冀协同发展瓶颈的举措。

城市是一个多功能的综合体，生产功能、流通功能、科研功能、交通功能、教育功能、文化功能、居住功能、娱乐功能等一应俱全。乔恩斯（Jones）、哈里斯（Harris）和尤尔曼（Jurman）指出，"城市从本质上来说是人类对地球的占据和使用的集聚地，是区域环境和人为选择和创造的结果。城市目的，是用一种被人们选择的方式来满足人们的经济、政治和社会需求。"② 城市的目的，是给人类带来益处的极大化，将其给人类带来的痛苦极小化。自现代城市诞生以来，由于它的集聚效应和乘数效应，城市带来了巨大的生产力和创新力，许诺给人们美好和富足的生活，吸引了大量的人口涌向城市。但是，现实的经验是，许多城市往往由于增长过快、发展目标不明确、规划思考不周全和理念僵化、预测不足、人流、物流变化超越预期等许多原因，造成环境支持系统不足，如交通基础设施承载力不足、各种专业化的生产和服务功能不够、生活设施不当，卫生、教育、服务、住房体系滞后，加上管理不善，给人类社会带来更大的困扰和痛苦。城市既有人类社会最伟大和登峰造极的辉煌，但也有令人难以想象的赤贫和炼狱般的苦难。许多城市病，如贫民窟、犯罪与恐怖、交通堵塞、城市蔓延、空气和水资源污染、能源消耗、基础设施不足、公共服务滞后等，常常是城市发展过程中的必然现象。

雄安"新城"的建设一开始就将这些问题纳入思考，未雨绸缪搞规划、稳

---

① 杨开忠. 雄安新区规划建设要把握好首都功能拓展区这个定位［N］. 21 世纪经济报道（广州），2017－05－29.

② HARRIS C D，ULLMAN E L. The Nature of Cities［J］. The Annals of the American Academy of Political and Social Science，1945，242（1）：7－17.

步前进建新城，是实现十九大不忘初心、牢记使命、造福于民、决胜小康的新时代目标的一项重大示范性工程，既直面挑战，也是重大机遇。中国特色的优势，需要经过所有人的努力，通过雄安建设进行强有力的表达。

第一，从区位布局和城市建设愿景来看，新城建设力求破局京津冀协同的瓶颈，推进中国北方城市带的协同发展和崛起。在中国历史上，绝大多数外来威胁都是从北方开始（除了鸦片战争），包括甲午战争和八国联军侵华。北方气候寒冷、培育了强悍的游牧民族。北方的气候不利于农作物的多季种植，在农业技术不发达、时有天灾的古代，一旦遭灾，便有边境的不宁。北方的良港，也是擅长海洋实力的西方国家窥视中华大地的通道。从另一方面说，中国北方有着广袤的土地、矿藏、水草、森林、湿地和其他资源，是中国的粮仓和呼吸的命脉。大大的渤海湾有着诸多天然良港，是中国北方通向海洋世界的命脉。北方城市群或城市带的形成，犹如在广袤的北方大地置下了强大的堡垒和动力心脏，给北方中国带来安全稳定和繁荣富强。雄安"新城"是京津二城设置与华北内陆深处的第三个支撑点，是京津前沿的大后方。三足鼎立，成千年中华大地的磐石之势。另外，新城在开阔广袤之地用现代技术之力打造未来城市，可以是新技术、新理念、新思想的实验地和城市典范。立百年之范，探索未来之路，在技术使用和管理范式改革方面都可以有无限的空间，或许这就是千年大计的意义，也是实现"伟大梦想"的"伟大事业"之一。

第二，新区建设的目的是破解京津冀协同发展的瓶颈。十九大报告专门提到要"实施区域协调发展战略"，以疏解北京非首都功能为牛鼻子，推动京津冀协同发展。为什么有这个瓶颈，什么是牛鼻子上的"鼻栓"——关键之处，其实是许多专家和政府工作人员都意识到的问题。京津冀作为中央层面的国家发展战略已经提出经年有余。北京十分积极，但期望中央大量拨款支持；河北很期望努力承接北京非首都功能和迁移的工厂，但大量的新区建设的资金、人员安置资金、技术和政策并没有能力自我解决；天津作为一个大城市，有自己的工业、税收、历史传承和天然良港，还有新建的滨海新区可以自我运行，在协同发展中应该扮演的角色和应起的作用仍不明确。所以三地协同，雷声大，雨点小；努力推进，但没有解决大问题、宏观问题的设想和举措。这些问题，或许与现有的行政区划和区域管理体系相关。以省市为管理单元、区域内产业决定税收和财政能力的传统管理方法，在大市场形成、城市群形成、专业化大工业和超长产业链和物流能力出现的今天，成为区域产业结构合理发展的瓶颈和掣肘因素。雄安战略的成功必须要突破原有行政壁垒，实现财税体制、城市建设、社会管理、产业结构、人才资源、公共服务、基础设施管理的一体化。具体措施强关系可以包括新区财税分成制度（特殊单位按单位功能补贴，去除区域差异）和预算支出一体化制度，弱关系包括中央领导和干预的区域谈判和协同发展合约的制定和监督执行。破解行政壁垒，是牢牢牵住"鼻栓"，拉动区域协同发展的关键。创新国家的建设、城市与区域和乡村共同发展的契机，深深地隐含在新区建设和京津冀协同发展的策略之中。

第三，雄安未来城市功能的定位，也需要有更加明晰的思考。这个问题，在北京副行政中心通州的建设过程中，也有反映。比如说，首先作为副行政中心，通州未来如何协助中央工作，为首都北京服务？什么是能够配合主城区内中央政府的工作的服务、支撑和政务体系、基础设施？与中央政府各部门如何互动？其次，作为北京市的行政副中心，通州如何为全北京市的居民服务，做好地方北京的行政工作？服务中央政府与服务地方北京应该是一支公务员队伍还是两支？如何保证北京市民的生活起居？房山、大兴、海淀，包括西城这些区域的管理人员，到通州副中心开会和讨论工作，会否舍近求远？再次，作为京津冀协同发展的协调中心，通州有独特的区位优势。但它作为桥接三地合作协同的中心和信息、资源、管理枢纽，应该建设什么样的政务服务系统？如何利用好它独特的地理区位？三种不同的政务功能交汇在同一区域，有比较优势，也有管理体制设计的复杂性。但目前似乎大量的精力花费在打造新的高新技术区、建设能够在财税上自足的新城区上面。新的拥堵在城区还没有开始就已经形成。收入的差异、行政区划的壁垒、财税制度的壁垒、人才流通的壁垒、社会服务的壁垒（医疗、教育、社保、基础设施）、交通最后一公里的壁垒等许多问题，还没有完全进入议事日程。可以说，真正的破局需要从这些方面展开。同样的道理，作为承载非首都功能的雄安与首都的功能也需要配合。建立一座生活条件比北京好的城市，必然人流如织。如果没有永久产权，城市难有根基。更重要的是，雄安不应该只是一座新城，应该按设计思想成为推动周边协同发展的引擎。之所以要承接的是非首都功能，就是不需要在首都发生的功能，是在雄安之内也能完成的功能。大城市圈和城市带的格局与雄安的关系也就因此而生。据此，雄安成功的标志，是成为区域发展的标杆和发展引擎。

第四，城市的核心优势是人口、资源、市场、技术和智慧的有效集聚。而集聚有效与否与城市基础设施、管理技术和这两大要素背后的资本和人才密切相关。中国目前来看是"资本相对富裕"的国家。否则很难解释为什么大量的资本要到海外寻求投资机遇而不在亟须发展的国内投标。要有效使用资本和资源，关键点在人才能力和智慧的有效发挥。雄安要真正破局，人才的有效集聚和作用的发挥就是关键中的关键。作为人口大国，在工业化后大量农民进城是必然趋势，而在全国中小城市和城市交通网络全面形成之前，必然要有大城区的集聚阶段。因为这些地方是产生效率、创新和高收入的集聚地，也是创新的源泉。新城一旦建立，新移民人口容易蜂拥而至。用硬实力拦阻人群，事倍功半，逆水行舟，行政成本极高。某日一旦放松管控，容易倒流如注。雄安的挑战和机遇，都在于它的城市再集聚功能。雄安要成为中国未来城市发展和建设的楷模，缓解北京在现有城市管理技术条件下难以承载的压力，有效汇聚人才、智慧、技术和资源，让它们得到好的使用和潜力的发挥，是真正破局的开始。

第五，新城区的生态环境和大气、水域治理也是具有挑战意义的。新城拔地而起，对原有生态环境必然造成压力。白洋淀水域虽然宽广，但吃水不深，生态能力不强，破坏也很严重。利用新城契机进行水域和生态治理，对水资源缺乏的现象提高危机意识，鼓励全民参与节约和高效用水，追求可持续发展，与联合国2030年的可持续发展目标也遥相呼应，是变不利为优势的契机。十九大明确提出"生态文明的建设功在千秋""要有牢固的社会主义生态文明观"。新区的建设，以高度环保和节水的技术作为引领城市化的基础，将会是开创可持续发展和社会主义生态文明的新城建设的楷模。

第六，雄安的建设，作为大型的、人为创建的新城，可以用最新的理念，最新的技术，来打造最新的基础设施和规划崭新的城市运行方式，并系统探索新治理、新行政区划、新服务、新生活和培养打造新公民的有效路径。这方面，国际大城区近几十年发展的一些经验，值得我们关注。

雄安"新城"的使命，是承接非首都功能、破局区域发展、引领变化。而这一城市与区域血肉相连的特点，也是近年来世界大城区发展的格局和趋势。比如说，美国的"波士华"大城市带，分布于美国东北部大西洋沿岸平原，以波士顿、纽约、费城、巴尔的摩、华盛顿等一系列大城市为中心地带，其间分布萨默尔维尔、伍斯特、普罗维登斯、新贝德福德、哈特福特、纽黑文、帕特森、特伦顿、威明尔顿等城市，大中小城市连成一体，在沿海岸600多公里长、100多公里宽的地带上形成一个由5大都市和40多个中小城市组成的超大型城市群，区域总面积13.8万平方公里，占美国面积的1.5%，人口约4500万，占美国总人口的 20%。城市化水平达到 90% 以上，是美国人口密度最高的地区，其中仅纽约大都市区 2001 年总人口就达 2087.2 万人，占全国人口的 7.3%。这一城市群是美国经济核心地带，是美国最大商业贸易中心和国际金融中心，也是世界最大的国际金融中心。同时，这里也是美国最大的生产基地，制造业产值占全国的 30%。这一城市群区域的各主要城市都有自己特殊的功能，有占优势的产业部门，城市之间形成紧密的分工协作关系。

第二个是芝加哥—匹兹堡城市群，分布于美国中部五大湖沿岸地区。以芝加哥为中心，北美五大湖为依托，东起大西洋沿岸的纽约，西沿五大湖南岸至芝加哥，其间分布有匹兹堡、克利夫兰、托利多、底特律等大中城市以及众多小城市，总数达 35 个之多。该城市群是北美最大制造业中心，匹兹堡、底特律等城市聚集了美国钢铁产量的 70% 和汽车产量的 80%，全球最大的期货交易市场 CME 也坐落于芝加哥。

波士顿—华盛顿、芝加哥—匹兹堡两大城市群集中了 20 多个人口达 100 万以上的大都市区和美国 70% 以上的制造业，构成一个特大工业化区域（又称之为"制造业带"）。这一地带是美国工业化和城市化水平最高、人口最稠密的地区。这两个城市群相连呈"丁"形格局，北部与加拿大的多伦多—蒙特利尔城市群相邻，形成一大片城市群。

美国第三个大城区是圣地亚哥—旧金山城市群。该城区以洛杉矶为中心，南起加利福尼亚的圣地亚哥，向北经洛杉矶、圣塔巴巴拉、圣约金谷到旧金山海湾地区和萨克拉门托。洛杉矶为美国第二大城市，是美国石油化工、海洋、航天工业和电子业的最大基地，也是美国"科技之城"，拥有的科学家和工程技术人员数量位居全美第一。洛杉矶港口和机场承担了 60% 以上美国与太平洋国家的贸易，货物进出口数量超过了东部大港纽约和新泽西之和。洛杉矶的金融业和商业也迅速发展，数百家银行在洛杉矶设有办事处，有许多著名的国际大财团，如洛克希德、诺思罗普、罗克韦尔等。洛杉矶是仅次于纽约的金融中心。2010 年，大洛杉矶都市区 GDP 达 17847 亿美元，人均 GDP 高于东京和纽约，总量达到 3 万亿美元，占全美的 21%。美国城市格局告诉我们，美国繁荣和活跃的基础，正是他们相对集中的大城市群的有效集聚能力。

事实上，在迅速城市化的过程中，中国城市群格局也已经形成。截至 2015 年，中国已形成长三角城市群、珠三角城市群、京津冀城市群、中原城市群、长江中游城市群、哈长城市群、成渝城市群、辽中南城市群、山东半岛城市群、海峡西岸城市群、关中城市群共 11 个国家级城市群，还有十几个正在建设中的区域性城市群。其中最核心的有长三角、珠三角、京津冀，外加川渝和中部城市群。如何使这些城市群高效运行，相互配合，交相辉映，是中国城市化进程的真正挑战。雄安建设的意义，或许更多地在于其能够突破区域协同发展瓶颈方面的作为。

作为区域性城市带发展的战略，21 世纪开始出现的综合城市主义理论可以提供一个有益的思路。这一理论强调了几个核心概念：1. 城市设计的中心聚集力（Authenticity）；2. 变通能力（Vulnerability）；3. 相对独立能力（Porosity）；4. 差异性和链接能力（Hybridity and Connectivity）（见图 3-1）：

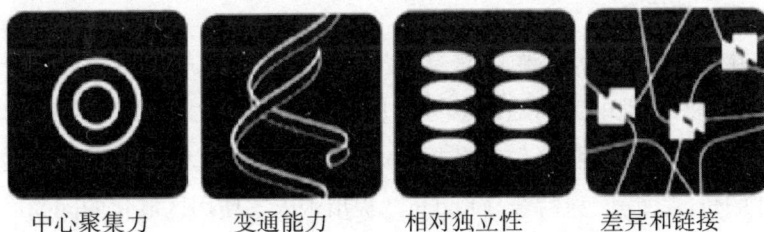

中心聚集力　　变通能力　　相对独立性　　差异和链接

图 3-1　综合城市主义理论图

用这四大核心理念设计和管理城市，使不同城市（包括同一城市的不同区域）都具有中心性、可变性、柔和性、可以穿透的独立性和能够有效连接差异地区的交通基础设施。而新城的基础设施的连接力的形成，正面临一个更新的挑战：它需要思考的不仅仅是融资平台问题和解决最后一公里的问题，而是下一代基础设施以什么为核心技术的问题。

业内常常有关于第五代基础设施，如互联网基础设施、第五代住房设施等讨论。比如说，有专家认为，第一代住房关注经济节约型住宅；第二代注重空间扩展（大房子）；第三代注重空间和建筑质量；第四代注重景观舒适；第五代注重生态文化（环境、空间、文化、效益）。那么，雄安"新城"的设计理念，应该是哪一代？对于城市格局来说，如果土砖城堡算第一代城市，水泥、柏油马路是第二代基础设施的主力，电器、管网和桥梁是第三代，新能源是第四代，那么，无线人工智能（Wireless AI）和立体交通或许就是第五代。而这个专家们一直在描述和憧憬的第五代基础设施，在还没有开始实施的时候，就又已经面临颠覆性的技术革命了。举例来说，模块化的装配式建筑技术在不少领域的应用，发达的全天候智能型立体公交，地下隧道穿梭机器人货运，以特斯拉等企业为龙头的新能源人工智能（或无人）驾驶汽车等。马斯克伊隆已经成立的"钻地公司"，正在酝酿建设立体快速交通，在地底下运行时速达两百公里的自动驾驶通道；在高架桥上运行高速抽真空轨道交通。这一技术，使用在城际交通上，有独特的优势。另外，人工智能控制的机器人在动作的灵巧性（Dexterity）和移动视觉（Mobile perception）等诸方面的技术突破，使其在不久的将来，不仅仅在制造业，还可以在服务业造成大规模的人工替代。过去认为依然遥远的将来，已经成为公共决策和城市规划者必须思考的问题。面对这些颠覆性技术的出现，新城规划需要认真纳入。

四、结论与思考

雄安建设，是为应对疏解北京发展压力而设计出来的一步破局之路，但牵涉的问题却是时代性的大问题，也与十九大愿景规划中提到许多新时代的发展目标相契合。国外学者和管理者在面对城市发展的区域化和国际化挑战后，开始从人才的角度思考。科特金（Kotkin）提出了人才使用区域化的问题，认为大城区的发展对技术、资本、管理尤其是人才需求，提出了更高层次的挑战。他们不但回应大城区的需要，是大城区发展的中流砥柱，也往往是引领城市发展的力量，影响到城市发展的格局和路径。[①] 前纽约市市长布鲁门格（Brumenger）也说过，"许多新的成功的世界级城市努力地用价格和基础设施补贴来吸引企业。那些比较优势的竞争力只有短期的效果，而且只是过渡性的。如果城市要有可持续的成功，他们必须对最大的那个奖杯进行竞争：那就是智力资本——人才。"[②]

城市经济成功的长久竞争力靠得不仅仅是地点和工业传承，也必须靠自己的软实力，靠它吸引、容留和使用人才的能力。在未来，从经济发展的角度来说，城市依然会兴起和衰败，而这些变化正取决于它就业大军的多元，他们所结成的联盟的创新力，城市成长的企业、大学，它们接受移民的灵活性和它们的领袖们如何培育这些创新力量的发展。从这个意义上来说，雄安破局的先手棋，或许还需从人才发展和使用的角度开始。它面临的不仅仅是已有定义的

---

①　KOTKIN J. The New Geography [M]. New York：Random House，2000.

②　SCHULER R S，JACKSON S E，TARIQUE I. Global Talent Management and Global Talent Challenges：Strategic Opportunities for IHRM [J]. Journal of World Business，2011，46（4）：506－516.

"新型城镇化"的问题，而是"新"新城镇化的问题。不仅是农民进城、外地人进城、小城市人进大城市、外国人进中国等问题，而是崭新的城市设计、营运、服务、治理、就业在颠覆性技术出现的新时代的全新的城市生活的建设与打造问题，是原有城市居民也没有碰到过的问题，需要更多的理性思考和有创意的努力。将雄安"新城"打造成一颗中国华北大地的璀璨明珠，破局城市群发展，是21世纪建设者们向世界文明展现智慧、引领未来发展的一次重要的契机。

参考文献

［1］中国共产党第十九次全国代表大会报告［EB/OL］. 新华网，2017 - 10 - 27.

［2］何立峰. 高起点高标准建设雄安新区［N］. 人民网，2017 - 04 - 05.

［3］张旭东，李亚红，王敏，曹国厂. 三问雄安新区：专访京津冀协同发展专家咨询委员会组长徐匡迪［N］. 新华网，2017 - 04 - 03.

［4］张高丽. 严格控制雄安新区大规模房地产开发［N］. 新华社，2017 - 04 - 06.

［5］杨开忠. 雄安新区规划建设要把握好首都功能拓展区这个定位［N］. 21世纪经济报道（广州），2017 - 05 - 29.

［6］HARRIS C D，ULLMAN E L. The Nature of Cities［J］. The Annals of the American Academy of Political and Social Science，1945，242（1）：7 - 17.

［7］KOTKIN J. The New Geography［M］. New York：Random House，2000.

［8］SCHULER R S，Jackson S E，TARIQUE I. Global talent management and global talent challenges：Strategic opportunities for IHRM［J］. Journal of World Business，2011，46（4）：506 - 516.

新型城镇化背景下的社区发展与基层治理①

　　摘　要： 本文讨论新型城镇化背景下的社区发展战略与基层治理。新型城镇化要求人的城镇化，而人的城镇化的基础是良好社区提供的人居环境。本文根据社区管理方式对现有城市社区分类的讨论，指出中国现有的五大类型的前四类社区（传统市民社区、单位社区、城中村社区、城乡接合部社区和新兴商业小区）都在中国快速城镇化的过程中遭到了不同程度的破坏或冲击，第五类新兴商业小区的社区建设还在形成过程中，参差不齐，发育不全。这五类社区都不足以全面应对新型城镇化带来的挑战，提供良好的人口接纳、基层治理和市民服务。以人为本的新型城镇化的战略要求我们有意识从社区发展的视域出发，遵循十八大以来提出的五大发展理念和联合国提出的可持续发展目标，大力推动社区发展，构建以规划改造为空间基础，就业机遇和通勤为基本条件，和谐人居为生活环境、法律服务和冲突治理为手段，新型城市基层综合治理为目标的社区发展战略，以达到和谐人居的城市治理。综合城市主义理论对此提供了有益的借鉴。

　　关键词： 社区分类　社区发展　新型城镇化　空间改造　综合城市主义

　　2013 年 12 月 12 日至 13 日，党中央在北京召开中央城镇化工作会议，指出城镇化是现代化的必由之路。城镇化的核心工作是要以人为本，提高城镇人口素质和居民生活质量，推动常住人口有序市民化，提供良好的公共服务，加强社会管理。按照党的十八大报告、《中共中央关于全面深化改革若干重大问题的决定》、中央城镇化工作会议精神、《中华人民共和国国民经济和社会发展第十

---

　　①　本文载于《学海》2016 年第 4 期，作者：蓝志勇、李东泉。

二个五年规划纲要》和《全国主体功能区规划》的要求，国务院颁布了《国家新型城镇化规划（2014—2020年）》，提出城镇化的五大目标：推进以人为核心的城镇化，提高城镇化水平和质量；优化城镇空间分布的格局和规模；注重资源环境承载力，集约发展；改革体制机制，提高城市公共服务水平。

这一宏观政策的出台，给国家政策部门和城市的基层治理，都提出了新的要求。人的城镇化的重要基础之一就是有良好社区提供优质的人居环境。但是，在迅速城市化的过程中，原有的城市社区解体或受到冲击，新的社区和社区文化还没有很好形成，许多典型的城市问题久久得不到缓解。本文从城市社区的管理视角出发，分析中国社区的现状，提出用社区发展的战略，建设新型社区、培养新型市民、改善城市人居环境、应对城市问题、承接新型城镇化的历史重任。这一战略实施也对中央和地方关系以及城市本身的治理方式，提出了新的要求。

一、中国的快速城镇化和基层治理迫切呼唤社区发展

著名的德国社会学家滕尼斯（Tönnies）曾说过，城市化的过程就是从小社区（Gemeinschaft）到大社会（Gesellschaft）的过程①。在城市化的过程中，社会资本往往被弱化。在大社会中，社会制的发展使人们之间必要的相互依赖性减弱，加上长时间的工作，人们更容易过内敛式的个体生活，社会活动减少，对社区的依存度降低，共同价值观不易打造和维护。人们变得冷漠，互不相关，社会管理挑战加大②。

中国在快速城镇化的过程中，也呈现出这种历史现象。按照现有城市社区管理的方法，中国现阶段的社区可以大致分为五类③。

一种是传统市民社区，所谓的市井文化的集中地、老户、街坊、三教九流云集一起，其中有文物保护区、新兴商业区和传统遗留区。在传统市民社区中，有身居文物保护地区的老户区。在国家和政府花大力气和投资修缮、维护、拆迁的过程中，不少老户被政策要求或赎买的方式迁走，改造好的社区成为文物

---

① TÖNNIES F. Gemeinschaft und gesellschaft: grundbegriffe der reinen Soziologie [M]. Berlin: Karl Curtius，1912.

② Ibid

③ 吴缚龙. 中国城市社区的类型及其特质 [J]. 城市问题，1992（5）；张鸿雁. 论当代中国城市社区分异与变迁的现状及发展趋势 [J]. 规划师，2002（8）；李东泉，蓝志勇. 中国城市化进程中社区发展的思考 [J]. 公共管理学报，2012，9（1）.

保护或旅游中心，原有社区文化不复存在，是旧瓶装新酒的社区改造，原有的醇香荡然无存，如北京的后海酒吧区、南池子小区等。物业的拥有者或承租人甚至可能是外国人。处于新兴商业中心的传统市民区中，外地商家、大财团等大量搬入，老户被迁走，形成新的社区文化。如上海的南京路、淮海路、北京东城 CBD 中心等。新社区文化趋于西洋化和国际化，传统社区亦不复存在。既不属文物保护又不属商业中心的传统小区是社会暂时遗忘的角落，老一辈渐渐退出历史舞台，新一代佼佼者稀少，有能力的搬出了社区，国家投入少，平均收入低，是被社会暂时遗忘的角落。

第二种是单位住宅区，以大企业、政府部门的家属住宅区为核心，形成工作单位的附属生活区。单位中的核心和骨干员工或有能力者大多都已拥有第二或第三套房搬出小区，过去单位的工会、党团组织或居委会的管理也逐渐放松、社区黏合力下降。一些有能力的单位还开发或团购一部分商品房，供单位员工居住，但对小区社区的管理，则基本社会化。除了一些大型的企业和国家单位还有能力维护这些社区的基本运行外，大多数住房老旧、管理混乱、基础设施不足、社区生活不够活跃。

第三种是城中村，被城市包围的遗留农村，由于拆迁困难、用地法规和地价因素，城市在扩展过程中绕着原有的村落蔓延，到村落外围找便宜和容易拆迁的地开发，形成城市包围农村的城中村，出现新的城市贫民窟。有的城中村享受城乡两地的政策优惠却又无须承担过多的城市义务，出现了食租阶层和城市蚁族（生活在拥堵和居住条件差的空间的打工者），矛盾尖锐，难以和谐。城中村以其廉价的出租屋吸引外地打工仔，原住民和外地打工人混居，被视为城市发展的软肋，城市管理者欲去之而后快。

第四种是城乡接合部的边缘社区，农民和城市居民混合居住，游走于城乡之间；城乡居民混居，租金廉价，流动人口集中，居民文化教育水平低。区域功能的不确定性和人口的流动性，严重影响社区文化的改造和建立。

第五种是新兴商品房小区，分高档、中档和福利小区。一些高档住宅小区入住率低，晚上黑灯一片，民至老死不相往来。一些新开发的两限房或经济适用房小区，居民混杂，社区管理素质和水平不高，根据中国香港地区和国外等地 21 世纪五六十年代大规模建设公屋区的经验，这些小区有可能是若干年后城市问题的集聚地。只有一部分中产阶级的小区，由于居民构成和退休的高素质居民的自主参与，因此开始打造社区文化，逐渐形成公民对小区建设和管理的影响力，也在努力探讨未来中国社区发展之路。

从以上的分析可以看出，在城市化建设的过程中，中国城市旧有的社区遭到的破坏十分严重，社会矛盾尖锐和凸显，已有的矛盾处理方式由于社会资本的弱化和处理方式的不足远远不能满足需求。新的商业小区在努力打造文化，发展社区，但还远远不够，有的充满了商业气息。

如何建设和发展新型的城市社区，是一个迫在眉睫的问题。它们对稳定社会、吸收城市新移民、提高社会自治能力、建立城市的韧性有举足轻重的作用。联合国总结二战后一些国家重建并帮助不发达国家发展的经验基础上，提出了社区发展的概念。"社区发展"是"居住在同一个地方的人通过一些社会行动（比如规划干预）改变他们的经济、社会、文化和环境状况的过程。"这一理念强调社区发展是计划性的一种社会变迁，目标是帮助个人或群体学习和发展技能，以改变社区、提高社区能力。[①] 1955 年发表的《通过社区发展促进社会进步》的咨文，提出了社区发展的基本原则，鼓励充分运用地方、全国和国际民间组织的资源，促使地方发展与国家全面的进步相配合，发展社区。[②]

社区发展的理念，注重人的参与和能动性，从教育、培养和激励社区居民的角度，鼓励和激发他们主动改变环境、改变命运。这一发展理念强调用外部力量催生和培养社区发展的内生动力，发展既定的社区，包括对现有社区的空间改造、文化改造、社区精神改造和经济发展机会的提升。

中国在很长一段时间内并没有参与联合国制定的社区发展计划，但并非没有做出社区发展的努力。政府曾有计划、有目的地依靠群众力量，在农村和城市开展了基层组织的建设工作，努力发展生产，改善社区环境条件，提高群众生活水平；在城市建立基层街道组织和居委会，从草根社会开始进行行政管理。这些努力，在中国工业化和城市化全面展开的历史时期，起到了至关重要的作用。新中国成立以来采用街道居委会的行政方法划分了行政管理区，不少街道也做过有益的社区打造努力和成就。但总体来说，中国的社区建设和管理的方法刚性有余，柔性不足，如何将新型社区的理念、目标和方法与城市的愿景、运行实践和功能对接，国内现有的研究还十分欠缺。要应对中国迅速的城镇化，

---

① 蓝志勇，李东泉. 社区发展是社会管理创新与和谐城市建设的重要基础 [J]. 中国行政管理，2011（10）.

② 蓝志勇，李东泉. 社区发展是社会管理创新与和谐城市建设的重要基础 [J]. 中国行政管理，2011（10）.

特别是以人为核心的城镇化的挑战，将新型社区的建设和发展，放在城市理论和城市问题的大背景下来进行思考，这是一个十分迫切的问题。

二、现代城市问题的治理与社区发展的关系

现代城市的挑战是什么？应该如何治理？是城市治理和社区发展必须要回答的问题。"城市是人类对地球的占据和使用的集聚地，是区域环境和人为选择的结果。它们用一种被人们选择的方式来满足人们的经济、政治和社会需求的多功能综合体，包括生产功能、流通功能、科研功能、交通功能、教育功能、文化功能、居住功能、娱乐功能等。城市的产生和运行需要有环境支持系统、交通基础设施和各种专业化的生产和服务功能。"① 城市在形成和发展的过程中形成对经济和社会发展需求回应的形态。它们的快速发展和成长一方面说明它们能够帮助人们有效使用土地和空间的优越性，同时，它们的这一优越性，也成了过度集聚人口、给人居环境带来困境的原因。所以说，如何让城市既有集聚的优势，又不让人们遭受集聚的痛苦，是城市理论要回答的问题，也是城市建设要努力的方向。而城市的社区是承载人口、集聚人口、提供人口的人居环境的核心场所，如何建设、改造和发展社区，是解决城市困境和推动城市全面现代化过程中最重要的工作，是人们用理性干预来解决城市化出现问题的重要手段。有意识地发展城市社区，解决城市问题，弥补快速城市化过程中留下的真空，是改造和提升基层治理的良方。当前，城市在形成和成长的过程中，特别是大型的城市，常常面对一些共有的问题。

1. 城市和城市功能区的定位问题。由于地缘、资源和传承的不同，包括城市在建立、成长和发展的过程中形成的特质，一些城市或城市中不同的区域都有自己特点，如纽约是商业城市，洛杉矶为影视娱乐城市，波士顿为文化名城，底特律为汽车城，上海为金融商贸城，北京和华盛顿为政治中心。在同一个城市里，往往有工业区、科技园、商贸区、不同收入阶层的居民区等。这些区域特点有的是自然形成的，还受制于环境和资源，有的是规划的结果。如何将城市条件、政策导向、城市愿景与规划结合起来，优化城市的空间布局，将社区生活的硬环境优化，有效发挥城市的潜能，让城市成为"经济繁荣，市民幸福、

---

① HARRIS C D, ULLMAN E L. The Nature of Cities [J]. The Annals of the American Academy of Political and Social Science, 1945, 242 (1): 7–17.

工作居住生活方便、安全宜居、友善和谐的栖息地"是良好社区发展的基础条件①。但是，政治博弈，官员个人意志，业绩考量，城市或区域攀比竞争等因素往往导致城市理性规划与政策的矛盾，长远目标与近期目标的矛盾，官员个人业绩和升迁与城市核心利益的矛盾，使城市和区域的功能定位混乱，基础设施建设和社区环境建设没有方向，莫衷一是。因此，培育良好的社区和社区环境，首先要对城市功能有清楚的定位。

2. 城市贫民区的问题。虽然从 19 世纪末到 20 世纪初，发展中国家的城市贫民从 47% 降到了 37%，但持续增长的人口压力，不断从城外——特别是周边地区涌入的新移民，大量拥挤在违规建筑和拥挤住房中的人群，使城市空间的拥挤率达到难以想象的地步。在中国城市空间扩张和人口集聚的过程中，城市空间二元结构和城市社会二元结构问题越来越明显，这一问题在人口增长和空间扩张较快的特大城市更为突出。在城市空间快速扩张过程中，由于拆迁成本问题，城市政府或者开发商更愿意低价拿城外的廉价地，或者耕地，而不是城区或有人居住的村庄，由此很多旧城区和村庄在城镇扩张的过程中被保留下来形成各种类型的"城中村""老旧区"和"棚户区"。这些区域结构简陋老化、服务功能设施不完善、居住环境差、缺少公共活动场地和配套设施，充斥低收入家庭、住房困难户和外来低收入打工族，形成城市"贫民窟"。北京、天津、重庆、上海、武汉、广州、深圳等特大城市的"城中村"问题都很突出。二元结构带来的社会冲突、教育、卫生和城市经济发展问题，成为社区发展和建设的难题。②

3. 城市无序增长的问题。超大城市的增长速度和无序扩张往往超过人们最大胆的想象。这种增长向城市外蔓延，产生了城市安全问题、能源材料消耗与空气污染问题、城市交通拥堵问题等，不断地增加了基础设施和公共服务投入的压力，对社区的稳定性、社区文化的形成，都有相当的破坏力。

4. 城市改造带来的社区文化空心化问题。城市用腾笼换鸟方式让有经济能力的人在贫困的区域购买不动产，这样的好处是，社区均收入增加，平均家庭规模缩小，社区美化和能够吸引更多的高收入者流入。弊端则是居住成本增高，原住民被挤出社区并丧失了应该享有的社区权利。很多城市社区的建设和改造，

---

① JACOBS J. The Death and Life of Great American Cities（Modern Library Edition）[M]. New York：The Modern Library，1993.

② 中国城市发展报告编委会. 中国城市发展报告 [M]. 北京：中国城市出版社，2014.

都是以牺牲原住民文化为前提的。

5. 法律环境不足的问题。法律环境的改善是现代社区发展和基层治理的规范和纲领。传统中国更多地依赖村规民约、道德约束、社会调解，而现代社会更多地依赖清晰的法律体系和产权结构，有效的交易能力，灵活的市场功能和公平、公正、有效的法律权威。我国处在大变革的时代，许多法律条款还不够完善，给社区发展和建设带来很多不便。

这许许多多的典型城市问题，无一不和社区发展有关。合理的社区布局和良好的社区本身，创造优质的集聚环境，控制城市无序增长，孕育社区文化和精神，集中能源使用，为经济生活、教育、医疗、艺术创造提供优质的条件，减少无谓的城市交通，也对城市的功能定位和长远的战略目标，提出了更高的要求。

应该说，什么样功能的城市，就会有什么样的社区需求，就会集聚不同类型的社区居住者，并对城市生活的特质带来极大的影响。比如说，安山市、包头市是典型的钢城，加格达奇为林业城市，新中国成立初年曾经有设想让北京市成为烟囱林立的工业城市，而作为服务于金融和轻工业的上海却以轻工业工人的居住和服务业为主。也有以休闲旅游为主的城市，比如美国夏威夷的火奴鲁鲁。另外，在传统中小城市里，也可以有不同的城市功能区，商业、工业、居住等分流。事实上，新工业和交通技术的出现，比如环境清洁和无噪音的生产线和有大规模运输能力的交通工具，加大了城市规划的灵活性和规模，也随即加大了通勤的压力，给原有的功能区划分的空间布局方式造成了挑战，呼唤新的城市空间布局理念和新的社区发展战略。

三、新型城镇化条件下的社区发展战略

城市是经济发展、产业结构、移民流、技术使用和各项公共政策和城市管理措施互动产生的复杂系统，是政治、市场和社会力量互动的结果。社区发展服务于城市治理的要求，与庞大的城市系统对接，进行战略管理。

《国家新型城镇化规划（2014—2020年）》提出推进以人为核心的城镇化，就是要改革城市治理、促进人的城镇化集约用地、合理布局城市空间、改善人居条件、绿色发展、提高公共服务水平。要达到这样的目标，就要有良好的社区发展的努力。而良好的社区发展，需要采取以下四个方面的战略步骤。

首先，要改革城市治理方式，为社区发展提供良好的空间环境。城市的最

高决策机构，需要从城市整体特点、发展目标出发思考城市的规划和集约用地，完成合理的城市空间布局。传统上，规划被认为是规划师的工作，只是内部汇报给当政的城市领导人，没有与城市精英和知识界进行广泛的互动、接触和讨论，城市发展理论也严重欠缺。结果，城市规划与现实和公共政策需求脱节，一方面规划刻板守旧，另一方面城市建设随意，经济发展机遇或领导人个人意志优先。

现代城市规划的理念是城市的每一个区块都是有自己特点的"好地方"，不好的地方经过改造也要成为"好地方"。按整体空间布局设计城市改造和社区规划，进行基础设施建设和公共服务体系布局。规划应该从规划师的书斋里走出来，成为街谈巷议和城市公共决策议程中的经常性议题，包括规划的限制条件（资源依赖、技术和政策条件）的讨论。不少老旧城区缺乏理想型的基础，但是空间布局的讨论和改造方式的讨论，能在集思广益的基础上进行，城市空间规划的成果才可能有可续性。大的区域规划布局，能够决定重要基础设施包括道路、能源、供水、通讯、医疗、教育、居住条件和城市绿色空间的布局建设。

其次，城市规划对现有城市社区的改造需要有新的城市理论的指导。比如说，过去规划原则的依据是过去的产业状况和城市技术条件的基础、过去人们的生活形态和需求。随着社会生活和经济技术的发展，新的城市理论不断出现。比如说，综合城市理论强调现代城市综合集聚与分离两个功能，推动城市设计以"流"和"稳"为导向①。"流"指的是城市交通节点通畅，互联性强，灵活可变，具有穿透性；人流、物流、信息流通过良好的城市连接网络，畅通无阻。而"稳"则落在社区多中心的合理布局和中心权威性的空间结构上。它的核心概念为：多元性（hybridity），良好的互联性（connectivity），可穿透的分离性（porosity），有中心的空间结构（authenticity）和可变性（vulnerability）。多元性指的是城市支持不同形态的社区、生命形式、行业结构和人居环境。互联性指的是联接和流通的能力，可以有效和顺利地将人们的活动联接在一起。可穿透的分离性，又叫多孔性（porosity），不同区域和城市空间有很好的可达性，但却各自有自己的独特的区划空间。有中心威权的空间结构（authenticity），允许权威能量和信息的集聚，产生影响力和创新动力。可变性（vulnerability）指的是放弃控制，深入倾听和学习，同时注重过程和结果，变化改革和与时俱

---

① ELLIN N. Integral Urbanism［M］. New York：Routledge，2013.

进地按时间变化调整空间格局。用这一理论指导城市空间布局和治理方式，虽允许多中心的存在，但强调互联性和权威能量的创造、集聚和引领变化。见图3-2：

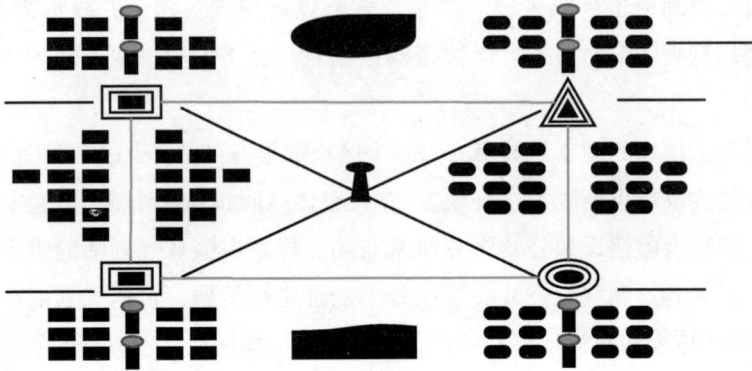

图3-2 综合城市主义

图中不同形状的中心区由快速交通连接，不同社区自成一体，有绿地、池塘和空间，中间有交通枢纽和通信转运形成理想城市社区和空间布局的格局。社区之间保持相对隔离的可穿透性，既有分散，又有集中，还可以根据地势和地域条件，形成灵活多变的形状。

中国目前的城市建设，还没有系统引进综合城市理论的思考。或者说，在规划设计和实际用地布局时，政治力量和部门利益的博弈常常占据上风，需要用深层次的组织学习和制度的力量来进行改革。深层次的组织学习在于系统学习已有的成功的城市布局和治理经验，将理论与实际结合起来，在能够影响城市决策的行动者中间讨论和学习，改变思维理念，提高对现代城市的认识。

制度的力量在于以城市最高利益为核心、城市最高决策为行为依据，打破部门和小集团利益，运用公共利益优先的强制购买权和合理补偿机制来保证城市公共空间和基础设施布局的合理性，形成社区良好的地理基础和空间环境。

再次，在社区发展过程中创新思维、提升硬件能力。改革开放以来的社区改造先是由政府出资，建设中心城和文化保护地带；后来发展到利用市场力量拆迁，鼓励原有居民搬迁。但市场化过程中出现利益分配不公，地价飞涨的现象，又引起了居民的维权活动和对拆迁补偿要求过高的情况，使得城区改造艰难①。

事实上，社区发展过程中可以有不同的硬件改善方式。建造大量优质的公租房，既可以提高容居率，又可以改善居住环境，还可以降低拆迁成本。所以说，改善人居条件的策略可以是在不同的社区规模性建设公租房。每一有规模的社区需要有业主自购住房、公租房、学校、医疗设施、银行、绿色空间、娱乐设施、停车场、商贸区、政府服务站的配套建设。没有或缺乏的予以补足，保证百分之八十以上的生活功能在社区范围内解决。中国居民有置产的传统，但没有系统的租赁法、合同法和规模性的租房市场，影响了城市流通人口的住房和生存条件。城市的特点是稳中有流通，能够以基本的人口支撑住规模性的人口和物流的吞吐。发展公租房和建设良好的租房市场，是打破僵化的户籍管理制度影响城市流通人口居住条件的重要举措。中国现有的许多城市，在城市社区的综合能力方面严重欠缺，需要补课的地方很多。而硬件环境的改造，可以有比买房买地更经济合理的方法，但需要制度建设的跟进

社区发展的第四个方面是社区软件能力的提升与改造。应该说，新中国成立以来，经过持续的社区管理建设，社区管理的能力是不弱的，但方式比较粗暴和单一。20 世纪 50 年代后，城市的基层治理由组织严密的居民委员会负责。由于中国有传统的保甲连环法的启示，有巩固政权的需要，基层治理中管控多于服务。基层街道管理一般以监控、管制的方法为主。同时，严密的户籍制度也控制了人口的流动②。改革开放以来，放松了户籍控制，人流和物流大规模变化，宽松自由的政治和社会环境，给城市带来了活力，大大激发了人们的积极性和创造力，带来了富足繁荣、自由，也带来了基层治理的新挑战。新移民的融入、高密度的人居生活条件、社区服务功能的滞后（医疗、教育、住房、养老）、城市密度和新交通工具引起的道路堵塞、环境污染问题都亟须解决。原有的理念、组织形态和方法措施都落后于形式，显得苍白无力。

因此，发展社区，就需要有良好的社区组织建设、市民教育和文化建设。加强街道办的服务功能、引入非营利社会组织参与服务和文化建设、发展业主委员会的积极参与和自我管理，警察、法律服务、基础教育、医疗服务进入社区，加强对物业管理委员会的管理，引入竞争管理机制。这些方面，全国很多

---

① LI D，LAN Z. Urban Renewal in China：The Case of Nanchizi［J］. Forthcoming, 2016.

② 李东泉，姜香. 社会资本在基层社会管理创新和社区发展中的作用研究——以成都市高新区肖家河街道为例［J］. 西部人居环境学刊，2014（5）.

城市，都开始了有益的尝试。好的经验和方法，应该被认真总结和推广，一套行之有效的社区发展评估指标，也可以借此产生。

四、结论

总的说来，中国在快速城镇化的过程中，原有的不少社区遭到了很大的破坏，新的社区还在逐渐形成的过程中，发展程度参差不齐。并且，中国的社区发展趋向并没有完全避免当年西方城市化过程中出现的从小社区到大社会的过渡中出现的社会问题，城市病的现象也十分普遍。联合国在二战后提出的社区发展理念，在2015年提出的新纪元可持续发展目标与中国十八大以来提出的"十三五"规划中新型城镇化的战略思考不谋而合，是当前社区建设的准则。

用社区发展的理念指导社区建设，对中央与地方的关系、政府间的关系、城市治理结构和方法、城市空间布局、社区建设方法和社区治理都提出了新的要求，值得我们认真思考。

现代生活中许许多多的思想和理论，其实与中国的传统智慧都有相通之处。综合城市主义理论强调多元性（hybridity）、良好的互联性（connectivity）、可穿透的分离性（porosity）、有中心的空间结构（authenticity）和可变性（vulnerability），可以帮助解决从小社区到大社会给人类带来的困惑。中国古代就有过"甘其食，美其服，安其居，乐其俗，邻国相望，鸡犬相闻，民至老死不相往来"的分区生活的理想。但当时维护这一私密性自由的基础是国界线、民俗或法律环境。在当今社会，人与人之间的互动越来越频繁，而城市起到的作用是在需要时使这种连接成为可能，在不需要时使相对的独立和分离也成为可能。新型的社区建设遵循这样的理论逻辑，既有传统社区间的紧密性，又有现代生活的多元性、穿透性，也有各自相对独立的区划空间，还保留传统城市有中心权威的能量的创造和集聚，只是现代城市不止一个城市中心，而有多个城市中心，每一个都能成为创新能量的集聚点和源泉。

综合城市主义中的可变性是传统城市理论和城市规划中常常缺乏的概念。城市在变化中发展，也在发展中变化。传统规划强调规划，布局有余，跟踪和引领变化不足。社区发展的努力，使每一个城市都形成多个中心和文化圈，集聚和凝练变化的需求和能量，在比较、竞争、学习、合作的互动中提炼，给出城市发展变化的信息，引领城市的成长和变化。

社区发展以变化和发展的视野看待城市生活，提倡组织学习和制度学习。

许多率先工业化的国家有很好的城市治理和社区发展的经验，需要我们进行深层次的组织学习，改变和提升观念，用新的理念、技术、方法、组织手段来进行新型社区的管理。国家和社会治理的大目标，就是在这许许多多社区治理的小目标完成的过程中顺利达到的。

参考文献

[1] TÖNNIES F. Gemeinschaft und gesellschaft：grundbegriffe der reinen Soziologie [M]. Berlin：Karl Curtius, 1912.

[2] 吴缚龙. 中国城市社区的类型及其特质 [J]. 城市问题, 1992 (5)：24 – 27.

[3] 张鸿雁. 论当代中国城市社区分异与变迁的现状及发展趋势 [J]. 规划师, 2002 (8)：5 – 8.

[4] 李东泉, 蓝志勇. 中国城市化进程中社区发展的思考 [J]. 公共管理学报, 2012, 9 (1)：104 – 110.

[5] 蓝志勇, 李东泉. 社区发展是社会管理创新与和谐城市建设的重要基础 [J]. 中国行政管理, 2011 (10)：71 – 74.

[6] HARRIS C D, ULLMAN E L. The Nature of Cities [J]. The Annals of the American Academy of Political and Social Science, 1945, 242 (1)：7 – 17.

[7] JACOBS J. The Death and Life of Great American Cities (Modern Library Edition) [M]. New York：The Modern Library, 1993.

[8] 中国城市发展报告编委会. 中国城市发展报告 [M]. 北京：中国城市出版社, 2014.

[9] ELLIN N. Integral Urbanism [M]. New York：Routledge, 2013.

[10] LI D, LAN Z. Urban Renewal in China：The Case of Nanchizi [J]. Forthcoming, 2016.

[11] 李东泉, 姜香. 社会资本在基层社会管理创新和社区发展中的作用研究——以成都市高新区肖家河街道为例 [J]. 西部人居环境学刊, 2014 (5)：43 – 47.

中国西北地区城镇化的路径探讨[①]

　　摘　要：本文审视了中国西北地区在资源禀赋有限、生态环境脆弱、资金和人才资源不足条件下的城镇化发展路径，配合十八大提出的全面推动新型城镇化建设和建立"一带一路"的国家政策战略，提出西北地区城镇化战略的新思考。论文讨论了不同城市理论对城镇化的理解，强调被理论界忽略的"城市组织功能"理论视角在城镇化战略分析方面的重要性，并从这个视角出发，考察了西北区域经济发展不平衡、差距明显、问题众多、发展动力和要素迥异的情况，作者认为：西北发展战略应该认真考虑城市功能和西北地区的特有环境和发展条件，用城乡分治的方法，凸显各自的主体工作目标。战略上强调人才引领、公共资源推动、基础设施优先、生态保护和建设为原则、差异化产业结构、建设开放外向的循环和流通系统的战略路径。在发展过程中，高度意识到城市化和乡镇建设的区别，阶梯性和差异性地构建中国西北的城镇群和城镇结构，使之成为全国城镇群中远离喧嚣、具有西北文化和地域特点、外对亚欧、内连祖国腹地、闪烁在新丝绸之路经济带的璀璨明珠和生态基地。

　　关键词：新型城镇化　城乡分治　乡镇建设　西北战略

一、研究背景

　　进入 21 世纪以来，中国的城镇化进程不断加快，发展战略和路径选择愈加清晰。根据《国家新型城镇化规划（2014—2020 年）》和《全国主体功能区规划》等重要文件指示和会议精神，明确了新型城镇化道路的发展战略，突出了

[①]　本文载于《中国行政管理》2015 年第 5 期，作者：蓝志勇、刘军。

协调、可持续和以人为本的战略要求，也提出了培育发展中西部地区城市群构想。

与全国其他地区相比，中国西北地区的五个省区（陕西、甘肃、青海、宁夏和新疆）虽然经过了十多年大开发，经济社会发展取得了显著的进步，城镇化水平有所提高，但是与东部城市相比，差距仍很大，不仅表现在城市的规模、数量上，更体现在城市发展的质量上，与中央倡导的新型城镇化发展战略要求相距甚远。如何培育和发展西北部地区的城市群的问题就被提上了议事日程。在这样的背景下，本文认真审视了城镇化的理论和西北地区特点，对西北城镇化发展路径进行了探讨。

二、城市化和乡镇建设概念的辨析

按照《国家新型城镇化规划（2014—2020年）》的要求，新型城镇化战略强调提升城市化的质量，突出了协调、可持续和以人为本的核心价值理念。《国家新型城镇化规划（2014—2020年）》明确了城市化要注重人的城镇化，优化城市布局和形态、建立城市群发展协调机制，强化综合交通运输网支持和强化城市产业就业支撑；农转非要强调城镇基本公共服务的改善；还要注重城市的可持续发展，推动城乡一体化建设，以城镇带动农村发展，建立城乡一体的新关系。

这一战略中的"城乡一体"发展路径对东部城市群和东部一些地区的城市化（即农村最后完全变成城市）的发展过程有十分重要的意义，但对西北而言，还有一些值得商榷的地方。一是西北地区干旱缺水，建立或培育城市群会急速加大生态环境容量的压力；二是西北地区地广人稀，广大农村地区不容易直接从城市群建设中获益；而现有的"城镇"提法，虽然也开始强调中小城镇建设的重要性，但对城镇概念中"城"和"镇"的功能的区分却不甚明了。

习惯上，城市化往往被认为是一个人口迁徙的过程，现代化、工业化和社会构建的理性化是城市化的基本推动要素。① 但是，不同学科对城市的研究，却有各自的视角。经济城市学认为城镇化是非农产业的经济要素、居民和经济布局向城市集聚的过程；人口学研究认为城镇化是人口非农化过程；社会学研究强调城镇化是农村人能进城享受城里人的物质和文化生活方式的过程；地理

---

① ALLMENDINGER P. Planning Theory［M］. Hampshire：Palgrave Macmillan，2009.

学研究强调的是地理因素对城市发展和布局的影响，规划科学认为城市化是空间概念，是人与人之间社会关系的密度、深度和广度的变化。① 但是，城市是一种组织，一种基于新技术的崭新的组织形态，是人类为改善生活、征服自然依赖理性和新技术为自己创造的新的生存环境。② 不同的城市有自己特有的组织功能，从这个角度来看城市和城市的管理，会给我们带来许多有益的启发。

在不考虑城市的组织功能的情况下，人们往往将城、镇理解为同一个概念，使用起来也比较含糊，认为只是城的大小的不同，而没有注意城、镇组织功能的重要区别。城镇化的过程被定义为："城镇化也即城市化，是人类生产和生活方式由乡村型向城市型转化的社会进程，表现为人口从乡村向城市迁移以及城市不断发展和完善的过程，又称城镇化、都市化。就城镇化内涵而言，城市化与城镇化实质无区别，二者基本一致。"③ 事实上，城镇化也即城市化的一般提法留下了一些概念上的混淆，因为市和镇的组织功能是有区别的。小城镇理论的代表学者费孝通在 20 世纪 80 年代通过对中国吴江的调查，提出小城镇是"新型的正从乡村性社区变成多种产业并存的向着现代化城市转变中的过渡性社区，它基本上已经脱离了乡村社区的性质，但还没有完成城市化"。小城镇的出现使城市和广大农村之间布下相互交流的众多"节点"，把城乡有机衔接起来。④

这个提法从理论和实践结合的角度说明了小城镇是发展农村经济和农村工业、转移农村剩余劳动力、解决人口出路问题的一个重要路径，是它们存在的功能和目的。费孝通的这个观点，其实提出的是中国新型城镇化过程必须要注意的一个重大问题，也是更符合西北地区城镇化发展战略的一个重要依据。就是说，如果我们从市、镇的组织功能来严格审视城镇的主体功能，应该将其分成城市、城镇和乡镇三个概念。城市的主体功能是服务于城市居民，发展的目

---

① BRANCHMC. Urban Planning Theory ［M］. Stroudsburg, Pa：Dowden, Hutchinson & Ross, 1975；FAINSTEIN SS, CAMPBELLS. Readings in Planning Theory ［M］. Malden, MA：Wiley – Blackwell, 2012；FALUDI A. Planning Theory ［M］. Oxford：Pergamon Press, 1973.

② BRENNERN. New State Spaces：Urban Governance and the Rescaling of Statehood ［M］. Cambridge：Oxford University Press, 2004.

③ 胡杰，李庆云，韦颜秋. 我国新型城镇化存在的问题与演进动力研究综述 ［J］. 城市发展研究，2014（1）.

④ 胡杰，李庆云，韦颜秋. 我国新型城镇化存在的问题与演进动力研究综述 ［J］. 城市发展研究，2014（1）.

标是产业结构从重工业逐步走向轻工业和第三产业，重点在建设人居环境，从事科研教育医疗，建设文化和提高文明和生活品质。城镇的主体功能是小规模的城市，为大型重工业、商品生产工业、文化旅游等行业服务，发展目标或成为大城市或融入城市群。乡镇的主要功能是服务农业生产，是农产品的初步加工、集散和交换的中心，同时也有自己的乡镇教育、乡镇文化、乡镇工业和乡镇人居环境。① 从组织功能的角度来审视城镇化的过程，一些城乡发展孰为优先、统筹协调、能耗、规模、空间布局、基础设施、社会公正和发展目标等问题，就比较容易厘清。

从城市的功能目标来看，西北地区的城镇化，其实首先要大力发展服务于本地特色农业的乡镇；其次是因地制宜建设外向型、宜居性的文化生态城镇；同时考虑控制和完善对生态冲击力过强的大城市群的过速发展，确保从新能源的开发使用、产业升级、生态保护的角度建设新型西北大城市。

三、西北地区的特点分析

1. 西北五省地区大多处于中国的"高地"，或者三大阶梯的顶端，内陆型特征明显，部分省区自然条件极为恶劣，交通不便，对外交流存在地理障碍，容易走向封闭。同时，西北地区自然资源富集和生态环境脆弱交织。西北五个省区地广人稀。区域内自然资源丰富，尤其是矿产资源富集，煤、石油、天然气储量居全国前列，有色金属、稀有金属、贵金属、化工矿藏以及非金属矿藏也在全国占有重要的地位，风力、光热等清洁能源开发潜力巨大。然而，与之交织的却是脆弱的生态系统。西北地处欧亚大陆腹地，大部分地区属干旱半干旱气候，植被覆盖率低，水资源匮乏，境内沙漠戈壁广布，土地荒漠化、盐渍化问题严重，可利用土地较少。中国的四大生态脆弱带，也即高寒、沙漠、黄土、喀斯特。西北地区除了没有喀斯特地貌生态其他三种全部具备，其中宁夏、西藏、青海、甘肃被视为全国生态最脆弱的四个省区。干旱缺水、土地沙漠化（荒漠化）、草原退化、生物多样性减少等问题已经日益严重，生态容量极其有限，资源开发和生态保护成为西北地区经济社会发展的一道"二元方程式"，考验着地方领导的智慧和能力。

2. 人文历史悠久和经济发展滞后相伴。西北五省区曾在中国悠久的文明发

---

① HARRIS C D, ULLMAN E L. The Nature of Cities. Annals of the American Academy of Political and Social Science [J]. Building the Future City, 1945 (242): 7-17.

展史上占据非常重要的地位，是中华文明的发祥地之一，取得过灿烂而辉煌的发展成就。陕西境内发现的蓝田猿人头骨化石把中国史前文明追溯到距今 100万年左右，而在旧石器和新石器时期形成的"仰韶文化""大地湾文化""马家窑文化""齐家文化"等，则留下了中华民族先祖们生活、劳作的佐证。但是，自海上丝绸之路开通后，全国政治经济文化重心也随之东移南迁，西北地区逐步衰落并成为落后、蛮荒的代名词。甘肃尤为突出，左宗棠称之"甘肃地处边陲，土旷人稀，瘠苦甲于天下"。新中国成立后到 20 世纪 70 年代，由于国防战备需要，国家向西北地区转移了大量军工企业，带动了当地工业发展，一定程度上缩小了与东部地区的差距。改革开放 30 多年，国家实施"西部大开发"发展战略，加大了对西北的支持力度，西北地区经济社会发展步入了快车道。然而，与东部相比，西北地区无论是经济总量还是发展质量与之差距都很大。2012 年，五省区国内生产总值在大陆 31 个省（自治区、直辖市）中排名绝大部分处于末位状态，除陕西位列第 16 位，其他新疆、甘肃、宁夏、青海分列第25、27、29、30 位，人均国内生产总值不足全国平均水平的 85%①。

3. 战略位置显要和民族问题突出共存。由于地理、历史、民族、文化等特质，西北地区在中国发展进程中占有非常重要的位置。从地缘政治看，西北地区与中亚各国接壤，民族之间交往颇多，巩固和发展好与中亚国家友好关系不仅能促进民族团结、维护边疆稳定，也能扩大我国内陆战略纵深，在大国博弈中占据主动。从经济层面看，西北地区及其毗邻的中亚国家能源资源丰富，加强这一地区的双边、多边合作，既可以开发支撑性的能源通道、保障我国的能源安全，也能再造一条新丝绸之路，加强我国与中亚乃至欧洲的经济联系。从生态的角度看，正是西北地区脆弱的生态环境决定其生态地位的重要性，关系华东、华北以及全国大部分地区的生态安全。同时，西北地区民族众多，历史上既是多民族大熔炉也是民族纷争所在。新中国成立后，实行民族平等和民族区域自治政策，少数民族地区包括西北地区经济社会进步明显，西北边疆相对安定。但是，鉴于近些年国际国内形势风云变化，西北地区逐渐成为境内外民族分裂势力、宗教极端势力和暴力恐怖势力"三股势力"活动和渗透的重点区域，一定程度上影响了国家的安全、稳定和发展，新时期，对处理民族问题也提出了更高的要求。

---

① 根据 2012 年国家统计局统计公报相关数据计算得出。

4. 从产业结构上看，农村农业农民比重大、工业不发达。西北地区还有农村分布广泛且分散，农业人口比重大，西北五省区占全国总面积近1/3的国土上分布着 1531 个乡，乡村人口达 5326.02 万人，占西北地区总人口比重约 54.32%，比全国平均数高出近 7 个百分点。① 西北五省还是农业社会形态占主导地位，二、三产业不发达。历史上，西北地区的工业基础主要得益于"三线建设"，但是大部分为国防工业、重工业，门类比较单一，结构简单，没有形成完整的工业体系。时至今日，仍然是以矿产资源、化工、军工、机械等企业为主导，扮演着能源、资源输出地的角色，而轻工业、服务业处于发展劣势，在经济部门中没有发挥应有功能。就是说，城镇化发展所需的内生动力不足，外部推力匮乏，缺乏快速城镇化应有的物质基础和制度条件。

5. 城市规模有限，结构体系不完整。到目前为止，西北大城市数量相对较少，人口在 100 万以上的仅有西安、天水、兰州、西宁、乌鲁木齐这 5 个城市②，他们是外力建设的专业化比较强的特殊工业城市（国防、重工业、矿产等），国企多，税收上缴，对周边地区的辐射、带动效应不显著，区域竞争力不强。20－50 万人口的中小城市 85 个左右，在广袤的西北地区无法起到上接大城市、下连小城镇的汇集、吸纳、过渡、缓冲等作用。小城镇有 2107 个，城镇总人口 4457.98 万人，人口城镇化率达 45.68%。③ 但和大众城镇相比密度很低，分布不均衡且特色不明显。就是说，大城市作为"龙头"带动不强，中小城市作为"腰身"支撑不硬，小城镇作为"根基"打得不牢，缺乏传统城镇结构体系里寻求的承上启下的完整体系。同时，西北城镇基础设施建设比较落后。以 2012 年数据为参考，西北地区城镇公共供水普及率仅达 52.99%，城市污水处理率 59.48%，城市生活垃圾无害化处理率 73.74%④；基本养老、失业保障的比率较低。2012 年，养老保险覆盖率和失业保险覆盖率仅达 35.82% 和 19.85%，同期全国水平为 42.75% 和 21.39%，基本医疗保险覆盖率为 34.09%。⑤

这些数据表明，西北地区虽然有了相当数量的城镇，但城镇化的质量，特

---

① 国家统计局. 中国统计年鉴 2012 [M]. 北京：中国统计出版社，2012.
② 国家统计局. 中国统计年鉴 2012 [M]. 北京：中国统计出版社，2012.
③ 国家统计局. 中国统计年鉴 2012 [M]. 北京：中国统计出版社，2012.
④ 国家统计局. 中国统计年鉴 2012 [M]. 北京：中国统计出版社，2012.
⑤ 国家统计局. 中国统计年鉴 2012 [M]. 北京：中国统计出版社，2012.

别是他们能为西北地区的发展和生态环境的改善带来什么好处，是一个没有仔细思考的问题。

四、西北地区农村城镇化路径

要破解西北地区的城镇化发展的困局，就必须因地制宜、寻求符合实际可能的新路径。

第一，既然西北地区主要是农业地区，那么城镇化战略的首要任务是大规模的乡镇化，不是我们一般理解的城市化或城镇化。乡镇化的目的是建设因地制宜的特色农业现代化发展的技术和农产品加工流转中心，让中心乡镇担负起引进农业技术、培养农民和现代农业、加工农产品和销售农产品的集散地。镇为农服务，并同时适当提高乡镇的公共服务能力。西北地区的特色农业，对现代高科技务农的要求十分强烈，但资金、技术、人才都十分稀缺，需要国家层面的支持。每一个这样的乡镇，都需要与高层次的农业科技研究所定点对接，有良好的生活、农业科技推广和培训设施，是农业科技人员热爱的第二故乡或度假胜地。同时，大力发展农产品的加工、物流、交通和信息网络，努力培养地方农业和农业机械人才，让他们在家乡建功立业；也可引进立志终身从事科技农业的外部技术人才，以服务合同的方式为建设现代化农业基地贡献智慧和力量。

第二，在特色农业不强的地区，发展有特色的第三产业的生态宜居和民族、历史文化旅游的中小城镇。城镇相当于城市的提法，在这种城镇中可以立意。在西部地区的这些城区，除非特别必要，一般不搞大型工业，依靠国家投入建设良好基础交通和生活设施，建设有民族文化特点的宜居、旅游、和谐和具有异域风情和文化特色的商业城市，面向全国甚至国际世界开放，成为"一带一路"上西北大漠中璀璨的明珠。

第三，控制发展对生态环境冲击力过大的超大城市。传统思维认为，只有大城市或超大城市才是吸收富余农业人口的所在。工业化后期的现实也确实造就了许多诸如伦敦、纽约、东京、孟买、北京、上海这样的超大城市，集聚了大量的人口，一方面活跃了经济，另一方面对环境生态也造成了巨大的压力，影响了人居生活的质量。现代交通和信息技术的发展，超大城市的必要性大大下降，许多城市功能输出到中小城市，也有逐步以中心城市为核心，形成中小城市群的现象。这一切，都是在城市拥有新技术、使用新能源、有良好的布局和新兴产业的支持的基础之上才有的可能。目前西部大城市的布局和产业结构都面临大规模改造和提升的阶段，城市自建的任务十分繁重，不宜鼓励大量人口的涌入，主要依靠更容易建设的中小城镇吸收富余的农业劳动力。强大的服务业的前提，是强大的第一和第二产业。西北地区第一产业需要大大加强，第二产业需要改造和升级，第三产业的发展，自然不能依赖本地，而是要以外向发展为主。就业机会、迁徙成本、宜居条件，一般是控制大城市高速发展的重要因素。事实上，"十二五"总体规划中划分主体功能区的努力，希望针对的就是这一类的问题。

第四，在西北地区提倡城乡分治。城市管城市的事，县和乡镇管农村的事。这一点，在西方发达国家，已经有丰富的成功经验。城乡一体化的战略在本意上是依靠城市的人力、物力和市场，带动农村发展，提高农村公共服务水平。但在城市资金不足的地区，实际上起到的作用常常是城市夺取农业用地，吸收农业人才，甚至吸取支农、助农的资金，抑制了大规模现代化农业的发展。① 另外，从管理上说，一个市的常委中分管农业的是个别领导人，在团队力量、农村知识、政治支持、政策优先方面都不具有优势。这就是为什么每年的一号文件都是关于农业的，而农业的现代化发展总是难以全面打开局面的原因。在西北地区，工业城市的专业性和农村地区的广袤，决定了农村的事物要有专门的懂农业、奉献农业、只管农业的专家和国家支持下的专项农村预算管理和大规模农业改造。这些人员的一部分，包括办公室设施等可以建在市区，但他们所思考和管理的事情，百分之百应该是关于现代农业的发展，也不需与其他项目争资金。城市对农业的带动，是切切实实的农业现代化和现代农村建设，不是简单的农民上楼。

总体来说，西北的城镇化需要根据西北地区的特点，从城市组织功能的角度出发，摒弃不合理的传统思维，优先乡镇化，推动人才引领为导向、公共资源推动、生态保护和建设为主、基础设施建设优先、差异化产业结构、循环和流通系统开放的外向型的发展道路，成为全国城镇群中具有西北文化和地域特点的璀璨明珠和生态基地。在发展过程中，注重中国特色，高度意识到城市化和乡镇建设的区别，阶梯性和差异性地构建中国西北的城镇群和城镇结构。这一思考，结合"新丝绸之路战略"赋予的机遇，必然会有广阔的发展前景。

---

① 韩冬雪，吴江，蓝志勇．健全农村要素市场体系、促进城乡一体化的财政与保障体系研究［R］．亚洲开发银行研究报告，2014.

参考文献

［1］韩冬雪，吴江，蓝志勇．健全农村要素市场体系、促进城乡一体化的财政与保障体系研究［R］．亚洲开发银行研究报告，2014.

［2］ALLMENDINGER P. Planning Theory［M］. Hampshire：Palgrave Macmillan，2009.

［3］BRANCHMC. Urban Planning Theory［M］. Stroudsburg，Pa：Dowden，Hutchinson & Ross，1975.

［4］FAINSTEIN SS，CAMPBELLS. Readings in Planning Theory［M］. Malden，MA：Wiley – Blackwell，2012.

［5］FALUDI A. Planning Theory［M］. Oxford：Pergamon Press，1973.

［6］谢文蕙，邓卫．城市经济学［M］．北京：清华大学出版社，2000.

［7］BRENNERN. New State Spaces：Urban Governance and the Rescaling of Statehood［M］. Cambridge：Oxford University Press，2004.

［8］胡杰，李庆云，韦颜秋．我国新型城镇化存在的问题与演进动力研究综述［J］．城市发展研究，2014（1）：25 – 30.

［9］HARRIS C D，ULLMAN E L. The Nature of Cities. Annals of the American Academy of Political and Social Science［J］．Building the Future City，1945（242）：7 – 17.

［10］国家统计局．中国统计年鉴 2012［M］．北京：中国统计出版社，2012.

第四篇 **04**

通过组织学习
推动公共管理创新

"学习型组织"推动"组织学习"与制度创新[①]

摘 要：改革开放三十年，中国巨变，开始面临更深层次的制度与文化改革的挑战，而这种改革的基础是更深层次的思想观念的转变。20 世纪 90 年代开始引起关注的学习型组织的运动，被认为是一种通过组织学习来改变思维范式、应对迅速社会变革的有效工具。本文回顾了学习型组织在中国的兴起，梳理了学习型组织的理论，描述了组织学习理论在创新学习方面的新进展，并用以审视学习型组织在中国的实践，提出注重使用多循环的创新学习理论设计和指导组织学习，以学习型组织推动组织变更、改变思维理念、提高政府管理绩效、推动社会进步与改革。

关键词：学习型组织 政府绩效 中国改革 思维转变 制度创新

一、导言

改革开放以来中国社会的巨大变迁呼唤着人们改变思维理念、改造知识结构、改革工作方法，以迅速适应和进一步推动社会向前发展。信息革命、知识爆炸、全球联网、经济转型、创新频繁、全球竞争、环境频变、价值重创的变革时代的到来，使萌芽于 20 世纪 80 年代，成熟于 20 世纪 90 年代的"学习型组织"的概念开始深入人心，并逐步进入当代社会实践（蓝/胡，2008）。

2001 年 5 月，时任中华人民共和国主席的江泽民同志在亚太经合组织人力资源能力建设高峰会议上提出了"构筑终身教育体系，创建学习型社会"的战略主张。继后，党的十六大报告也提出，"形成全民学习、终身学习的学习型社

[①] 来源：《学海》2012 年第 3 期，作者：蓝志勇，刘洋。

会，促进人的全面发展"是小康社会的奋斗目标之一。2004 年，中共十六届四中全会通过《关于加强党的执政能力建设的决定》，首次在党的正式文件中提出了建设学习型政党的要求。十七届四中全会又提出，要把建设一个马克思主义学习型政党作为"重大而紧迫的战略任务"来抓紧抓好。

然而，对于什么是学习组织、学习型政党或学习型社会的研究，还远远不够。特别是，20 世纪 90 年代初，学习型组织的积极倡导者圣吉·彼得（Peter Senge，1990）开始倡导组织学习的五项原则《第五项修炼：学习型组织的艺术实践》The Fifth Discipline：The Art and Practice of the Learning Organization，将其与学习型组织的概念区分开来，引起了很多讨论，也出现了一些理论上的混淆，产生了一些错误的解释（Kiechel，1990；Burgoyne，1999；Ortenblad，2001），给学习型组织的建设与发展带来一些困扰。本文力图将学习型组织的概念进行梳理，重点介绍组织学习的概念和理论，结合北京市的学习型组织的实践经验，提出建立学习型组织，推动组织学习，进而推动可持续性的组织创新的发展路径，以适应和推动中国社会的可持续发展。

二、学习型组织与组织学习

学习型组织是哈佛大学教授彼得·圣吉（Pter Senge）在他的老师佛睿思特（Jay Forrester）教授在 20 世纪 60 年代形成的学习型组织的基本构想基础上发展和提出的一种组织学习模型（Senge，1990），被认为是一项十分重要的知识贡献（Aik，2005）。它既包括个人层面的学习——获取知识、技能和理解；也包括团队层面的学习——改变思维，愿景，战略思考和知识转移，还包括组织层面的学习——系统思维和知识转移。学习型组织被定义为使用"个人精进、改善心智模式、建立共同愿景、团队学习以及系统思考"等方式进行学习实践的组织（Karash，1995）。目标在于从根本上改变组织工作的系统和环境，建立学习型的组织文化，改变个人和组织的行为模式，不断评估组织绩效的信息反馈，以突破传统方法掣肘的新型现代组织（Guthrie，1996）。其中，个人精进讲的是个人通过学习，正确评估个人情况和现实环境，形成个人目标愿景的具体意识。心智模式指的是通过反复的思考和讨论，形成能够正确影响思维互动的态度和观念，使人们有更强的把握自己行为和决定的能力。建立共同愿景指的是，组织内部的人们一起建立共同的目标，培育出对共同目标的认可和承诺。团队学习指的是通过对话和讨论，团队提升自己的集体思维能力，激励集体能量的发挥。系统思维指的是人们通过互动，更好地理解和懂得相互依赖和变化，懂得系统思维。

按圣吉的理论，学习型组织就是组织中的人们持续地扩展他们的能力来创造他们实际想要的结果，在组织中他们能够培养新的以及广阔的思维方式，集体愿望得到了释放，人们共同持续地学习怎样共同学习（Senge，1990）。圣吉解释道：组织中不同的个人都有不同的世界观或心智模型，因此可以通过讨论或分享视角来进行修正以达到组织的一致。他认为并非个人的学习，而是团队的学习是现代组织学习的基本单位，这就需要团队成员之间的相互交流，减少敌对行为，开放创造性思维。系统性思维对于检验组织各个部分的关系至关重要，对于个体部分的关注会抹杀更大变化的需要，对整个系统的关注使得识别组织产生的变化变为可能。

学习型组织擅长创造、获得以及转变知识，并且修正行为从而反应新的知识和视角（Garvin，1993）；加尔文（Garvin）认为组织学习应该从 5 个模块进行：（1）系统地解决问题；（2）用新方法实验；（3）从自身经验和过去的历史中学习；（4）从其他人的经历和好的做法中学习；（5）并且迅速而有效地将知识转移到整个组织中。

在系统解决问题模块中，依靠的是科学的方法而不是猜测来诊断问题，忠于数据，并运用简单的统计数据来进行推论；在实验环节采用与第一个模块相配套的科学方法来系统搜索并检测新知识，采用持续项目和优秀的示范工程这两种形式进行；在从过去经验的学习模块中，企业必须回顾自身的成功与失败，系统地评估自己，并且把这些教训备案填写，以便员工可以有途径进行查阅；在向其他人学习环节中，除了通过标杆管理来获得外部视角外，还可以通过顾客来获得思想的丰富源泉；由于学习不是局部的事情，知识必须快速而有效地贯穿于整个组织，这时候就需要转移知识，各种各样的机制都激励着这一过程，包括书面的，口头的，可视报告，地点参观访问，个人循环项目，教育和培训项目以及标准化项目（Garvin，1993）。

学习型组织是为组织中的所有成员提供学习机会、并且通过学习来持续地改变组织自身的组织（Pedler，Burgoyne，& Boydell，1991）；学习型组织的成员可以通过处理生活中的挑战或经验来学习；组织的发展就是成员的自身发展，成员通过自我管理以及与其他成员分享价值观和目标来进行组织学习（Ratner，1997）。

学者们对学习型组织有不少期望。有学者指出，学习型组织应该为组织中的所有成员提供不断学习的机会和环境，并不断改变组织自身（Pedler，Burgoyne，& Boydell，1991）。圣吉认为，人们在学习型组织中持续地扩展他们的能力来创造他们想要的结果，培养新的思维方式，释放出集体愿望，学习怎样共同学习（Senge，1990a）。加尔文（Garvin）认为，学习型组织应该擅长创造、获得以及转变知识，并且修正行为从而反应新的知识和视角，不断突破个体和组织的能力上限，全力追求共同的目标，从而创造出人们真心向往的结果（Garvin，1993）。

三、如何进行组织学习

首先，不少学者认为，学习型组织的特点就是认知和对话，使人们可以安全地开放式交流和冒险。比如说，艾普博姆（Epsom）等学者认为，学习的目的就是共同分享、发展和使用知识的方法，这些变量是学习型组织系统的模式中的核心要素，它们告诉我们学习什么，如何学习，学习应该在何时何地发生（Appelbaum，& Reichart，1998）。加德纳和怀汀（Gardiner，& Whiting，1997）认为学习型组织是未来组织成功的关键，虽然没有成功的蓝图，但是公司需要辨别并使用雇员中的专家们的经验。需要对专家的信任和开放，鼓励专家在重大问题上的参与，并享受学习成果的回报。

飞利浦（Phillips，2003；Pool，2000）认为转变为学习型组织的关键因素就是诚实的对话和有效的领导力，自由和开放的交流在整个组织中会消除组织的威胁和障碍。成员们持续地赞扬竞争的职位，每个层次的开放式对话都鼓励思想、知识和视角的共享，信任的氛围比较盛行。

理查森（Richardson）等则认为，要鼓励员工在学习过程中的冒险精神，使他们勇于冒险（Richardson，1995；Rowden，2001）。在高度竞争的环境下，鼓励雇员冒险来应对不确定性，并且创新。这就要求在非科层制的组织中分享领导力。他在"面对挑战和勇于冒险"（Presenting challenges and taking risks）一章中提到：自我组织团队的文化的冲突使得战略问题提上日程，利用这些冲突来提供需要解决的问题以及还未清楚明了的挑战，都需要有冒险的精神。

1. 团队成员的对话。根据圣吉的观点，团队学习至关重要，因为在现代的组织中，团队是基本的学习单位。团队的矛盾是他们的表现会低于或高于任何个人的能力，这就是团队学习和进步的切入点。团队能力高，则重在提升个人；

个人能力高，则使个人引领团队发展。团队学习使团队结成联盟避免浪费经历，并且创造成员想要的结果。团队学习建立在共同的愿景和个人掌握的学科知识的基础上，卓越的团队是由卓越的队员所组成。只有团队合作，雇员才能够把他们共同的技能和知识运用到为组织处理问题和发展创新思维上面来（Appelbaum & Goransson，1997；Anderson，1997；Goh，1998；Salner，1999；Strachan，1996；Senge，1996）。

在对话、分享、领导、冒险和交流之外，有效学习还需要支持和认可。

2. 支持学习、认可学习、训练学习和提供良好的学习环境是推动学习的一个有效的策略。许多专家认为，组织学习是一个集体学习的过程，需要有组织支持和认可，使学习者和学习团队有源源不断的动力（Bennett & O'Brien，1994；Griego et al.，2000；Wilkinson & Kleiner，1993）。通过汇报、认知、培训、教育、信息流动、视角和战略、个人和团队的发展评价等活动来发现适当的学习回报和认知可以加强学习型组织的结构，构建分享的环境和学习系统。

格里格（Griego）等学者也指出（Griego et al.，2000；Lippitt，1997；Phillips，2003），需要建立学习的奖励回报体系，确定组织目标，资源定位，以及学习与职业发展和组织发展的关系，以提供回报的方式，保持学习的持续力。

良好的知识管理是有效学习型组织的基本保障，对于持续的竞争优势和业务成功具有至关重要的意义（Loermans，2002；Selen，2000）。学习型组织与知识管理相互支持，学习型组织产生新的知识来帮助组织进行持续的竞争的优势，知识管理的原则从学习的组织产生结果，并进行管理确保合适的环境能够渗透到下一次学习中，并且知识资本的管理可以很好地被保持下来。所以说，良好的学习型组织，有良好的知识管理和分享系统。

开放的系统思维，关注的重点在于组织对于环境的适应以及适应环境变化的一种角色反馈，这种开放性系统思维鼓励我们将组织视为学习的系统（Katz & Kahn，1978；Senge，1990），也是有效学习型组织的核心指导思想。

3. 组织学习需要遵循一定的理论规则，循序渐进，理论与实践相结合，多方位、多循环和创造性学习。

根据阿基里斯（Argyris）和善恩（Schŏn）的理论，组织的学习可以从三个层面来进行：单循环学习，双循环学习和多循环学习（Argyris & Schŏn，1974）。单循环学习是一个简单的一次性学习的循环。允许一个组织维持已有的政策和政策目标，让学习者通过对自身行为的调节来适应和达到组织目标。而双循环学习则更进一步，不仅改变学习者自己的行为来适应组织目标，还会通过学习修正组织已有的潜在的价值观、基本规范思维，包括它的政策和目标。多循环学习就是单循环与双循环整合的层次（Chiva，Grandío and Alegre，2010）。牵涉更深层次的组织价值和目标的变革。当前的许多组织大都善于单循环学习，了解组织目标和环境并迅速适应它们。但大多数组织并不善于多循环学习，也就是说在学习过程中改变他们自己的理论、模式、范式和价值判断的标准。管理者们往往早已深深嵌入他们被熏陶的文化、价值和处理事务的方法之中，意识不到这些东西有可能早已过时。要改变他们的理念和方法，往往是非常痛苦的一个过程。从这个意义上来说，单循环学习是适应性学习（adaptive learning），而双循环学习是创造性学习（Generative learning）（Argyris & Schön 1974，1978；Arthur and Aiman - Smith 2001；Fiol & Lyles 1985；Senge 1990）。

图4-1描述了单循环学习的路径。根据复杂系统理论，适应性的组织系统通常可能有三种形态：稳定、不稳定和混乱。在组织系统接近混乱的时候，组织内部会产生出自组的力量，进行组织的自我组织，按照原有的逻辑、观念、思维体系进行自组，以使其适应组织应有的秩序、规范、知识体系、法则、心智模式——显秩序。单循环学习系统就是这样一个简单的复杂系统，目标在于通过自我组织按现有的标准完善和发展现有的秩序（Bohm，1980）。如果这一循环成功，结果会是组织按照现有目标和价值体系得到的改善。

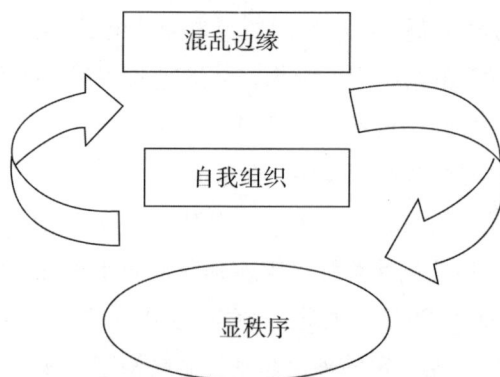

图4-1 适应性学习（见 Chiva et al. p122）

双循环学习则重在通过自组过程寻求对隐性秩序的改变，是更深层次的思维模式的转换，不受现有思维定式和观念的束缚，是一种学习和理念上的超越。表4-1是这两种学习的一个对比性表述。在图4-3中，多循环由数个单循环组成，目标在于自我和组织超越，是更深层次的学习路径和战略，学习的效果直接影响到隐秩序的改变，是组织进行深层次改革的基础。

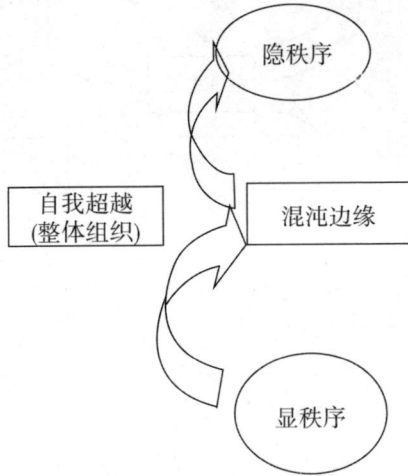

图 4 - 2　创造性学习（Chiva，2010，p123）

图 4 - 3 中，内圈是单循环的学习过程，而外圈则是在混乱边界的条件下引发的隐秩序学习和改造动机，进而引出发展，显秩序改变，显秩序制度化，自我超越和隐秩序的改变。

表 4 - 1　适应性（单循环）和创造性学习（双、多循环）

学习类型	适应性学习	创造性学习
复杂系统	复杂的适应性系统	复杂的创造性系统
过程	自我组织	自我超越（整体组织）
秩序	显秩序	隐秩序
个体，自我	逻辑演绎推理	隐秩序
	集中专注	直觉
组织，社会的(我们)	讨论	关注
目标，任务(它)	改进	调查法

注：资料来源于（chiva，2010. p123）

四、中国学习型组织的实践

在中国，较早将学习型组织的概念引入中国的学者是杨通谊教授，他将这

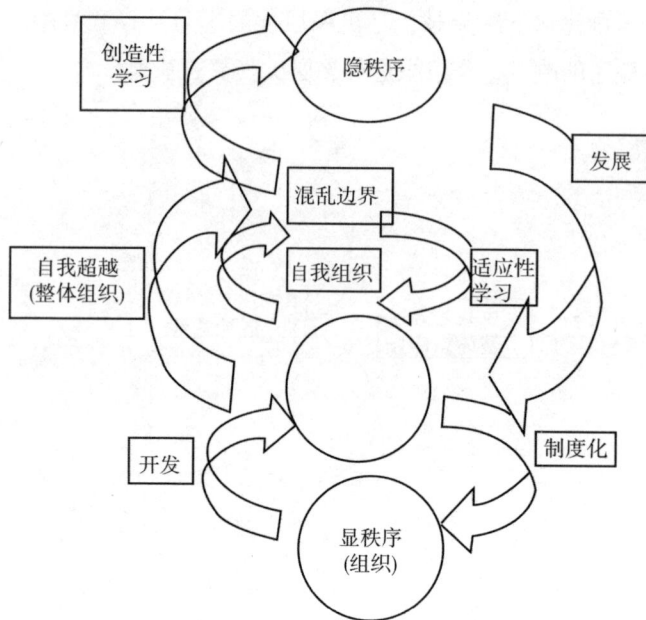

图 4 - 3　学习型组织的多循环过程（Ibid）

一种科学理论介绍到国内，并先后在上海交大、复旦大学建立了"佛瑞思特·杨通谊阅览室"积极传授这一理论。

进入20世纪90年代，随着彼得·圣吉的《第五项修炼：学习型组织的艺术与实务》一书的出版，学习型组织的浪潮在中国的教育界兴起。1992年10月，"上海国际成人教育研讨会"在上海召开，会上国内外学者交谈了学习型组织在世界上的发展状况。1995年国家教委发文，将学习型组织的内容列入"人力资源开发理论与实践"培训班教学计划。1996年7月，上海成立了"学习型组织研究推进中心"，与其他学习型组织研究机构一起宣传和探讨"学习型组织的理论与创建"。

大连市委在2001年7月大连市第九届委员会第一次会议全体通过的《中共大连市委关于建设学习型城市的决定》，该决定包括四大项内容共18项小条款。从提高认识，增强建设学习型城市的责任感和紧迫感、组织好全民读书活动，树立"人人是学习之人"的社会理念、构筑终身教育体系，形成"处处是学习之所"的城市氛围以及加强党的领导是建设学习型城市的根本保证等四项内容。

早在2007年3月30日，中共北京市委和北京市人民政府就做出了《关于大力推进首都学习型城市建设的决定》，大力推进首都学习型城市建设，建立市民终身学习和服务的体系，构建社会主义和谐社会首善之区，加快建设创新型城市，实现"新北京、新奥运"战略构想。

在这一决定的指导下，北京市成立了建设学习城市工作领导小组，全面推开了建设学习型组织、社区、街道和区县的工作。并通过学习型城市网将区县的学习型组织网络密切联系在一起。东城区以学习促创新、以创新促发展，建设了富有地域特色的学习型社区。该城区坚持"传承社区特色文化，培育社区教育精品"的方法，社区与国子监中学牵手建立市民学习中心，使社区教育资源共享，并在社区内建成8000册以上藏书的社区图书馆。通过发放调查问卷，了解社区居民的需求后，结合社区特色，开发了《国子监大讲堂》《钟鼓楼群言堂》《茶艺》《老年绘画》《社区英语》《手工编织》等9门社区教育课程。通过社区宣传栏、社区数字宣传屏、社区呼叫系统、国子监网站、发放课程安排计划表等形式，向社区居民公布社区教育活动信息。

2010年5月以来，北京市邀请中科院、清华、北大、中国人民大学等20余所高校、科研院所的哲学、历史、文学、城市建设管理等领域的知名专家学者，进行了7次研讨会，提出了30多种北京精神初步表述语。并通过北京精神提炼培育工作，领导小组办公室反复征求各区县、各系统意见，于2011年11月2日，北京市公布了"北京精神——爱国、创新、包容、厚德"。给学习型组织改变和提升隐性秩序的努力提供了一个文化目标。在这个基础上，再继续寻求政府机构、企业部门、非营利社团、社区建设等许多领域的具体目标和制度体系的改造。

五、结语

虽然学习型组织、学习型社区和学习型城市的口号已经深入人心，不少地方政府也有相当的投入，但对于什么是学习型组织的真谛、如何进行组织学习、如何将已经发展和成熟的学习型组织的理论应用到学习的实践中来，还有巨大的改进空间。在如何利用学习型组织的理论来教育公民、转变思维、推动组织文化和政府创新的改革中，还有相当多的工作要做。中国的改革在解决了基本发展的问题后，面临的是深层次的社会和文化革命，学习型组织的理论和组织学习的策略在这一场新的革命过程中，还有十分巨大的潜力。

参考文献

[1] ANDERSONC. Values – based Management [J]. Academy of Management

Executive, 1997, 11 (4): 25 - 46.

［2］ ANTONACOPOULOUE, CHIVAR. The social complexity of organizational learning: the dynamics of learning and organizing ［J］. Management Learning, 2007, 38 (3): 277 - 295.

［3］ APPELBAUMS H, GORANSSONL. Transformational and adaptive learning within the learning organization: A framework for research and application ［J］. Learning Organization, 1997, 4 (3): 115 - 128.

［4］ APPELBAUM S H, REICHARTW. How to measure an organization's learning ability: The facilitating factors—part II ［J］. Journal of Workplace Learning, 1998, 10 (1): 15 - 28.

［5］ ARGYRIS C. On organizational learning (2nd edition) ［M］. Oxford: Blackwell, 1999.

［6］ ARGYRIS C, SCHON D A. Theory in Practice: Increasing Professional Effectiveness ［M］. San Francisco, CA: Jossey Bass, 1974.

［7］ ARGYRIS C, SCHON D A. Organizational Learning: A Theory of Action Perspective ［M］. Reading, MA: Addison - Wesley, 1978.

［8］ ARMSTRONGA, FOLEYP. Foundations of a learning organization: Organization learning mechanisms ［J］. Learning Organization, 2003, 10 (2): 74 - 82.

［9］ ARTHURJ, AIMAN SMITHL. Gain sharing and organizational learning: an analysis of employee suggestions over time ［J］. Academy of Management Journal, 2001, 44 (4): 737 - 754.

［10］ BECKHARDR, PRITCHARDW. Changing the essence: The art of creating and leading fundamental change in organizations ［M］. San Francisco: Jossey - Bass, 1992.

［11］ BENNETT J K, O' BRIENM J. The building blocks of the learning organization ［J］. Training, 1994, 31 (6): 41 - 49.

［12］ BURGOYNEJ. Design of the times ［J］. People Magazine, 1999 (3): 38 - 44.

［13］ BURNESB. Complexity theories and organizational change ［J］. International Journal of Management Reviews, 2005 (7): 73 - 90.

［14］ DENT E B, GOLDBERGS G. Challenging "resistance to change" ［J］.

Journal of Applied Behavioral Science, 1999, 35 (1): 25 – 41.

[15] DIBELLAA J. Developing learning organizations: A matter of perspective [J]. Academy of Management Journal, 1995 (38): 287 – 290.

[16] EASTERBY – SMITHM, ARAUJO L. Organizational learning: Current debates and opportunities [M] //EASTERBYSMITHM, BURGOYNE J G, ARAUJO L. Organizational learning and the learning organization: Developments in theory and practice . Thousand Oaks, CA: Sage Publications, 1999: 1 – 21.

[17] EIJNATTENF M, PUTNIK G D. Introduction: "Chaordic systems thinking" for learning organizations [J]. The Learning Organization, 2004, 11 (6): 415 – 417.

[18] FIOLC M, LYLES M A. Organizational learning [J]. Academy of Management Review1985 (10): 803 – 813.

[19] TAYLOR G S, TEMPLETON G F, BAKER L T. Factors influencing the success of organizational learning implementation: A Policy Facet Perspective [J]. International Journal of management Reviews, 2010 (12): 353 – 364.

[20] GARDINERP, WHITING P. Success factors in learning organizations: An empirical study [J]. Industrial and Commercial Training, 1997, 29 (2): 41 – 48.

[21] GARVIN D. Building learning organizations [J]. Harvard Business Review, 1993 (71): 78 – 91.

[22] GRIEGO O V, GEROYG D, WRIGHTP C. Predictors of learning organizations: A human resource development practitioner's perspective [J]. Learning Organization, 2000, 7 (1): 5 – 13.

[23] HOUCHIN K, MACLEAN D. Complexity theory and strategic change: an empirically informed critique [J]. British Journal of Management, 2005 (16): 149 – 166.

[24] DIXON N M. Organizational learning: A review of the literature with implications for HRD professionals [J]. Human Resource Development Quarterly, 1992, 3 (1): 29 – 49.

[25] JONESA M, HENDRYC. The learning organization: Adult learning and organizational transformation [J]. British Journal of Management, 1994, 5 (2): 153 – 162.

［26］ KANGS C, MORRIS S, SNELL S A. Relational archetypes, organizational learning, and value creation: extending the human resource architecture ［J］. Academy of Management Review, 2007, 32 (1): 236 – 56.

［27］ KATZ D, KAHN R L. The Social Psychology of Organizations ［M］. New York: Routledge, 1978.

［28］ KIECHELW. The organization that learns ［J］. Fortune, 1990, 121 (6): 133 – 136.

［29］ LIPPITT M. Creating a learning environment ［J］. Human Resources Professional, 1997, 10 (5): 23 – 26.

［30］ RASHMAN L, WITHERS E, HARTLEY J. Organizational learning and knowledge in public service organizations: A systematic review of the literature ［J］. International journal of management review, 2009, 11 (4): 463 – 494.

［31］ MAYOA, LANK E. The power of learning: A guide to gaining competitive advantage ［M］. London: Chartered Institute of Personnel & Development House, 1994.

［32］ MCGILLM E, SLOCUM J W, LEID. Management practices in learning organizations ［J］. Organizational Dynamics, 1992, 21 (1): 5 – 17.

［33］ KARATAS – ŏZKAN M, MURPHY W D. Critical Theorist, Postmodernist and Social Constructionist Paradigms in Organizational Analysis: A Paradigmatic Review of Organizational Learning Literature ［J］. International journal of management Reviews, 2010, 12 (4): 453 – 465.

［34］ ORTENBALD A. On differences between organizational learning and learning organization ［J］. Learning organization, 2001, 8 (3): 125 – 133.

［35］ PEDLERM, BURGOYNE J, BOYDELL T. The learning company: A strategy for sustainable development ［M］. New York: McGraw – Hill, 1991.

［36］ SUN P Y, ANDERSON M H. An examination of the relationship between absorptive capacity and organizational learning, and a proposed integration ［J］. International Journal of Management Reviews, 2008, 12 (2): 130 – 150.

［37］ PHILLIPS B T. A four – level learning organization benchmark implementation model ［J］. Learning Organization, 2003, 10 (2): 98 – 105.

［38］ POOLS W. The learning organization: Motivating employees by integrating

TQM philosophy in a supportive organizational culture ［J］. Leadership and Organization Development Journal, 2000, 21（8）: 373 – 378.

［39］RICHARDSONB. How to administer the networked organization: Tips from the theory and practice of management ［J］. Learning Organization, 1995, 2（4）: 4 – 13.

［40］ROWDENR W. The learning organization and strategic change ［J］. SAM Advanced Management Journal, 2001, 66（3）: 11 – 17.

［41］SALNERM. Preparing for the learning organization ［J］. Journal of Management Education, 1999, 23（5）: 489 – 508.

［42］SENGEP M. The fifth discipline: The art and practice of the learning organization ［M］. New York: Doubleday, 1990.

［43］STACEYR D. Complexity and Creativity in Organizations ［M］. San Francisco, CA: Berret – Koehler, 1996.

［44］STRACHANP. Managing transformational change: The learning organization and teamwork ［J］. Team Performance Management, 1996, 2（2）: 32 – 40.

［45］TORBERTW R. Managerial learning, organizational learning: A potentially powerful redundancy ［J］. Journal of Management Learning, 1994（1）: 57 – 70.

［46］TSANGE. Organizational learning and the learning organization: A dichotomy between descriptive and prescriptive research ［J］. Human Relations, 1997, 50（1）: 73 – 89.

［47］TSOUKASH. Introduction: chaos, complexity and organization theory ［J］. Organization, 1998（5）: 291 – 313.

［48］VISSERM. Deutero – learning in organizations: a review and reformulation ［J］. Academy of Management Review, 2007（32）: 659 – 667.

［49］WATKINSK, MARSICK V. Sculpting the learning organization: Lessons in the art and science of systemic change ［M］. San Francisco: Jossey – Bass, 1993.

［50］WILKINSONB, KLEINER B H. New developments in improving learning in organizations ［J］. Industrial and Commercial Training, 1993, 25（10）: 17 – 21.

［51］蓝志勇，胡威. 现代公共人力资源管理的新挑战——公务员提升"学习性向"的重要性 ［J］. 中国行政管理, 2008（5）: 43 – 46.